乡村振兴法治文库　　卢代富　总主编

中国法学会部级研究课题成果【项目编号：CLS(2021)D67】

要素市场化配置下
农村产权
法律制度的完善

许明月 等／著

法律出版社 LAW PRESS · CHINA | 北京

图书在版编目(CIP)数据

要素市场化配置下农村产权法律制度的完善 / 许明月等著. -- 北京 : 法律出版社, 2023(2024.2 重印)
(乡村振兴法治文库 / 卢代富总主编)
ISBN 978 - 7 - 5197 - 7813 - 2

Ⅰ. ①要… Ⅱ. ①许… Ⅲ. ①农村 - 产权制度 - 法律 - 研究 - 中国 Ⅳ. ①D922.44

中国国家版本馆 CIP 数据核字(2023)第 065067 号

要素市场化配置下农村产权法律制度的完善
YAOSU SHICHANGHUA PEIZHI XIA NONGCUN CHANQUAN FALÜ ZHIDU DE WANSHAN

许明月　等著

策划编辑 陈　妮
责任编辑 陈　妮　张思婕
装帧设计 汪奇峰

出版发行 法律出版社
编辑统筹 法治与经济出版分社
责任校对 王　丰　郭艳萍　裴　黎
责任印制 吕亚莉
经　　销 新华书店

开本 710 毫米×1000 毫米　1/16
印张 17.5　　**字数** 306 千
版本 2023 年 6 月第 1 版
印次 2024 年 2 月第 2 次印刷
印刷 北京虎彩文化传播有限公司

地址:北京市丰台区莲花池西里 7 号(100073)
网址:www.lawpress.com.cn
投稿邮箱:info@lawpress.com.cn
举报盗版邮箱:jbwq@lawpress.com.cn
销售电话:010 - 83938349
客服电话:010 - 83938350
咨询电话:010 - 63939796

书号:ISBN 978 - 7 - 5197 - 7813 - 2　　**定价**:112.00 元
凡购买本社图书,如有印装错误,我社负责退换。电话:010 - 83938349

作 者 简 介

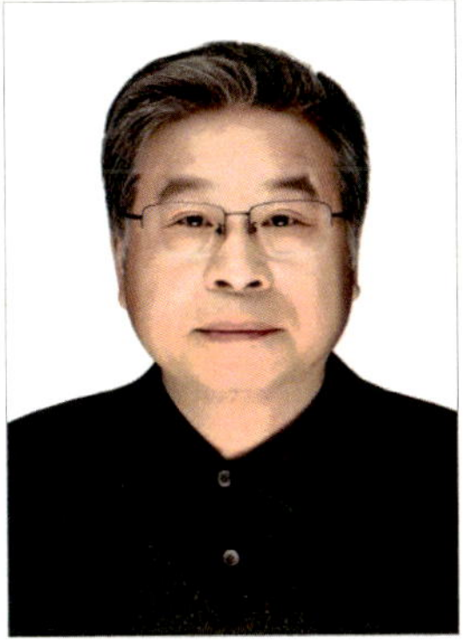

许明月

1963年生，安徽桐城人。分别在华东政法学院、西南政法学院和中国社会科学院研究生院获法学学士、硕士和博士学位。现任西南政法大学教授、博士生导师，兼任中国法学会经济法学研究会常务理事，重庆市民法、经济法研究会和国际经济法研究会会长，重庆市人民政府参事。2001年获国务院政府特殊津贴，2005年入选教育部新世纪优秀中青年人才计划。

独著、合著、主编（译）、参编（译）专著、教材、译著29部。在《中国法学》《法学研究》《现代法学》《法商研究》等期刊发表学术论文80余篇。主持、主研国家社会科学基金项目3项，主持省部级重点项目2项，一般项目6项，国际合作项目5项；11项科研成果分别获省部级以上奖励。

段 浩

1980年生,山西武乡人。西南政法大学法学博士。现任长治学院教授、硕士生导师，兼任山西省法学会经济法研究会、农业与农村法治研究会、长治市法学会常务理事，长治市法学会农业与农村法治研究会副会长、秘书长。“太行学者”攀登人才。

主要从事经济法学、农村法治研究。在《比较法研究》《法商研究》等核心期刊发表论文10余篇。主持1项中国法学会部级课题、1项中国博士后科学基金课题、5项省级以上科研项目、3项校级课题项目、1项市级课题项目；2022年获山西省社科优秀成果百部（工程）篇一等奖。

孙凌云

1978年生,河南人。西南政法大学经济法学博士生，河南财经政法大学民商经济法学院副教授。

研究方向为经济法学。在《重庆大学学报（社会科学版）》《郑州大学学报（哲学社会科学版）》等核心期刊发表论文数篇，主持或参与完成省部级课题多项。

许偲炜

1991年生，重庆人。重庆大学法学院知识产权法学专业博士研究生。

主要从事知识产权、数字经济法治方面的研究。在《重庆大学学报（人文社科版）》《西南民族大学学报（人文社科版）》《农村经济》等CSSCI来源期刊发表学术论文多篇。主研完成中国法学会部级法学研究课题、重庆大学中央高校项目等多项科研项目。

刘　阳

1993年生，山东烟台人。西南政法大学法学博士研究生，西南政法大学中国农村经济法制创新研究中心助理研究员。

主要研究方向为经济法学、农村法治。在《经济法论坛》《西南政法大学学报》等期刊发表论文数篇。主持中国法学会部级法学项目、重庆市教委项目、重庆市地方立法研究协同创新中心项目、西南政法大学中国农村经济法制创新研究中心项目等多项省部级和校级科研项目；主研完成国家社科基金项目、中国法学会部级法学研究课题、重庆市社会科学规划重大项目等多项国家级、省部级科研项目。

谭 羽

1995年生，四川宜宾人。西南政法大学法学博士研究生。

研究方向为经济法学。在《西北民族大学学报（哲学社会科学版）》《竞争政策研究》《重庆理工大学学报（社会科学）》等期刊发表论文数篇。主研完成中国法学会部级法学研究课题、重庆市社会科学规划重大项目、重庆市发展改革委项目等多项科研项目。

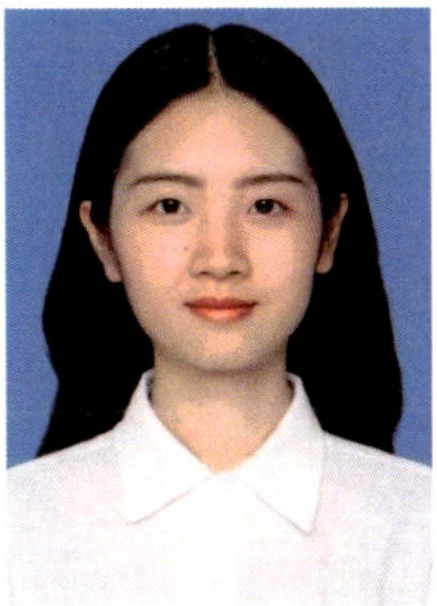

钟黎明

1995年生，四川崇州人。西南政法大学法律硕士。现就职于川财证券有限责任公司。

主要研究方向为经济法学。参与中国法学会部级法学课题研究。

“乡村振兴法治文库”总序

党的二十大报告深刻指出，“全面建设社会主义现代化国家，最艰巨最繁重的任务仍然在农村”。为全面实施乡村振兴战略，促进农业全面升级、农村全面进步、农民全面发展，加快农业农村现代化，我国于2021年制定了《中华人民共和国乡村振兴促进法》，为乡村产业振兴、人才振兴、文化振兴、生态振兴、组织振兴等活动提供了制度框架和制度保障。

习近平总书记指出，要“坚持把解决好‘三农’问题作为全党工作重中之重，举全党全社会之力推动乡村振兴”。如何落实习近平总书记的殷殷嘱托？从法学理论工作者的角度来看，一方面，要认真总结我国乡村振兴中的成熟做法，坚持理论从实践中来，基于本土化的实践总结出中国经验、中国理论和中国制度，从而真正实现传统农村与现代市场的对接以深度推进乡村振兴的政策宏旨；另一方面，要坚持马克思主义的基本立场、基本方法，坚持辩证唯物主义和历史唯物主义，不唯书、不唯洋，只唯实，适时适度加以创新，从而真正解决困扰农村发展的“钱从哪里来、地该怎么用、人到哪里去”问题，激活发展农村的内生性资源禀赋和条件。

西南政法大学经济法学科长期关注农村问题，致力于农村法治研究。早在20世纪80年代初，以李昌麒教授为代表的学科团队就针对“农业生产承包合同的法律性质”等前沿性问题展开探讨，并于1999年应邀为中央领导同志开展主题为“依法保障和促进农村的改革、发展和稳定”的法制讲座。2000年，西南政法大学在经济法学科的基础上，组建了中国农村经济法制创新研究中心，实现了此类基地省部级重点研究基地“零”的突破。在此背景下，为推进乡村振兴法治理论及法律制度的学术研究，为全面乡村振兴提供智力支持，西南政法大学经济法学院、经济法学科及中国农村经济法制创新研究中心共同推出了“乡村振兴法治文库”。秉持优中择优、宁缺毋滥的遴选原则，“乡村振兴法治文库”面向校内外师生及实务工作者征集乡村振兴法治研究书稿，计划每年资助 2～3 部作品出版。欢迎各界朋友不吝赐教、踊跃赐稿！

“文章乃经国之大业，不朽之盛事。”我们真诚地期待，“乡村振兴法治文库”能够以简洁但不简单的文字、深入却不深奥的文风，为我国乡村振兴的伟业添砖加瓦：因为农业农村农民问题是一个中国问题，是我们这个时代面临的真正的问题，也是中国式现代化进程中无法回避的问题。愿“乡村振兴法治文库”纳百川、上层楼，美美与共，回首灯火阑珊处！

西南政法大学经济法学院
西南政法大学经济法学科
中国农村经济法制创新研究中心
2023 年 5 月 20 日

编写说明

市场是优化农村要素资源配置、提高农村要素资源利用效率的基本手段。要素市场化配置是充分、高效利用农村资源,实现乡村振兴的必由之路。在现代法治社会,要素资源市场化配置主要是通过要素产权市场交易的形式实现的,因此,要实现要素资源的市场化配置,就必须对要素产权制度作出适应市场配置资源要求的安排。

本书在分析论证要素市场化配置与产权制度关系的基础上,梳理了我国市场化配置要素资源背景下农村产权制度及其改革的历史发展,提出并论证了要素市场化配置对农村资源产权制度的基本要求,探索了要素市场化配置下完善我国农村产权法律制度的基本价值遵循和路径选择,进而从影响农村要素资源市场化配置的基本方面出发,就各类农村要素产权基础制度、产权交易市场制度和产权市场调制制度进行了专门的探讨。

按照"总—分"的写作思路,本书共分为十章:

第一章为要素市场化配置与农村产权制度。主要阐明要素与要素配置方式,要素的市场化配置与产权制度的内涵外延、相互关系等基础理论以及要素市场化配置下重塑农村产权制度的意义。

第二章为要素市场化配置下我国农村产权制度的历史发展。以改革开放为时间节点,梳理了改革开放前和改革开放后的土地、劳动力、资本等要素的市场化配置及产权制度的发展历程,并对各阶段产权制度安排对要素市场化配置的影响进行了评价。

第三章为要素市场化配置对农村产权制度的基本要求。基于要素产权制度与市场化配置的关系,以农村为基本视域,提出体现农村要素产权明晰化、流动化、担保化要求的基础产权制度,以及便利的要素产权交易制度和完善的要素产权市场调制制度,是要素资源市场化配置对产权制度安排的基本要求,并就此进行了深入论证。

第四章为要素市场化配置下农村产权法律制度完善的价值与路径。本书认为,要素资源市场化配置本质上是优化资源配置的手段,而非目的,因而,必须接受合理的价值指引。农业发展、农村社会进步和农民生活质量提高是要素资源市场化配置和农村产权法律制度完善必须遵循的基本价值。在此价值指引下,在要素市场化配置下,农村产权法律制度的完善应选择从中国国情出发,在基本价值指引下,按照农村要素资源全面市场化配置要求分类进行制度安排。

第五、六、七章按照市场化配置要素资源对农村产权制度的基本要求,分别设专章从农村要素产权的明晰化、农村要素产权的流动性、农村要素产权担保化等方面的要求出发,就我国农村产权制度的完善进行了专门讨论。

第八、九章分别就要素市场化配置下农村要素产权交易市场制度和农村要素产权交易市场监管制度相关问题进行了专门讨论。

第十章面向要素市场化配置的现代农村产权制度,在全面回顾前文基本观点的基础上,就本书对市场化配置下我国农村要素产权完善的基本观点和基本方面进行了概括和总结,作为本书研究的结论。

本书的写作分工如下:

许明月:第一章、第二章、第三章、第四章(部分)、第六章(部分),全书统稿。

段浩:第五章。

孙凌云:第七章。

刘阳:第八章。

谭羽:第九章。

许偲炜:第四章(部分)。

钟黎明:第六章(部分)。

目录

第一章　要素市场化配置与农村产权制度

第一节　要素与要素配置方式

一、要素的含义

要素是生产要素的简称，是经济学中的一个基本范畴，是指社会生产经营活动过程中所需要的各种物质资源和人力资源，包括劳动、土地、资本、技术与数据等。从内涵上看，生产要素是生产经营活动必需的因素与条件。它是与人类生产活动相关的一个概念，脱离了人类生产活动，讨论生产要素便失去了意义。另外，社会生产过程的进行都必须有某种或多种生产要素的运用或结合运用，缺乏生产要素，社会生产活动便无法进行。从外延上看，在现代社会生产过程中，生产要素主要包括劳动、土地、资本、技术与数据等。要素的外延是随着生产力的发展而不断变化拓展的，在人类社会早期，要素在外延上主要表现为劳动、土地等基本的要素，随着社会的发展，资本在社会生产中的地位日益重要，因而被认为是社会生产的必要因素。在现代社会，科学技术和数据资源的重要性日趋凸显，并成为社会生产过程普遍使用的重要资源，因而，也被普遍认为是生产要素的重要形式。

根据要素与主体的关系不同，可以将要素分为人的要素，即与人体不可分离的要素，如劳动力要素；物的要素，即外在于主体的各种物质资源，如土地、资本；混合型要素，如技术、数据要素，这类要素既非完全外在于人体的物质资源，又不同于完全不能与人体分离的劳动，它产生于人的智力活动或对人类自身和外在实际的认识过程,能够用于社会生产经营过程,并能极大地提高经济活动的效率。

现代社会化生产条件下,生产过程通常表现为劳动力与生产资料(劳动工具、劳动对象、生产条件)的结合过程。在通常情况下,只有将劳动力与生产资料、劳动对象相结合,才能生产各种商品,提供各种服务。因此,要素的结合是社会经济活动的基本形式。要进行生产活动,就必须通过一定的方式获取生产经营活动过程中所需要的各种要素,并将它们结合起来,只有这样,才能创造新的社会财富,满足人类的生存、发展等需求。

社会生产活动本质上就是利用各种生产要素创造新的财富以满足各种社会需求的过程。由于需求的普遍性,各种生产要素必须在不同的领域中合理分布,由此,社会各领域内的需求才能得到普遍满足。然而,生产要素并不能自动实现其在不同领域的合理的分布,由此,就需要生产要素在不同主体、领域之间不断地进行流动。要素资源在不同主体、领域流动的过程便是要素资源配置的过程。由于要素资源不能自动地在各领域进行流动,因而,必须借助一定的力量来实现其流动。这种力量的来源不同,决定了要素资源配置方式的差异。

二、要素的配置方式

从人类社会发展的历史来看,资源的配置方式主要有两种基本的形式:一是政府主导的资源配置;二是市场主导的资源配置。前者是政府基于自身的理性,通过公共权力的运用对资源在不同主体、不同领域中的分布进行安排,实际上就是利用公共权力的力量对资源分布作出安排;后者是利用市场之力对要素资源在不同主体和领域中的分布进行调整,本质上就是通过需求者与占有者之间不断地交易实现资源在不同主体之间进而在不同领域之间的流动,实现要素资源在不同领域的分布。

公共权力配置资源,或称政府配置资源,是通过政府行使权力的行为对社会资源进行配置。通常由政府制订计划,使社会资源按照政府制订的计划分配、安排到各种不同的单位和项目。在我国计划经济时代,资源的配置就主要是通过政府计划来实现的。

市场配置资源,是由市场这只无形之手来安排资源的去处。市场是通过每个社会个体的交易活动来对资源进行配置的。每一笔交易都是两种需求的平衡。有需求者才会有交易,没有需求就不会发生交易。因此,政府配置资源的主观性通过众多交易行为的理性选择而得到解决。对于一个理性的人(至少大多数人都是理性的经济人,因此,经济人的假设在通常情况下是符合人的实际情况的)来说,其不会购买自己不需要的东西。因此,市场配置资源在通常情况下不会使资源落入并不需要它的人手中。

公共权力配置资源时,政府等公共权力机构并不能充分、全面地了解社会需求的状况及每一个社会个体、单位的具体情况等。政府配置资源的有效性实际上是在政府全知全能的假设基础之上的,但实际上,政府并非如此。在很多情形下,生产资料(包括土地)可能被配置到并不需要或不能充分发挥该生产资料效用的单位或个人手中,或分配到并不需要或并不适合利用某种资源的经济项目,消费资料也可能被分配到并没有这种消费需求的人手中。这样,获得生产资料的单位或个人或因为没有需要而不会利用,或因为缺乏能力或手段而不能充分利用,或因为缺乏需求而不能很好地发挥作用,由此可能导致资源利用效率的普遍低下。而资源利用是社会财富的来源,在资源利用效率普遍低下的情况下,一个社会就难逃陷入贫穷的境地。

三、要素资源市场化配置及其优越性

市场配置资源是市场通过供求机制、价格机制和竞争机制产生的综合效应,使能够通过市场实现价值的各类资源,包括物质产品、劳动力、技术等,自发流动至有竞争优势的一方。[1]

通常,"市场"一词,主要从两种意义来理解。一种意义上的市场是交易集中发生的场所,即人们之间进行交易的地方,如农贸市场、百货市场等,这是从形式意义上对市场的理解。另一种意义的市场即交易,是各种交易的总和,这是从实质意义上对市场的理解。这种意义的市场,不限于特定的物理场所,交易本身就是市场,市场包含各种场合和环境下发生的所有交易,不仅包括在特定交易集中场所发生的交易,也包括其他场所和环境下发生的交易。

根据交易的对象不同,市场从总体上可以分为商品市场、要素市场和期货

---

〔1〕 参见赵意焕:《市场配置资源作用的历史演进》,载《理论月刊》2017年第6期。

市场。[1] 这里的商品市场是狭义的商品市场，主要指以各种形式制成的消费品和服务为交易标的的市场；要素市场，是指以各种生产要素为交易标的的市场；期货市场，是指以在将来某一特定的时间和地点交割一定数量和质量标的物的标准化合约为交易客体的市场。期货市场所交易的标的并不是现实中已经存在的、可以及时交割的货物，而是未来可以实现的某种利益。从这个意义上来看，期货最终交割的货物既可能是某种消费商品（一般为大宗商品），也可能是某种生产要素（如资本品、外汇资金）。

根据交易发生的场景不同，市场可以分为实体市场或虚拟市场。前者指在物理世界发生的交易，这是市场的一种传统存在形式；后者则指在网络虚拟世界发生的交易，这是随着互联网技术的发展而出现的一种新型市场形式。

根据交易客体的具体种类不同，可将市场分为食品市场、家用电器市场、汽车市场、土地市场、劳动力市场、技术市场、数据市场等，而每种不同的商品市场还可以不断地进行细分。

在市场经济社会，市场是人们获得各种资源的主要渠道。通过市场交易，各种资源以商品的形式为不同的主体所获得，这些资源或用于生活消费，或用于生产经营，使资源根据需求按照市场交易的一般规律（支付价格）而在不同的主体间进行分配、组合、再分配和再组合。“商品供求和价格结构的变化，客观上要求各种要素能够根据市场供求与价格信号自由流动、优化配置，发挥市场在要素配置中的决定性作用，可以提高要素资源的配置效率。”[2]

通过市场进行资源配置，主要有以下优势：

1. 市场可以满足交易主体的需求，改善交易主体的现状。“自愿的交换对双方都有利”，这是福利经济学的一个基本定理。[3] 人们进行交换，乃是为了满足谋取更大利益的需要。以最初形态的物物交易为例，甲拿 A 物换取乙的 B 物，也可以说成乙拿 B 物换取甲的 A 物。甲之所以愿意用 A 物换取乙的 B 物，是因为甲存在对 B 物的需求；乙之所以愿意以 B 物换取甲的 A 物，也是因

---

[1] 参见许经勇：《“十四五”时期推进要素市场化配置改革的思考》，载《学习论坛》2021 年第 2 期。

[2] 许经勇：《“十四五”时期推进要素市场化配置改革的思考》，载《学习论坛》2021 年第 2 期。

[3] 参见[美]罗伯特·考特、[美]托马斯·尤伦：《法和经济学》，张军等译，上海三联书店、上海人民出版社 1994 年版，第 136 页。

为乙对 A 物有需求。通过交换,二者的需求都得到满足。此外,甲之所以愿意以 A 物换取 B 物,是因为甲认为 B 物相对 A 物而言对他更重要;同样,乙之所以愿意以 B 物换取 A 物,也是因为对乙来说,A 物相对 B 物而言对他更重要。这样,双方成交后,各自的状况都得到了改善。市场配置资源,就其最基本的含义来说,就是通过交易来配置资源。甲之所以以 A 物换 B 物,是因为甲觉得 B 物更重要,能够给他带来的好处更多,更能满足其需求。于是,B 物落入甲的手中,相对存于乙手中,其发挥的效用也更大。对乙来说也同样如此。这样,A、B 两物的效用都得到了更好的发挥。因此,每一个真正的交易,都会使这个世界变得比交易以前更好。通过不断而普遍的交易,一个社会的状况就会一天一天地改善。

在将金钱作为交换媒介后,情况更是如此。例如,甲以 1 元购买乙的馒头,对甲来说,失去 1 元而获得馒头是更划算的选择;而对乙来说,失去馒头而获得 1 元也是更好的选择。通过交易,双方的境况均比交易前变得更好。

2. 市场可以不断优化要素配置,有利于充分高效利用要素。对于生产要素来说,通过市场配置要素资源可以使资源配置不断优化,为更高效利用资源创造条件。例如,甲以 10 万元购买乙的土地,甲之所以愿意如此,从表面上看是因为甲认为拥有土地比拥有 10 万元更好。但是,这里潜藏着甲的一种计算,即甲认为,购买该土地可能会给他带来超过 10 万元的利益;否则,他通常不会购买。如果丙从甲手中继续购买该土地,甲在不缺钱急用的情况下,通常不会以 10 万元转卖给丙(不考虑土地环境变化的因素),甲与丙之间的交易可能以更高的价格达成,比如,12 万元,而丙之所以愿意以 12 万元购买,也是因为丙觉得其拥有这样一块土地可能会给他带来高于 12 万元的收益。通过不断的交易,该土地将转移给一个最高出价者,或者,人们会期待它最终落入一个愿意出最高价格的人手中。而这个人之所以出如此高的价格,同样是因为他预期自己拥有该生产资料可以为他带来高于其所付出的利益。每一个人是对自己最了解的人,因此,我们通常情况下可以判断,这个愿意出最高价格的人必定是更善于利用该土地的人。因为作为一个理性的人,如果没有一定的把握,是不会轻易出这个价格的,他之所以愿意以更高的价格流转土地,是因为他有充分的理由相信,自己更善于利用该土地,即凭借自己的能力和条件,利用该土地能够获得比自己获得该土地支付的对价更高的收益。因此,通过不断的交易,生产要素的配置将不断地趋于最优化。市场通过不断的交易也在不断地优化着生产要素的配置。

3. 市场可以不断地改善供给质量,推动社会总体福利的提升。市场竞争在优化资源的配置中也发挥着重要作用。竞争就是争取需求者的比赛,一个经营者获得的消费者越多,那么他就是竞争的优胜者。竞争优胜者能够获得消费者青睐,说明其产品或服务是更多消费者所喜爱的。对于同一种产品的经营者来说,产品生产的基本要素是相同的或类似的,竞争优胜者能够获得消费者的青睐,表明他更善于利用这些生产要素。此外,一个经营者获得的消费者越多,将意味着流向他的作为各种生产要素的资源越多,竞争将同样会使资源的配置更优化,使社会生产更符合消费者的需求,从而不断优化供给,普遍提升社会成员的福利水平。

因此,通过市场配置资源,在一般情况下,更能实现资源的优化配置。但是,市场也并非万能的。

首先,人作为一个社会的动物,不仅有私人的需求,也有社会的需求;不仅有个体的需求,也有公共的需求。公共的需求能否依赖市场来满足呢?通常的回答是否定的。市场本质上就是交易,交易是通过利益的交换来实现的。因此,没有人愿意在没有支付对价的前提下提供产品和服务,也没有人愿意在可以不付对价就能够获得产品和服务的情况下作出支付。但是,某些公共需求的满足是无法要求需求者支付对价的,即使没有人付出对价,仍然需要提供。例如,一个城市道路两旁需要树木,这样,整个城市的居民都将在一个优美的环境中乘车、散步。如果让市场去做这件事,可能没有哪个理智的人会去做,因为他要花费很多的钱去购买树苗,还要花很大的精力栽树,维护树木的成本可能更高。根据市场的原则,他投入了如此多的金钱和劳动,自己能够得到什么回报呢?假设他所种的树都长得很好,道路两旁更美丽了,此时,他确实可以从中获得回报,即可以在一个优美的环境中乘车、散步。但是,他得到的回报并没有比其他没有投入一分钱、出过一次力的人更多。因此,考虑到这种情况,一个理性的人在预见这样的一种结果时,他就不会投资。他将利益带给每一个该城市中的人,但是并不能通过向每个人收费而收回自己的投资。因此,对于诸如此类的公共需求,依靠市场满足是不现实的。也就是说,如果依赖市场来满足这种公共需求,可能是无效率的。这就是所谓的公共产品问题。公共产品就是满足公共需求的各种产品,依赖市场提供公共产品可能导致大量的公共需求不能得到充分的满足。

其次,市场通过竞争而发挥优胜劣汰的作用,但是通过竞争不断淘汰势必产生一个唯一的优胜者,当出现这个优胜者时,市场竞争也就不存在了。因此,市场竞争是自我否定的,听任市场的自由竞争必然导致经济力量越来越集中,最终导致竞争的消灭。在高度垄断的市场状况下,市场对资源的配置便转化为垄断者的权力配置,其优化资源配置的功能将会因此而丧失殆尽。

再次,市场主体都是以追求自身利益最大化为行为准则的经济人。在有机会避免成本而获得利益的情况下,其总是不会放过这样的机会。工厂生产产品,却对外界排放大量的废气、废水、废料,工厂主从经营工厂中获得利益,却对社会公众施加了侵害,众多的人不再能够享受清新的空气和优美的环境。在没有强制性干预的情况下,工厂的行为可能是被社会容忍的。因为每一个个人受到的损害往往是不易被察觉的,因此,工厂主可能从人们的忍受中获得巨大的利益。这就是市场的外部性问题,对于外部性问题,市场自身往往也是无能为力的。

最后,市场通过交易而发挥作用,但是,交易双方往往并不是在对所有情况都充分了解的前提下进行交易的。在这种情况下,拥有更多相关信息的一方总是处于优势的地位,他可以利用自己的信息优势谋求自身利益。此时的交易往往是在非真正自愿的前提下进行的公平交易,如果一方或双方了解了某个信息,交易可能不会发生。由于信息不均衡问题,交易对社会资源的配置可能是无效率的。例如,在信息不均衡的情况下,消费者购买某项产品可能是在不了解该产品的某个缺陷的前提下进行的,如果消费者知道了这一缺陷可能并不会购买。在这种情况下,消费者购买的商品实质上可能并非其需求的产品,资源的配置因此是无效率的。

综上所述,尽管市场在通常情况下可以发挥有效的配置资源的作用,但是,市场并不是万能的。因此,对于要素配置来说,我们一方面要充分利用市场的优势,另一方面也不能完全交给市场。考虑到要素的重要性,在要素的配置问题上,应当坚持有价值引领的宏观调控条件下的市场配置原则。

要素的利用效率与资源的配置有紧密的关系,考虑到市场的高效率优化资源配置功能,应当选择市场作为要素配置的基本手段。但是,鉴于市场的缺陷以及要素的重要性，特别是要素突出的社会功能，公共权力的作用也应当充分得到重视。在要素的配置问题上，我们应当让市场在要素配置中发挥决定性的作用，同时，也需要更好地发挥政府作用，即在要素资源的配置上实现有效市场和有为政府的结合。

第二节　要素市场化配置与产权制度

一、产权制度与要素市场化配置的关系

从法律的角度来看，经济学中所说的资源配置，实际上是通过权利的转移，使作为权利客体的各类资源通过权利主体的变更而被分配或安排到社会的各个领域。要素的市场化配置与产权制度具有非常密切的关系，这主要体现在以下几个方面。

（一）要素市场化配置以要素产权转移的形式实现

要素上的各种权利通常表现为产权，从法律的角度来理解，要素产权就是存于各种要素资源之上的、受法律保护的特定利益。[1] 这种特定利益在法律上可能表现为要素资源的所有权、用益权、担保权等要素财产权形式。要素市场化配置就是通过这些要素财产权的交易而实现的。

（二）产权是要素资源市场化配置的必要前提

要素财产权转移不仅是要素资源市场化配置的基本途径或方式，产权的存在更是要素资源市场化配置的必要前提。资源产权表明了特定的主体与特定资源的关系。原始时代并无财产权的观念，人类共享大自然所赋予的一切资源，并没有“你的”“我的”“大家的”之分。人们共同占有、利用外部的物质条件满足自己的需求。对于各种资源，人们均临时地利用，在利用之后，其他人需要利用的，均可利用。在这种情形下，人们没有必要通过交易从其他人那里获得某种资源。随着人口的增加，可以便利获得的外部资源日渐稀缺，人们便对某些能够满足自身需求的资源产生占据的心理，因为这样做可能为自己带来更大的便利。于是，人们对某些资源便逐渐以“我的”理念进行永久占据，在其他人需要这种资源时，便对其他人获得这类资源产生抵触情绪，甚至作出反抗。当这种观念逐步强化并普遍化时，人们就会经常性地为争夺资源而进

---

〔1〕 参见张文显主编：《法理学》，高等教育出版社2004年版，第108页。

行争斗。当这种争斗无休止地日益激烈地进行下去时,人类的存续便会因为其自己的争斗受到威胁。人们利用资源而产生的成果也会被他人随意占有,这样,将没有人愿意进行资源的利用,社会生产力也不可能得到发展。为了解决这个问题,人们之间很可能达成这样的默契:在一方需要获得对方占据的某种资源时,需要获得对方的同意。在更多的情形下,当一方同意其他人获得其占据的资源时,总会提出以该他方将其控制的另一资源交予自己占有利用为交换条件。于是,原始的交易便在人们之间普遍发生。可见,即便是最原始的交易也是在形成"你的"和"我的"的产权观念后才发生的,没有产权观念便不可能也没有必要进行交易。

在作为超级力量的国家产生以后,国家便通过法律认可了人们的产权观念,对属于某一主体的特定的资源赋予了权利的外观,特定主体与特定资源之间的关系通过法律而固化。由于权利体现了国家意志,权利人与特定资源之间的固定关系因此就获得了源于国家的超级力量的维护。其他人若要获得他人财产权覆盖的某种资源,最安全可行的方式就是要取得他人的同意,否则便可能受到国家的惩罚。然而,某一财产的丧失对于其权利人而言是一种利益损失,因而,在大多数情况下,特别是在陌生人之间,权利人在同意将其拥有的某种资源交付其他人时,往往会要求对方提供相等的利益进行交换,不同主体之间的交易也随之产生。因此,交易的本质是利益交换的形式。在法律对这种利益以权利的形式予以确认时,交易在形式上便表现为体现这种利益的财产权利在不同主体之间的相互对流。由此可见,无论是受法律严格界定的财产权交易,还是没有被法律严格界定的某种利益的交易,都是以利益的不同归属为前提的,而要使交易正常、规范、有序地进行,必须通过法律对交易的利益进行明确的认可和界定。正是从这个意义上,我们认为,通过法律对各种资源产权进行界定是市场化配置资源的前提。

(三)产权制度安排直接影响要素资源市场化配置的效果

产权制度如何安排会对特定资源的交易产生直接而重大的影响。首先,产权制度安排决定哪些资源的权利可以交易,哪些不能交易。在很多情形下,法律可能禁止某类资源上的某种权利进行主体的变更,对于这类资源产权便不能合法地进行交易,否则不仅交易不能产生双方当事人预期的结果(无效),而且当事人也会受到惩罚。例如,在我国,根据现行法律,禁止土地所有权交易,任何以土地所有权转移为目的进行的交易都是违法的,相关的交易也不可能发生当事人预期的变更所有权主体的效果,并且,交易当事人会因此而受到惩罚。其次,产权制度安排会决定可交易的资源产权范围,法律规定有些权利只能在特定的主体范围内进行交易。在法律规定范围外进行的交易可能因为违反法律的规定而不能发生当事人预期的效果。最后,产权制度如何安排会直接影响交易成本的大小和交易可能发生的频率。如果产权制度没有对作为交易客体的财产权进行明确的界定,在交易过程中,双方当事人便需要通过谈判对产权进行进一步明确,由此必然会大量增加交易的成本。同时,法律对产权界定不清,也可能使当事人不能明确其真正交易的利益是什么,以及通过交易获得的资源是否能够满足其实际的需求。在这种情形下,本来可能发生的交易便可能因为产权的模糊界定而不会发生,交易发生的实际频率会因此而受到严重的影响。此外,产权制度对交易条件和程序的安排也会大大影响交易发生的可能性和交易成本。当交易当事人预期的交易成本过高时,其通过交易实际获得的利益可能会因此而大打折扣。当考虑交易成本后交易当事人任何一方获得的利益不足以补偿其为进行交易而发生的成本支出时,对于理性的交易当事人来说,这种交易便不会发生。以上的分析表明,产权制度如何安排,对以产权转移为目的的交易能否发生、在多大范围内发生以及以什么样的频率发生都会产生直接的影响。市场的本质是交易,产权制度对交易的影响实际上也就是其对市场配置资源的影响,市场对要素资源的配置同样如此。一切要素资源的配置都是在特定的产权制度安排下进行的,产权制度安排直接决定了市场配置要素资源的范围,并影响其配置资源的效率。

二、作为要素资源市场化配置手段的产权形式

如前所述,市场化配置要素资源,形式上是通过资源产权的交易来实现的。那么,哪些资源产权可以作为交易标的进行交易?在同一资源上存在多个产权时,应选择哪一种产权作为交易的标的或者主要的交易标的?这个问题决定了市场化配置要素资源的基本形式,也会影响资源的配置效率。

要素资源主要包括劳动力、土地、资金、技术、数据等资源形式。资源类型不同,存于其上的产权类型和特性也不相同。

(一)劳动力资源的市场化配置与劳动力产权

劳动力资源最显著的特点是其与劳动者密不可分,劳动者是自己劳动力的所有者,劳动者拥有的劳动力可以为自己的目的而使用,也可以为他人的目的而使用。当其为自己的目的而使用时,使用劳动力的主体与劳动力的所有者是统一的,因而无须通过交易来进行。当劳动者为他人目的而使用其劳动力时存在两种情况:要么是对劳动者进行强制,迫使劳动者提供劳动;要么是需要在取得劳动者的同意的前提下由劳动者自愿提供。古代社会普遍存在的奴役性劳动,主要采用的是前种方式。在现代社会,劳动者已经普遍摆脱了对封建土地和领主的人身依附关系,成为自己劳动力的主人,在此情形下,就只能通过交易来实现对他人劳动力的利用。计划经济体制下,从理论上说,在劳动力资源的配置上主要通过政府统一安排的方式组织社会劳动,政府根据国民经济和社会发展需要提出劳动力使用计划,并将其计划细化到各地区和各部门,再根据情况以分配、招聘、调配等方式对各种岗位与该岗位上的劳动者进行匹配,实现劳动者与生产资料的现实结合,维持或扩大社会生产。从理论上说,由于实行普遍的公有制,劳动者既是自己劳动力的所有者也是生产资料的所有者,其参与社会劳动本质上也是为自己劳动。因此,在理想的计划经济体制下,劳动者更接近于前述为自己目的而进行劳动,而不是为他人目的而进行劳动。但是,在通常的为自己目的而劳动的情形下,劳动成果几乎完全可以为劳动者享有,而在计划经济体制下的为自己劳动,大量的劳动成果可能会作为必要费用提前被扣除,而劳动者最终获得的收益仅仅是其中极少的一部分。这可能导致劳动者提供劳动的积极性受到挫折,劳动效率也会因此而受影响。因此,完全通过计划手段配置劳动力资源很难实现劳动力资源的优化配置,很难提高资源配置效率。既然如此,通过市场进行劳动力资源的配置就是一种必然的替代选择。

劳动力资源市场化配置,必须首先使劳动者成为劳动力的所有者,或者说,成为劳动力真正唯一的主人。唯有如此,劳动者才能自主地处分自己的劳动力,与劳动力需求者达成劳动力使用交易。在计划经济时代的我国农村地区,劳动者只能在自己所在的经济组织(生产队)进行劳动,而不能根据自己的意愿到其他农业生产单位或城市进行劳动。这表明,劳动者并没有支配和处分自己劳动力的完全权利。随着我国农村经济体制改革的推进,从联产承包制推行开始,农村劳动力逐渐摆脱了这种束缚,为市场化配置劳动力资源清除了障碍。

劳动力具有与劳动者人身不可分离的特点,从产权交易的角度来看,市场化配置劳动力资源也不能不受制于劳动力资源的这一特点。从劳动力资源的这一特点出发,在劳动力交易中,作为交易标的的只能是劳动力的使用权。通过劳动力交易,劳动者为用人单位或其他劳动力使用者的目的在其提供的特定工作岗位上进行劳动或完成一定量(时间)的劳动任务或劳动成果,并由劳动力使用者支付约定的劳动报酬(交易价格)。由于劳动力与劳动者人身的不可分性,在劳动力资源市场化配置的过程中,即使劳动者要根据交易合同向劳动力使用者提供劳动,但实际上这种劳动仍然必须在劳动者的控制下按照劳动力使用者的要求提供,而不能像其他物质资源那样由使用者直接取得、占有、支配,并完全按照自己的意愿进行使用。因此,劳动力使用者取得的劳动力使用权仅仅是一种抽象的、要求劳动者在一定时间和特定岗位为自己提供劳动的权利。

(二)土地资源的市场化配置与土地产权

土地是人类赖以生存的基础,也是最重要的要素资源。素有政治经济学之父美誉的英国古典经济学家威廉·配第曾经说过一句至今仍被广泛引用的名言:"土地是财富之母,劳动是财富之父。"[1]这句话表明,至少在相当长的历史阶段,人类社会的各种财富都是人类开发、利用土地的成果。由于各国的土地资源禀赋以及人口对土地形成的压力不同,对土地及土地利用的控制程度也存在巨大的差异。土地作为生产要素,具有不可移动性、可永久利用性、多功能利用等特点。由于土地资源的极其重要性,充分发挥土地资源的利用效率对一国的经济发展、社会稳定和人民生活水平的提高都具有非常重要的意义。而实现土地资源的高效利用,市场化配置土地资源也就是一种必然的选择。

在人类社会的早期,对土地资源的控制是通过暴力实现的,丛林法则发挥着基本的作用。土地的现实控制者通过自己的力量维持对土地的控制,当其

---

〔1〕 在现代信息化社会,直接源于人脑的知识和信息可以直接成为具有交换价值的财富。但即便在现代社会,土地仍不失为人类社会最基本的财富来源。

对土地的控制受到觊觎时,暴力的较量便不可避免。最终对于土地的控制将通过暴力较量而从弱势一方转移到强势的一方。按照社会契约论的观点,最终人们缔结了社会契约,成立了具有超强势力的国家。自此,土地资源的配置便受到来自国家的干预。在国家出现后,人们对于土地资源的控制如果符合国家的意志,便会得到来自国家的强大力量的维护。土地控制者对于土地控制的现实利益便因此转化为一种可以获得国家保护的利益,这种利益就是权利。当权利或类似的概念出现时,土地资源的配置便在权利的媒介下发生。获得某一块土地,无须对该土地实现现实的占有,而只需获得对于该土地的权利。土地控制者并不因其丧失对某一土地的控制力而丧失土地,只有对于该土地的权利丧失了,其于该土地存在的特殊的利益才会真正丧失。土地资源配置也通过土地权利在不同主体间的转移而实现。

土地权利最初以所有权为其唯一的形态。随着社会的发展,在所有权的基础上逐步衍生出多种不同的土地权利。当所有权人自己不能或不愿继续经营土地时,他便有可能将土地交给其他人经营,而凭借所有权参与经营收益的分配。要实现这一目的,就需要所有权人将土地交给其他人支配,由此,经营土地者就可能取得对于他人土地的占有和利用权,各种类型的土地用益权便因此而发生。在土地交易出现以后,土地本身以及土地上的各种用益权价值逐步客观化,获得市场普遍认同的交换价值。由于土地交换价值的存在,权利人可以利用土地上的各种权利为自己债务的履行向债权人提供其可以接受的担保,土地担保权益也因此而形成。至此,以土地使用价值和交换价值利用关系为核心的土地权利体系便告形成。当所有权以外的其他权利形成以后,与土地相关的交易便不仅可能在所有权层面发生,而且可能在利用权层面发生。

由于土地适宜长期持续利用,因此,土地资源的非自主利用必然成为一种普遍现象。为了满足土地非自主利用的需要,各国法律都规定了土地所有权人以外的人利用土地的权利,这种权利被称为他物权。他物权有用益物权与担保物权之分。其中,用益物权是对土地使用价值的利用,而担保物权是对土地价值的利用。土地基本经济用途有三:一是作为建筑物的承载基础;二是用于农作物的种植;三是为提高自己的不动产的效益而对他人土地进行的其他利用。因而,在他人利用土地时,所有权人可以根据土地的用途将这些土地用途的利益以权利的形式赋予其他人。由此,各国财产权制度中逐渐形成了体现土地这三种用途的用益他物权:一是与土地建筑物承载功能相对应的地上权(或相应的权利,如我国国有土地使用权、经营性集体建设用地使用权、农户的宅基地使用权);二是与土地种植农作物用途相对应的永佃权(或相应的权利,如我国农村土地承包经营权、土地经营权);三是与土地其他利用相对应的地役权(或相应的权利,如我国不动产相邻关系及地役权)。作为要素的利用,主要是发挥要素的有用性,因此,对要素的利用通常表现为对土地使用价值的利用。担保物权的权利人只支配担保物的价值就足以保障债权的实现,所以,附属于担保权的资源实体,无须因为担保权的设定而在不同的主体之间进行转移,担保权项下土地资源的配置可通过担保权的实现而被动地进行。债权人在债务人不能履行到期债务时,可对用于担保的土地资源权益进行处分,强制性地迫使债务人或担保人就土地资源与他人进行交易,以取得土地资源的变价收益,用于担保债务的清偿。也正因如此,用于担保的土地权益必须是可以进行交易的可转让的土地权益。因此,当某种土地权益作为担保财产来使用时,必须以该项权益已经被法律明确其可交易性或可流通性为前提,否则,设定担保权便失去意义。因此,担保权项下的土地资源交易市场,是整个土地资源市场的一个组成部分,担保权交易市场(设定和转移担保权的交易)对土地资源的市场化配置通常不能独立发生直接的影响。

市场配置土地资源有利于资源利用效率的不断提高。在有偿的交换中,交换双方不存在特殊的关系,他们均以各自利益最大化为行为准则。交换双方相互虽不了解,但他们都是自己经营能力的最知情者。作为出让方,土地的现实控制者在通常情况下会比其他任何人都了解他拥有的某一块土地给他带来了多大的利益;作为欲受让土地的受让方同样会比其他任何人都了解以自己的能力若获得该块土地将会给自己带来多大的利益。假设出让方 A 拥有土地可以给其带来1000 个单位的利益,若不考虑其他因素,只有受让方 B 能够给予出让方大于 1000 个单位的利益,出让方 A 才会愿意出让土地。同样,对于受让方 B 而言,只有他预期自己在受让以后能从土地获得的利益大于 1000 个单位,他才会给予出让方 A 1000 个单位的利益。对于一个理性的交易者而言,土地资源交易只有在满足了上述基本条件以后,才可能发生。交易双方都是自己能力的最知情者,一个理性的交易者达成的任何一项交易都是其理性选择的结果。对于拥有一块土地给自己带来多大的利益,交易者本人作出的判断在通常情形下会比其他任何人更为准确。因此,以1000个单位的代价获得土地的人从土地获得大于1000个单位的预期利益显然是大概率事件,至少可以说,比任何按照其他安排配置土地资源获得该种结果的概率更高。当土地从A转移到B控制时,土地配置便实现了进一步优化,因为A拥有土地只能产生1000个单位的收益,而B拥有土地可能产生大于1000个单位的收益。

更为奇妙的是,交换可以使这个优化过程不断地持续下去。假设B利用土地可以产生2000个单位的收益,而C根据自己的经营能力和条件,预期自己拥有该块土地可以获得3000个单位的利益。此时,对C来说,便可能产生获取该土地的冲动。他会与B接触,进行磋商谈判。在其出价超过2000个单位时,B同样可能出让土地,土地资源由此从利用效率较高的B又转到利用效率更高的C手中。如此循环往复,通过一个又一个的交易,土地资源配置会逐步趋向最优化。应当注意的是,这种不断改进资源配置的效果,只能在交易自愿基础上以双方认可的价格达成交易时才能实现。如果是政府或第三人强制规定一个价格,让双方以该价格达成交易,那么可能完全事与愿违。因为按照第三方确定的价格达成交易,可能完全无视当事人自己的计算,由此造成资源流入利用效率更低的人或领域。市场化配置资源只有在充分尊重市场价格形成机制的前提下,才能发挥优化资源配置的效果。

要素的市场化配置在产权类型上的可能选择有三:一是在所有权层面上进行要素的市场化配置;二是在用益权层面上进行市场化配置;三是同时利用该要素的各种产权进行市场化配置。要素所有权层面的配置,是指通过土地所有权在不同的主体之间的分配和转移而将作为权利客体的要素分配、安排到不同的单位、个人、项目和环境。从理论上说,土地要素的配置当然可以在所有权层面上进行,在实行土地私有制的国家,要素的配置在很多情况下就是在所有权层面进行的。所谓在土地用益权层面进行市场化配置,就是通过市场交易使土地用益权在不同的市场主体之间分配和转移,而将作为用益权客体的土地要素资源分配、安排到不同的单位、个人、项目和环境。尽管两种土地权利都可以用于对要素的配置,但两种土地权利市场化配置的适用条件是不同的。

要实现土地所有权层面的市场化配置,必须具备一个基本的前提,即土地所有权是可以自由流动的。如果土地所有权不能流动,就不能通过所有权的流动而实现作为所有权客体的各类资源的流动。在我国,土地所有权实行公有制,如果采用土地所有权层面的市场化配置,那么首先就必须实行土地私有化。历史的经验证明,土地私有化在土地利用效率、实现所有权的分配功能和加强要素的保护方面并没有相对土地公有制的明显优势,反而会引发一系列的社会问题。因此,在现阶段,我国不能且没有必要通过土地私有化来实现土地要素资源在所有权层面的市场化配置。

土地用益权层面的市场化配置完全可以达到所有权层面市场化配置的效果。这是因为,实现土地资源市场化配置,其目的是提高土地的利用效率,即提高单位面积的土地利用产出。前面的分析表明,土地利用效率的高低并不取决于该土地为谁所有,而取决于其为谁所利用。若不考虑其他因素,单从提高土地利用效率来看,法律允许根据权利自身属性可以交易的所有土地权利都可以交易将是一种理想的选择。因为在这种情形下,市场优化配置作用就可以在所有的土地权利主体之间就各种不同的土地利益而进行。这将意味着土地资源将会在更大的范围和更多的用途上实现配置的优化。同理,随着可交易的权利范围越来越小,市场可作用的空间也会越来越小,市场实现土地资源优化配置的作用也将越来越弱。当然,可交易的权利范围的确立并不能仅考虑土地的利用效率。例如,由于土地是社会财富的基本来源,市场化配置土地资源虽然可以最大限度地提高土地利用效率,但是也可能导致社会财富的过度集中。因此,土地所有权之类的基础土地权利实际上肩负着大量的公共使命,如保障公共用地供给、获得公共财政收入、调节社会分配关系等。法律对可交易权利的范围设定,必须考虑各种相关因素。理想的可交易土地权利范围应当是最大限度地减少交易可能带来的负面效果,而最大限度地提高土地资源的利用效率。

在我国,相对庞大的人口规模而言,土地资源是高度稀缺和不足的。农村土地资源关系 14 亿多人的粮食安全、肩负着农民生活水平的改善和提高的重要使命。如果从所有权层面引入市场机制对土地资源进行配置,便可能带来一系列的负面效应:首先,所有权是最高形态的财产权利,允许所有权交易配置土地资源必然会导致土地资源在所有权层面的高度集中,从而导致土地资源的私人垄断。其次,分配是所有权的基本功能之一,在所有权层面配置土地资源将会导致大量的人不能基于所有权参与土地利用收益的分配,越来越多的人会因不能参与土地收益的分配而失去基本的生活保障,并因此导致社会贫富差距日益严重。特别是在我国农村,如果实行土地私有,允许土地所有权转让,土地因转让高度集中后,广大的农民便完全失去参与土地经营收益分配的权利,农民的生活将失去基本的保障。最后,土地资源如果在所有权层面进行市场化配置也不利于国家农业政策和其他公共政策的贯彻实施。农业发展承载着粮食安全保障、工业原材料保障、维护社会稳定等基本功能,为实现国民经济和社会的总体要求,政府需要通过各种措施对农业发展和农村建设进行政策性规划、安排和指导。其中,必然涉及农村最重要的资源——土地。基于以上的基本考虑,在我国,放弃从所有权层面而选择在使用权(用益权)层面对土地资源进行市场化配置,似乎是更明智的一种制度选择。[1]

(三)资本要素的市场化配置与产权制度

资本要素是通过直接或间接的形式投入社会生产过程中的中间产品和金融资产。从表现形式上看,资本包括实物资本和货币资本等不同形式。资本要素市场化配置同样通过要素产权的转移来实现。实物资本要素产权通常表现为该实物资本的所有权或使用权,这种财产权交易一般表现为所有权的转让或租赁(使用权转移)。

资本要素中的货币资本由于性质上属于种类物,不具有特定物所具有的特定性,市场化配置只能通过货币资金所有权转移的方式实现(对资金的合法占有即所有)。其基本的交易形式是投资和借贷,从资金需求者角度来说,都属于融资的范畴。融资,包括直接融资和间接融资。直接融资是指没有金融中介机构介入的资金融通。在直接融资中,资金提供者通过直接与资金需求者签订协议,或在金融市场上购买资金需求者发行的有价证券,将货币资金提供给需求单位使用。商业信用、企业发行股票和债券,以及企业之间、个人之间的直接借贷,均属于直接融资。直接融资对投资者来说收益较高,对筹资者来说成本较低,但融资的效果往往与筹资人资信程度密切相关,信誉较低的资

---

〔1〕 在新中国成立初期,我国农村曾经实行土地私有制,即农民私人所有。后经社会主义改造,农村土地逐步实现了集体所有,并通过《中华人民共和国宪法》(以下简称《宪法》)和法律明确确认了农村土地的集体所有制。本书认为,这种制度选择是符合我国基本国情的明智选择。

金需求者很难通过这种方式获得资金。间接融资是指资金提供者与资金需求者分别通过与金融机构进行货币资金转移交易而进行的资金融通，即资金提供者通过存款或者购买银行、信托、保险等金融机构发行的有价证券将其暂时闲置的资金先行提供给金融机构，然后再由金融机构以贷款、贴现等形式或通过购买资金需求者发行的有价证券把资金提供给资金需求者，从而实现资金融通的过程。

资本要素，特别是资金要素，在现代市场经济社会中具有极为重要的地位。现代经济活动的过程基本上是从货币资金的投入开始并以货币资金的获得为目的的过程。对于从事生产经营活动的经济主体而言，拥有足够的货币资金便可以获得从事社会生产活动的各种其他资源，因为在市场经济条件下，其他各类资源都是可以通过支付货币在市场上获得的，而货币资金一旦枯竭，生产经营者便无法获得继续生产经营的各种资源，其生产经营活动也难以为继。对于特定的领域或地区而言，如果该领域或地区能够汇聚大量的社会资金，那么各类资源也会随着资金的进入而大量流入，该领域或地区便会快速地发展。相反地，如果一个领域或地区不能获得充分的资金注入，用于发展该领域或地区的各种资源也不能有效地汇入，该领域或地区也就不可能得到发展，甚至已经获得的发展也将会因资金的流出而萎缩或衰退。

改革开放以来，我国农业发展的基本经验和共识是：一靠政策，二靠科技，三靠投入。投入对于农业发展有至关重要的作用，这是由市场经济条件下资金要素与其他要素的关系决定的：在市场经济条件下，各种要素是随着资金而流动的，劳动力、技术、各种生产资料配置都是通过资金流动而实现的。政策只有体现为资金投入的增加或带来货币收益的提高才能发挥有效的支持作用，也只有资金投入到位才能有效推进农业科技的研发、推广和应用。

投入问题一直是制约我国农业发展的瓶颈。长期以来，我国农业发展投入方面一直高度依赖政府，尽管政府对农业的投入在逐年增加，但农业投入的瓶颈制约并没有得到有效缓解，农业的发展仍然受到资金不足的严重制约。这表明，农业发展对资金的需求单纯依赖政府是不可能得到根本解决的，在市场经济体制下，完全依靠政府解决农业投入不足问题的思路是行不通的。

造成农业投入严重不足的根本原因在于农业与资金市场的长期绝缘。我国农业对资金的需求不能有效通过资金市场而获得，满足农业资金需求的主渠道严重堵塞。解决农业投入问题的根本出路应当是：打通农业与资金市场的通道，使农业对资金的需求能够主要通过资金市场而得到满足。

打通农业与资金市场的通道必须遵循资金市场的基本规律：资金供给是在保障资金安全并支付资金使用对价的条件下通过交易实现的。资金安全是对资金提供者现存利益的保障，而资金使用对价则是对其预期增益的保障。其中，资金安全保障是最为基本的要求，对于理性的资金提供者而言，如果资金安全得不到保障，为他人提供资金不仅不能使其获得增益，反而要受到损失，资金提供者是不可能自愿提供资金的。因此，资金安全保障问题如果得不到解决，资金需求者便不可能通过资金市场获得资金。

提高资金安全保障的程度可能有多种途径，但在现代社会，以通过市场变价而获得等额或超额的财产提供担保，是社会能够普遍接受的一种基本途径。如果借款人能够提供充分的担保并支付合理的资金使用对价，那么资金提供者就没有理由拒绝为其提供所需要的资金。因此，"只要农户能够提供合适的抵押物，正规的金融机构也不会将其拒之门外"[1]。一方面，担保是通过市场获得资金的基本条件；另一方面，提供担保的能力也决定了一个人的融资能力。当某人能够提供充分的担保时，其也就能够通过资金市场获得其所需要的资金。

财产担保之所以能够发挥资金安全保障作用，其根本的原因在于担保财产可以通过市场转化为同额（或更多）的资金。提高一个人的融资能力，最有效的手段就是提高其所拥有的可以通过市场变价的财产的数量。其拥有量越大，担保能力越强，获得资金的能力也越强。

以上的分析表明，造成我国农业长期以来与资金市场绝缘状态的根本原因是农业经营者可提供并且能够为资金提供者接受的担保财产严重不足。要打通农业与资金市场的通道，必须让农业经营者能够拥有更多的可以用于融资的担保财产。

"三权分置"改革使农村土地上的权利从"所有权—承包经营权"二元格局转化为"所有权—承包（经营）权—土地经营权"三元格局，并使土地经营权成

---

〔1〕 王朝明、朱睿博：《农村承包土地经营权抵押贷款的理论模型与实践经验》，载《河北经贸大学学报》2016 年第 5 期。

为可自由流转的具备充分市场品格的土地权利。土地经营权的市场品格不仅将使其成为实现农村土地资源市场化配置的基本手段,而且会在农村社会形成大量可用于融资的担保财产。随着农村产权制度改革以及对改革成果的法律认可,适用于担保融资的农村产权所覆盖的要素资源将越来越多,农业、农村、农民与资金市场长期的绝缘状态将会被彻底打破,农业投入问题也必将因畅通的资金市场渠道而得到根本的改善。

(四)科技要素的市场化配置与产权制度

改革开放40多年的实践已经使越来越多的人深刻地认识到“科技是第一生产力”。当今世界各国的发展历程也不断证明了这一判断的正确性。作为生产要素的科学技术是人类通过科学研究和生产实践创造发明的可直接用于改善生产、生活的知识和技能。用于社会生产领域的科技主要是可直接适用于生产领域的技术。技术本质上是人类脑力劳动产生的成果——智力成果。它不具有有形的物理形态,是一种无形的、用于解决生产生活实际问题的技术方案。作为生产要素的技术具有以下基本的特点:(1)无形性。技术作为人类智力成果,其本身并不具有物理的存在形式,尽管它可以通过不同的载体表现出来,但就其本身而言是无形的,仅仅是一种思想或一种方案。(2)可重复使用性。技术作为一种解决问题的方案,可不断地为人们重复使用,用于制造商品或提供更好的服务,而无论如何长时间使用都不会对其自身造成损耗。(3)使用上的非排他性。技术的利用不像其他物质要素那样需要占有和物理的控制才能加以利用。对于物质类生产要素,某一主体取得对实物的占有,同时就会排除或限制其他人的占有,而技术可以同时为众多的人使用而不会产生自身的任何损耗。(4)快速传播性。由于技术是一种智力成果,一旦其被公开,便可能迅速扩散,并被越来越多的人使用。最初研究开发该技术的人很难对其扩散进行有效控制,如果没有适当的措施,技术研究开发者将可能得不到任何回报。

技术作为生产要素的上述特性表明:一方面,一种有效的技术方案可以不受时间限制地为众多的人使用,从而可能带来整个社会生产效率的迅速提升。因此,从整个社会的经济发展来说,对技术全面地共享似乎能够最大限度地发挥技术的效用,更符合社会经济发展的普遍要求。另一方面,如果技术研发出来以后,全社会都可以无偿地、不受限制地使用,技术研发者就不能得到任何补偿,这又严重影响人们从事技术研发的积极性,从而严重阻碍技术的创新和发展。世界各国为了解决技术生产与利用的这一矛盾,都做过大量的努力。这种努力的基本方法论理念仍然是以产权保护为基础的,即赋予技术研发者对该技术的产权(智力成果权),使技术研发者对该技术在一定时间内享有专有利益。同时,通过交易手段,需要该技术的其他人以一定的对价获得该技术的使用权,从而使个体利益和社会公共利益以产权为支点获得平衡。技术产权赋予方式主要有两种:一是技术公开条件下的限期保护,即以技术研发者公开技术为条件,在一定时间内给予其专门保护(专利);二是允许研发者自己采取措施维护技术的秘密状态,并保护在维持技术秘密状态下自己和许可他人利用该技术(技术秘密,Konw-How)的保护手段。由此形成了各国法律制度中对人类智力成果进行专门保护的制度——知识产权等制度。技术要素的知识产权保护主要包括工业产权,尤其是其中的专利权和技术秘密权利,它们是知识产权制度的核心构成。

技术要素市场化配置就是通过技术产权交易而使技术在不同的社会经济领域得到利用。技术要素市场化配置中涉及的技术交易,包括专有权本身的交易、特定技术使用许可交易,以及服务于前两种交易的其他相关交易。专有权本身的交易是通过转让专利权、专利申请权等方式将技术的专有权或其未来可能获得的专利权转让给其他人。技术使用许可交易(实施许可交易),是在维持权利人专有权的前提下,就许可他人使用特定技术而进行的交易。由于专有权具有唯一性,专有权本身的交易尽管在一定程度上也可以发挥优化资源配置的效果,但其作用是非常有限的。而实施许可交易在理论上则可以对无限多的人同时进行,因此对技术的推广和应用,对技术要素的优化配置能够发挥更大的作用。

科技在发展现代农业和农村建设中均扮演着极为重要的角色。只有对农用科技要素进行市场化配置,才能充分发挥科技兴农的作用。而合理的科技产权制度是科技要素市场化配置的前提和重要保障,加快建立符合中国特色的涉农技术产权制度,促进涉农科技资源的市场化配置,已刻不容缓。

(五)数据(信息)要素的市场化配置与产权制度

信息是人们对外部世界的某种了解和认识,是人类认识世界的成果,它可消除或缓解认识世界的不确定性。信息与数据既有联系,又有区别。通常所谓的数据有广义和狭义之分。广义的数据是指信息的可再解释的形式化表示,以适用于通信、解释或处理[1],通常包括未经处理的数字、词语、声音、图像等。数据的本质是信息的载体,对数据按照某种有意义的方式进行排列组合就成为信息。狭义的数据专指在数字经济时代,通过二进制编码转换成比特形式,并可被计算机设备进行处理和存储的字符串信息。[2] 它存储在媒介物上,可以被人工或自动化装置加工、处理和交换。[3] 从某种意义上说,各种数据都可以用于社会生产过程并可发挥一定的作用,因而本质上都属于生产要素的范围。但由于人们对数据作为生产要素利用的重视主要是伴随互联网、大数据、人工智能等新一代信息科技的发展而开始的,因此,通常从生产要素意义上理解的数据为狭义的数据,本书所指的数据主要也是从此意义上来理解的。

与其他类型的生产要素相比,数据作为生产要素具有以下显著的特点:(1)无形性。[4] 数据是一种可通过计算机识别的字符串,并不具备任何的物理形态,因而也不能对其进行实物的占有和控制。(2)可复制性。[5] 数据在现代技术条件下可以实现几乎零成本的复制。(3)零损耗利用性。数据的利用不会产生对数据本身的损耗,它可以无限地被众多的人使用,而不会对其本身造成任何质和量的减损。(4)衍生性。数据利用的过程不仅不会对数据产生损耗,还会衍生出新的数据,这些衍生的数据同样可以在社会生产过程中被应用并发挥作用。[6] (5)非稀缺性。相对于土地、劳动力、资本等生产要素而言,数据是取之不尽、用之不竭的资源。[7] 尽管潜在的数据量似乎是无限的,但是对数据的利用则要受到获取、存储、传送等技术条件和手段的限制,这意味着数据本身虽然无稀缺性,但它并不像空气那样随时可以为人们所获取并利用。

---

[1] 参见(原)国家技术监督局发布的国家标准《信息技术　词汇　第1部分:基本术语》(GB/T 5271.1-2000)。

[2] 参见杨艳、王理、廖祖君:《数据要素市场化配置与区域经济发展——基于数据交易平台的视角》,载《社会科学研究》2021年第6期。

[3] 参见齐爱民:《数据法原理》,高等教育出版社2022年版,第130页。

[4] 参见龙卫球:《数据新型财产权构建及其体系研究》,载《政法论坛》2017年第4期。

[5] 参见李爱君:《数据权利属性与法律特征》,载《东方法学》2018年第3期。

[6] 参见李爱君:《数据权利属性与法律特征》,载《东方法学》2018年第3期。

[7] 参见张建云:《互联网时代大数据的本质分析——基于马克思主义的视角》,载《兰州学刊》2020年第8期。

这一特点决定,在很多情形下,人们对数据的需求往往仍然需要借助他人提供相关数据才能得到满足。也就是说,数据的非稀缺性并不意味着数据不能成为财产或交易的标的。数据的这些特点表明,对于数据产权的界定,不能完全按照传统的理念和方式来进行,而应该根据数据的特点进行合理的变通。

数据之所以能成为基本的生产要素,是因为其具有承载并提供信息、作为数字产品生产资料、降低生产和交易成本、提高全要素生产率等基本的效用。数据存在的以上经济效用表明,数据要素能够在社会经济生活中得到普遍利用,并能对社会经济的发展作出巨大贡献。基于数据的以上效用,回应数据需求和供给关系的数字经济应运而生。各种与数据采集、加工、流通、存储、分析、应用和生态保障等密切相关的经济活动快速增加,催生和促进数字经济新产业、新业态和新模式的快速发展[1],为社会经济创造新的增长点,注入新的发展活力和动力,促进经济高质量发展。数字经济时代,数据已成为与土地、劳动力、资本、技术并列的五大基本生产要素之一。[2]

由于数据资源作为生产要素的运用是近年来随着网络技术和数据技术的发展而逐渐为人们所重视的,因此,在传统的法律制度体系中,并不存在与此相关的产权制度。无论在中国还是在其他国家,有关数据资源产权的法律制度均处于创建时期。《中华人民共和国民法典》(以下简称《民法典》)第127条规定:“法律对数据、网络虚拟财产的保护有规定的,依照其规定。”这一规定表明,首先,《民法典》中的数据主要是通过计算机、网络技术处理形成的电子数据,这从其将数据与网络虚拟财产放入同一条规定便可以看出。其次,对于这类数据目前如何保护,在理论上存在分歧,并且没有其他国家的法律制度可以参考,还需要进一步考察、研究才能对其保护方式作出具体规定。因此,《民法典》对数据作为一种权利客体的规定较原则,随着未来发展,待有关法律对数据财产的保护有明确规定时,数据财产将依法获得有力保护。最后,在《民法典》表述中,数据与网络虚拟财产的保护相并列,表明了立法者对数据保护的基本立场,即将数据作为财产权的一种新型客体对待。也就是说,数据可以作

---

〔1〕 参见俞林、赵俊红、霍伟东:《推进数据要素市场化配置 促进经济高质量发展》,载《宏观经济管理》2021年第10期。

〔2〕 2020年3月30日,中共中央、国务院发布的《关于构建更加完善的要素市场化配置体制机制的意见》就将数据与土地、劳动力、技术、资本并列,作为五大生产要素之一。

为一种财产成为财产权的客体,既然是财产权的客体,基本的保护方式就是界定、认可存于其上的财产权而使权利人的权利得以保护。

与其他要素资源市场化配置一样,数据资源的市场化配置也只能通过相关数据产权交易的方式进行。存于数据要素上的利益主要有两个基本的方面:一是为数据提供来源的相关主体的利益;二是数据利用者的利益。由于数据来源利益必须反映数据来源的客观状况,因此,对其相关利益主体不宜进行变更。基于此,本书认为,数据要素的市场化配置应主要在数据利用权层面进行,其市场化配置也应当将数据利用权作为主要产权形式。对此,我们将在本书后文中再作详细的讨论。

现代农业是面向市场从事农产品生产、加工的新型农业。数据资源的利用在宏观上有利于实现农产品生产与市场对接,保障农产品供给和社会总需求的平衡;在微观上,对农业经营者按照市场合理安排农产品生产经营,提升经营收益,也具有非常重要的意义。对数据要素资源进行市场化配置有利于将农业生产或农村建设过程中所需的信息通过数据及时合理地分布到需要的领域,可有效满足现代农业发展和农村建设的要求;数据资源的市场化配置也有利于政府基于充分的信息而对农业生产进行精准指导和有效调控。

第三节　要素市场化配置下完善农村产权制度的意义

实现资源的市场化配置是发展市场经济应有之义和必然要求。自我国改革开放以来,实现资源的市场化配置一直是我国改革开放的基本方向。在这一方向指引下,我国市场化配置资源的领域不断扩展,市场作用日益加强。然而,就总体而言,资源的市场化配置在消费领域的改革步伐明显超前于生产领域。目前,我国97%以上的商品均已全面放开,推向市场,按市场价格调节商品的供求。相比较而言,要素领域的市场化改革则明显滞后。市场决定要素资源配置的范围仍有限,要素流动仍存在严重的体制机制问题,束缚了市场主体的获利和市场化配置资源的效率。[1] 为了解决这一问题,2020年3月30日中共中央、国务院发布《关于构建更加完善的要素市场化配置体制机制的意

---

〔1〕 参见许经勇:《"十四五"时期推进要素市场化配置改革的思考》,载《学习论坛》2021年第2期。

见》,就要素领域市场化配置改革提出了新要求,并提出了一系列的改革深化措施。在要素资源的市场化配置方面,中国广大农村地区相对于城市而言又显得更加滞后。尽管我国的改革开放首先在农村发生,但改革开放40多年来,农村在要素资源的市场化配置改革方面进展缓慢。最集中的表现就是:农村产权制度的建构仍不适应要素资源市场化配置的要求,大量的农村要素资源由于没有适应市场化配置的产权制度安排而不能进行市场化配置,即使一些资源可以进行交易,但在交易范围、交易方式等方面严重受限,使市场配置农村要素资源发挥作用的空间受限,严重影响了农村要素资源通过市场而实现优化配置。要充分实现农村资源的市场化配置,必须对不适应其要求的农村产权制度进行重塑,构建更加完善的农村要素市场化配置体制机制。只有这样,才能有利于发展现代农业,促进农村经济社会建设,为实现"产业兴旺、生态宜居、乡风文明、治理有效、生活富裕"的乡村振兴目标提供强大的动力。具体地说,根据要素资源市场化配置要求重塑涉农产权制度,其重要意义主要表现在以下方面。

一、为发展现代农业提供适应的产权制度支撑

振兴乡村,产业兴旺是基础。只有通过发展现代农业,才能为乡村振兴战略目标的实现提供坚实的经济基础。现代农业的基本特征是要素的集约化、经营的规模化、经营方式的现代化和经营面向的市场化(产业化)。要素集约化是现代农业的首要特征。要素的集约化不同于传统农户小规模、低技术、高手工的精耕细作经营模式,它要求集中投入较少要素资源,通过运用先进生产技术、设备和管理方法,克服传统要素投入边际收益递减规律的作用,以求在单位土地面积上获得更高产量和收益的农业生产经营方式。[1] 要素集约化必然要求各种农业发展相关的要素资源能够在不同的主体间进行合理的流动,并实现各种要素之间科学、合理的匹配。只有这样才能实现各种要素利用效率的全面提升,实现经营收益或产出的最大化。农业现代化是实现乡村富裕的必由之路,只有农业的"蛋糕"越做越大,乡村整体的富裕才有充分的物质

---

〔1〕 参见王定祥、谭进鹏:《论现代农业特征与新型农业经营体系构建》,载《农村经济》2015年第9期。

基础。

要素集约化有赖于要素产权制度的合理安排，只有按照市场化配置资源的要求，合理安排农村要素资源的产权，才能通过产权的流动带动资源的流动，使农村资源按照集约化的原则实现合理的配置，并随着市场的不断调节逐步实现要素资源配置的最优化。

二、为充分、高效利用农村资源提供有效的制度激励

产权的基本功能之一是其激励功能，它通过将特定的资源与特定的主体联系起来，将资源利用的成果归其所有，从而使人们更关心资源的利用与保护。正是在这个意义上，私有制的发展是人类社会的一次飞跃。长期以来，由于我国农村资源在一些方面存在产权不清晰的问题，因而人们的积极性未能得到有效激发，农村资源的利用效率不高，影响了农业经济发展和农民生活水平的提高。在计划经济时代，农村土地普遍实行“集体所有，集体经营”的经营体制，“大锅饭”使农民干好干坏一个样，出力不出力一个样，农民的生产积极性受挫。农村集体产权模糊，特别是农民个体对集体资产享有的权益被忽视，其结果是农民对集体资产的使用、经营和管理不关心，集体资产流失、运营亏损的现象普遍，以致即便在今天，全国各地几乎没有集体经济的所谓“空心村”仍存在。但实际上，由于我国普遍实行农村土地集体所有制，这为集体经济的发展创造了良好的资源条件，造成集体经济空心化的根本原因不在于集体缺乏资源，而在于集体资源未得到充分、高效地利用。而要实现集体资源的充分、高效利用，也需要进行产权制度的改革，通过重塑产权制度理顺产权所有者、利用者、受益者之间的关系，引入有效的激励机制，提高各类产权主体高效、充分利用资源的积极性。唯有如此，才能不断推进农业经济的发展、推动农村现代化建设、提升农民的生活质量和生活水平。

三、为理顺农村分配关系，实现农村共同富裕提供合理的制度依据

分配功能是产权的重要功能之一，要素资源是社会生产领域中具备使用价值并因此被广泛用于生产经营活动的资源。如前所述，产权的归属并不当然产生收益，而产权所覆盖的要素资源的利用则是生产性的，是新的社会财富

的唯一来源。在所有人自物利用的情形下,利用收益完全归属所有权人;而在非所有人自物利用的情形下,要素资源的利用者利用资源产生的收益,虽直接归其所有,但是,所有权人或其他产权人则可以凭借其产权参与他人利用资源收益的分配。在我国,由于农村土地实行集体所有制,不能通过土地所有权转移对土地资源进行市场化配置,农村土地资源上除农民集体所有权外,还可能存在农户的承包经营权、农村集体经济组织的管理权和直接经营土地的土地经营者的经营权。土地经营收益只能在经营者利用土地从事农业生产经营的过程中产生,但享有该土地所有权的农民集体、享有管理权的农业集体经济组织、享有承包经营权的农户,均可凭借其产权参与该经营收益的分配。如何处理这些产权人之间的关系不仅关系农村社会分配的公平,同样会影响农村经济的发展。显然,在以上多产权并存的情形下,资源利用收益是特定的,如果所有权人获得过多,其他参与分配的主体获得的收益必然就会减少。同样,如果承包经营人获得更多,其他主体的收益也必定会减少。但是,如果其他参与分配者获得的利益多到使经营者无利可图,那么就可能造成没有人愿意从事农业生产经营,最终的结果是所有的主体都不能获得任何利益。因此,在产权制度设计上,必须合理安排不同产权者之间的关系:一方面,要承认产权参与分配的合理性、正当性;另一方面,要平衡各产权人之间的利益关系。只有这样,才能兼顾农村社会分配的公平与农业经济的发展,使农民充分分享农业、农村经济发展的成果,促进乡村共同富裕。

四、为农村持续、高效发展提供长期的制度保障

产权制度除经济激励和分配功能外,还有有效的资源保护功能。[1] 在没有产权的情况下,任何人都可以自由、平等、不受限制地使用资源,由于资源的使用收益归使用者所有,因此,人们在使用资源的过程中均可能为了自身利益的最大化而掠夺性地对资源进行利用,而土地等自然资源能够承载的负担都是有限的,过度地利用必然会导致资源的破坏或枯竭。这就是经济学中所谓

〔1〕 参见许明月、郜永昌:《土地资源的利用与土地用益法律制度》,重庆大学出版社 2005 年版,第 37～40 页。

的“公有地的悲剧”[1]。在存在产权的情况下,产权覆盖的资源与特定的主体联系起来,产权人能够长期从特定的资源利用中获得利益最符合其利益最大化的要求,因此,无论该资源为自己利用或让渡给其他人利用,产权人都会关心资源承受能力,避免掠夺性地利用资源,并采取措施对资源进行保护。产权制度的不同安排对要素资源的保护也会产生重要的影响。例如,在多产权并存的资源中,如果资源实际利用者享有的权利期限过短,便有可能激励其为追求短期利益而掠夺性地利用资源,造成资源的破坏。因此,合理的产权制度安排,有利于在实现资源充分、有效利用的前提下使资源得到更好的保护,从而为农村经济发展的可持续性以及农村的生态环境保护提供长期的制度保障。

---

〔1〕 1968 年美国加利福尼亚大学生物学家哈丁教授在《科学》杂志上发表了题为《公有地的悲剧》的论文[Science, Vol. 162, 1243(1968)]。在该文中,他举例说,在公有的草地上放羊,放牧人因为增加放养的羊会给他带来利益而不断增加放羊的数量,但草地的饲养容量是一定的,当羊的总数超过草地的饲养量时,草地最终会荒芜。没有建设和保护,只有掠夺性地利用,适宜放牧的草地会越来越少。

第二章　要素市场化配置下我国农村产权制度的历史发展

第一节　改革开放前我国农村要素资源的配置与产权制度

改革开放前,我国农村要素资源主要是土地、劳动力、资金资源,科技、数据资源在我国农村并未受到重视。下文将主要围绕土地、劳动力和资金配置的状况对相应产权制度进行考察。

一、改革开放前我国土地资源的配置与产权制度

新中国成立以来,如何设计符合中国特色的土地权利制度一直是中国最高决策层和知识分子最关心的问题。这一问题首先在所有权层面展开,其核心就是土地所有制变革。新中国成立初期,我国通过土地改革运动剥夺了封建地主阶级对于土地的所有权,并对土地进行重新分配,确立了农村土地的农民私有制。新中国成立初期的立法明确规定了农村土地归农民所有,并可以买卖。[1] 这种土地改革实际上是以一种私有制替代另一种私有制。私有并允许交换的土地权利制度,从理论上说,对实现土地资源的市场化配置是一

〔1〕 1950年6月28日中央人民政府委员会第八次会议通过《中华人民共和国土地改革法》(以下简称《土地改革法》,已失效),其第1条明确规定:"废除地主阶级封建剥削的土地所有制,实行农民的土地所有制,藉以解放农村生产力,发展农业生产,为新中国的工业化开辟道路。"该法直至1987年才由全国人民代表大会常务委员会《关于批准法制工作委员会关于对1978年底以前颁布的法律进行清理的情况和意见的报告的决定》予以正式废止。

种合适的制度安排，通过所有权层面的交易，完全可以实现土地资源配置的优化。

然而，土地改革的动机并不是提高土地的利用效率，而是消除土地私有制带来的分配不公。显然，以农民私有制代替地主私有制，不可能实现这样的目标。即便最初的土地分配再公平，只要土地交易被允许，土地集中就不可避免，新生的地主阶级也会很快地形成。地主与农民的区别是土地拥有量的多少问题，随着土地拥有量的变化，农民与地主的身份也在不断切换。“打土豪，分田地”只是通过公共权力对土地资源配置现状的一次普遍而强制的干预，并没有触及旧制度的根本，甚至可以说基本上维持了旧制度的体系。因此，当农村土地被分配之后，国家决策层很快就意识到这个问题的严重性。这个问题如果不能得到解决，走“回头路”就不可避免。

农村集体经济是在新中国成立以后随着农村社会主义改造而逐渐形成和发展的。新中国成立初期，我国便开始考虑通过合作化对农村土地制度进行改革。1953 年 2 月中共中央发布《关于农业生产互助合作的决议》后，合作经济开始在我国农村普遍发展。最初的合作社为初级社，在初级社阶段，生产资料仍然实行私有制，初级社阶段的合作经济并不完全具备集体经济的性质。〔1〕1956 年 6 月 30 日第一届全国人民代表大会第三次会议通过《高级农业生产合作社示范章程》（已失效），明确规定农业生产合作社（高级社）是在自愿和互利的基础上组织起来的社会主义的集体经济组织。〔2〕集体经济与农村集体经济组织开始出现于国家正式的法律规范中。1958 年春，全国各地掀起“人民公社化”运动，到同年年底，参加公社的农户达 1.2 亿户，占总农户的 99% 以上。〔3〕1962 年 9 月 27 日，中国共产党第八届中央委员会发布《农村人民公社工作条例（修正草案）》，确立了农村“三级所有，队为基础”的集体经济体制。与此相对应地，农村土地也根据情况分别属于人民公社、生产大队和生产队所有。生产队范围内的土地都归生产队所有。生产队所有的土地，包括社员的自留地、自留山、宅基地等，一律不准出租和买卖。

---

〔1〕 根据 1955 年 11 月 9 日全国人民代表大会常务委员会第二十四次会议通过的《农业生产合作社示范章程》（已失效）第 3 条的规定，初级阶段的合作社具有“半社会主义的性质”。

〔2〕 参见《高级农业生产合作社示范章程》（已失效）第 1 条。

〔3〕 参见《人民公社》，载《中国经济周刊》2019 年第 18 期。

农业合作化运动彻底改变了旧制度,是一场真正意义上的制度变革。合作化运动后,农村土地集体所有并禁止流转的制度便逐步固定下来。

通过合作化运动建立的农村土地集体所有制,从根本上解决了土地以及基于土地而产生的严重社会财富分配不公问题。然而,从土地公有制确立的那一天开始,农村土地的利用效率问题便逐步凸显出来。此后,关于农村土地权利制度的争论便集中体现在如何提高土地利用效率的问题上。合作化以后的土地权利制度建构的中心逐渐从土地所有权层面转移到土地利用权或土地经营权层面。在高级社和人民公社时期,农村土地权利制度的基本特点是集体所有、集体经营、按劳分配。所有权与经营权统一由农业集体经济组织享有。由于土地经营成果不能直接归属于劳动者个体,而只能归属于劳动者集体,因而,对劳动者个体而言,劳动成果分配过程就可能出现"搭便车"的现象。没有提供劳动,或提供劳动少的人可能与其他人按照同样的标准享受劳动成果。如果所有的劳动者都产生这种心理,那么出工不出力的现象就会普遍蔓延开来。最终将出现的结果是全国范围内的农村土地利用效率的普遍降低,农业产出严重缩减。自此,自下而上、自上而下的土地经营制度改革便在全国普遍展开。以土地公有、家庭经营为基本特点的土地承包经营制度迅速在全国范围内得到推广。

二、改革开放前我国农村劳动力资源的配置与产权制度

随着我国农村的社会主义改造运动,与农村土地"集体所有,集体经营"体制同步形成的是农村集体经济形式下的劳动力资源配置制度。据此,在我国农村,根据土地所有权的三种不同形式,建立了与之对应的集体经济组织,即人民公社、生产大队和生产队。[1] 农村劳动者分别在这三级组织内进行劳动。人民公社是"社会主义的互助、互利的集体经济组织"。[2] 生产队是人民公社中的基本核算单位,实行独立核算,自负盈亏,直接组织生产,组织收益的分配。生产队范围内的劳动力都由生产队支配。公社或者生产大队向生产队调

---

〔1〕《农村人民公社工作条例修正草案》第2条规定,人民公社的基本核算单位是生产队。根据各地方不同的情况,人民公社的组织,可以是两级,即公社和生产队,也可以是三级,即公社、生产大队和生产队。

〔2〕参见《农村人民公社工作条例修正草案》第1条。

用劳动力,必须同生产队的社员群众商量,不得到他们的同意,不许抽调。1958年1月9日全国人民代表大会常务委员会通过《中华人民共和国户口登记条例》(以下简称《户口登记条例》),据此,农村人口按照合作社进行户口登记;户口由农村迁往城市的,必须取得准迁证明,办理迁出手续。[1] 至此,与农业集体经济组织相对应的城乡分离的农村户籍制度在我国得到确立。人民公社化后,我国农业人口普遍获得了与其所在生产队相对应的农村户口。劳动力资源配置方面,我国逐步确立了城乡分离,农村劳动力资源分属农村集体经济组织并严格限制流动的劳动力资源管理体制。在这种体制下,农村劳动力被固定在以生产队为基础的农村集体经济组织内部,不仅城市与农村之间的劳动力流动被阻断,而且农村各地区、各种农村集体经济组织之间劳动力资源的流动也受到严格限制。市场配置劳动力要素资源不仅在全国范围内不能实现,而且在农村不同地区和不同经济组织之间也不能实现。

三、改革开放前我国农村资本要素配置与产权制度

新中国成立后,农村资本要素的配置制度也是随着农村社会主义改造运动而逐渐形成的。新中国成立初期,我国普遍实行"农民所有,农民经营"的经营体制。农业生产过程中所需的资本要素(生产工具、设备、生产资金)在私人所有的基础上可自由流动。随着农村社会主义改造运动的推进,农民注入合作社的资本逐渐公有化,最终成为集体资产的一部分,并被固定于特定集体经济组织内由集体经济组织统一使用、管理。集体经济组织生产经营过程中积累的资本和农民投入的资本是农业生产经营活动资本品的主要构成。这些资本是农村集体组织集体资产的重要构成,只能由集体经济组织用于农业生产经营活动,不能进行投资等活动,资本要素的市场化配置几乎无法进行。

在资金要素方面,改革开放前,我国农村主要通过信用合作机制实现农村资金融通。1950年中国人民银行和中华全国合作社联合总社提出首先在华北试办信用社(部)。1951年5月,第一届全国农村金融工作会议召开后,人民银行颁布了《农村信用合作社章程准则(草案)》《农村信用互助小组公约(草案)》,明确信用合作社是农民自己的资金互助组织,不以营利为主要目的,贷

---

[1] 参见《户口登记条例》第3条、第10条。

款先贷给社员、组员，实行民主管理。据统计，截至1955年，全国建立了15.93万个农村信用合作社，基本实现了一乡一社。1959年后，信用社改为信用部下放到生产大队，“文化大革命”时期，信用社改由贫下中农管理，业务受到严重影响。1977年国务院发布《关于整顿和加强银行工作的几项规定》，明确信用社既是集体金融组织，又是国家在农村的金融机构。农村信用社成为国家银行在农村的附属机构。[1] 信用合作社主要利用从农民那里筹集的资金，服务于农民生活和农业生产经营活动，信用能力非常有限，且只能在公社、生产大队内部运行，信用社之间几乎也不存在资金往来业务。在附属于农村集体经济组织建立的农村合作金融体制下，市场配置资金要素几乎没有空间。

第二节　改革开放后我国农村要素资源配置与产权制度

一、改革开放后我国农村土地要素资源配置与产权制度

改革开放以来，农村土地改革和土地制度建设根据所体现的基本理念的不同，可分为三个阶段：

1. 1978—1984年：从“集体所有，集体经营”到“集体所有，农户承包经营”

中国经济改革是从农村土地制度改革开始的。在改革开放之前，随着我国农村在经济组织形态上经历从农民个体到互助组、初级社、高级社和人民公社的变化，农村土地制度也经历了从私有制到公有制，从个体经营到集体经营的发展过程。“集体所有，集体经营”是改革开放初期我国农村土地制度的基本特点。1978年11月24日，安徽凤阳县小岗村18位农民发起的“大包干”生产责任制，对“集体所有，集体经营”的农村土地制度提出挑战，并自此揭开了中国农村土地制度改革的序幕。1980年5月31日，邓小平同志在一次重要谈话中公开肯定了小岗村“大包干”的做法。1982年1月1日，中共中央批转1982年中央一号文件《全国农村工作会议纪要》（以下简称1982年中央一号文件），指出目前农村实行的各种责任制，都是社会主义集体经济的生产责任制；1983年中央一号文件《关于印发〈当前农村经济政策的若干问题〉的通知》（以下简称1983年中央一号文件），进一步肯定了家庭联产承包责任制是在党的领

---

〔1〕 参见马忠富：《中国农村合作金融发展研究》，中国社会科学院研究生院2000年博士学位论文，第42页。

导下我国农民的伟大创造。同年，农村土地第一轮承包在全国普遍推开。

最初的家庭联产承包，实现了“集体所有，农户经营”，但这种农户经营是严格的农户经营。无论是政策上还是法律上，出租、转包等变更经营主体的做法都被禁止。根据前述1982年中央一号文件的规定：“社员承包的土地，不准买卖，不准出租，不准转让，不准荒废，否则，集体有权收回；社员无力经营或转营他业时应退还集体。”1982年《宪法》（第10条第2款）、1986年制定的《中华人民共和国土地管理法》（以下简称《土地管理法》）（第2条）和《中华人民共和国民法通则》（以下简称《民法通则》，已失效）（第80条）都明确规定，不得侵占、买卖、出租或者以其他形式非法转让土地。1986年，最高人民法院在《关于审理农村承包合同纠纷案件若干问题的意见》（已失效）中也规定：“承包人将承包合同转让或转包给第三者，必须经发包人同意，并不得擅自改变原承包合同的生产经营等内容，否则转让或转包合同无效。”

土地承包经营制度的推行，改变了土地经营收益的归属关系，消除了土地经营成果分配过程中的“搭便车”现象。农户为自己经营土地，经营成果扣除各项上缴和提留外，均由农户自己所有，土地产出越多，农户所得利益就越大。因此，土地承包经营制度克服了集体经营制度的弊端，大大提高了农民生产的积极性。随着此项制度的确立，中国农民也逐渐从贫困中解脱出来。

然而，土地承包经营制度虽然大大提高了劳动者的积极性，却并没有改变土地资源的配置方式。它是通过公共权力推动的在土地利用层面实现的资源配置安排，市场并没有在土地权利配置过程中发挥作用。如果承包经营权不能流转，我们会看到，一部分没有任何劳动能力的人，即使能够获得土地承包经营权，但由于其没有能力利用土地，分给他的土地也就只能任其荒废。同样的后果还可能出现在虽有劳动能力但不愿意耕种土地的承包人土地之上，特别是当城市与农村之间的劳动力流动通道打开以后，在城市打工的收益大于其经营土地的收益时，前者将会对农民更有吸引力。因此，若土地承包经营权不能流转，越来越多的土地荒废必将成为一种大概率的情况。即便对既有能力又愿意耕种的农户而言，也无法保证他们都能够实现农地利用收益的最大化，农村土地的经营只能在低效率水平状态下运行。因此，以改变农地资源配置方式为基本内容的土地权利制度改革已势在必行。

2. 1984—2014 年:从农户承包经营到承包经营权流转

严格的农户承包经营从一开始就显现出其局限性,因为只有在所有承包农户都具备与经营土地相适应的经营能力时,严格的农户承包经营才是可行的。而实际上,每一农户的经营能力是各不相同且千变万化的。从家庭承包责任制推行初始,就有一些不具备经营能力的农户将承包的土地交给其他人代耕,因为对不具备经营能力的农户而言,将土地交由其承包,其结果要么是任其闲置,要么是请人代为耕种,而闲置土地也属于政策禁止之行为。因此,尽管有法律和政策的明令禁止,在民间,以转包、出租或代耕等方式将承包地交由他人经营的现象时有发生。

鉴于转包、代耕等现象出现的合理性和普遍性,中央对严格的农户家庭联产承包责任制的态度也开始出现松动。体现这种松动的最初文件是 1984 年中央一号文件《关于一九八四年农村工作的通知》(以下简称 1984 年中央一号文件),该通知指出:"鼓励土地逐步向种田能手集中。社员在承包期内,因无力耕地或转营他业而要求不包或少包土地的,可以将土地交给集体统一安排,也可以经集体同意,由社员自找对象协商转包,但不能擅自改变向集体承包合同的内容。"这是首次通过政策性文件允许特定条件下农户可以对其承包经营的土地进行转包。

尽管如此,与土地有关的法律仍然没有改变。法律上的开禁最早是通过 1988 年《中华人民共和国宪法修正案》(以下简称 1988 年《宪法修正案》)开始的。1988 年《宪法修正案》删除了原第 10 条第 4 款中的"出租"二字,并增加了"土地的使用权可以依照法律的规定转让"的规定。根据 1988 年《宪法修正案》的精神,1988 年《土地管理法》对其第 2 条也进行了相应修订。至此,农村土地严格的承包户经营制度在法律上也出现了松动,通过转包、转让等方式将农地交由其他人经营,获得了正式立法的认可。

1995 年国务院批转原农业部发布《关于稳定和完善土地承包关系意见的通知》(已失效),首次在官方文件中提出农地"承包经营权流转"的概念。该通知规定:"建立土地承包经营权流转机制","在坚持土地集体所有和不改变土地农业用途的前提下,经发包方同意,允许承包方在承包期内,对承包标的依法转包、转让、互换、入股,其合法权益受法律保护"。从这一文件开始,农村土地经营制度的改革便在"承包经营权流转"的名义下不断推进。该文件明确了承包经营权流转的四种基本合法形式,即转包、转让、互换和入股。其后,中央也发布多项政策性文件对农村土地承包经营权流转问题进行指导,并禁止以土地流转名义侵害农民利益的行为。如1997年中共中央办公厅、国务院办公厅《关于进一步稳定和完善农村土地承包关系的通知》,明令禁止实行"两田制";2001年中共中央《关于做好农户承包地使用权流转工作的通知》,明令禁止"反租倒包"等。我们注意到,在以中共中央名义发布的政策性文件中,比较固定的提法是承包地使用权,而不是承包经营权。

在经过十几年的农村土地制度改革的基础上,1998年修订的《土地管理法》第15条规定,"农民集体所有的土地,可以由本集体经济组织以外的单位或者个人承包经营",但必须经"村民会议三分之二以上成员或者三分之二以上村民代表的同意,并报乡(镇)人民政府批准"。2002年全国人大常委会通过《中华人民共和国农村土地承包法》(以下简称《农村土地承包法》),该法在统一的"承包经营权流转"名义下对承包经营权流转制度进行了系统的安排。其第二章第五节以整节的篇幅对承包经营权流转作出专门规定。根据该法规定,农地承包分为家庭承包和非家庭承包。其中,家庭承包即农村集体经济组织内部的家庭承包;非家庭承包,即对不宜采取家庭承包方式的荒山、荒沟、荒丘、荒滩等农村土地,采取招标、拍卖、公开协商等方式承包。通过家庭承包取得的土地承包经营权可以依法采取转包、出租、互换、转让或者其他方式流转。这里所称的承包经营权流转并没有对权利主体是否发生变更进行区分。实际上,承包经营权主体变更的流转发生于以下情形:一是通过承包经营权转让的方式流转土地承包经营权[1];二是通过互换方式变更承包经营权主体[2];三

---

〔1〕《农村土地承包法》第16条第1项规定,承包方依法享有承包地使用、收益和土地承包经营权流转的权利。第32条规定,通过家庭承包取得的土地承包经营权可以依法采取转包、出租、互换、转让或者其他方式流转。第41条规定,承包方有稳定的非农职业或者有稳定的收入来源的,经发包方同意,可以将全部或者部分土地承包经营权转让给其他从事农业生产经营的农户,由该农户同发包方确立新的承包关系,原承包方与发包方在该土地上的承包关系即行终止。第26条第2款规定,承包期内,承包方全家迁入小城镇落户的,应当按照承包方的意愿,保留其土地承包经营权或者允许其依法进行土地承包经营权流转。

〔2〕《农村土地承包法》第38条规定,土地承包经营权采取互换、转让方式流转,当事人要求登记的,应当向县级以上地方人民政府申请登记。未经登记,不得对抗善意第三人。

是通过交回承包经营权方式丧失承包经营权。其中,又分为自愿交回[1]和强制交回两种。[2] 对于承包经营权不发生主体变更情形的流转,法律规定了可采用转包和出租等方式,且赋予本集体经济组织成员以优先权。对于非家庭承包的土地,法律对本集体经济组织以外的单位或者个人承包进行了限制。[3] 同时,该法规定,非家庭承包,经依法登记取得土地承包经营权证或者林权证等证书的,其土地承包经营权可以依法采取转让、出租、入股、抵押或者其他方式流转。可见,对于非家庭承包土地的承包经营权流转,该法赋予了更大的自由空间。2007 年 3 月通过的《中华人民共和国物权法》(以下简称《物权法》,已失效)仍然坚持了承包经营权流转的基本理念,并在此基础上以民事基本法的形式进一步肯定了《农村土地承包法》规定的内容。

3. 2014 年至今:从承包经营权流转到"三权分置"

从以上的分析可以看出,从实质内容上看,承包经营权流转实际上包含两种基本类型的权利流转:一是承包经营权主体发生变更的流转;二是不发生承包经营权主体变更的流转。在实际生活中这两种流转都有发生,但不发生主体变更的承包经营权流转更普遍。由此,在统一的承包经营权流转名义下进行土地流转,至少会出现以下问题:第一,从概念的严谨性出发,不变更权利主体的承包经营权流转尽管在现实生活中占主要部分,但它并不属于严格意义的承包经营权流转,因为流转后的承包经营权主体并没有发生变化,承包经营权仍然属于原有的农户。法律所指的承包经营权流转实际上仅仅是承包经营权人的一部分利益的转移,而不是承包经营权本身的转移,承包经营权流转在很多情形下实际上已经名不符实。第二,在土地资源日益稀缺且其投资价值日益凸显的当今社会,土地流转已成为吸引投资、推动农村经济发展的重要动力,备受地方政府和投资者的重视。如果不区分两种土地流转类型,那么就有可能激励一些农村基层组织和个人借土地承包经营权流转的名义,剥夺其他农民的土地权益,导致出现更多的农民永久丧失农村土地的生存保障的情况。

---

[1] 根据《农村土地承包法》第 29 条的规定,承包期内,承包方可以自愿将承包地交回发包方。承包方自愿交回承包地的,应当提前半年以书面形式通知发包方。承包方在承包期内交回承包地的,在承包期内不得再要求承包土地。

[2] 根据《农村土地承包法》第 26 条第 3 款的规定,承包期内,承包方全家迁入设区的市,转为非农业户口的,应当将承包的耕地和草地交回发包方。承包方不交回的,发包方可以收回承包的耕地和草地。

[3] 参见《农村土地承包法》第 48 条的规定。

第三,由于担心土地流转可能使其永远丧失农地利益,甚至在农村的所有利益,农民往往不愿意参与土地流转。其结果也不利于通过土地流转实现土地的集约化经营,发展规模经济,推进农业现代化。基于这些原因,有必要对两类不同类型的土地流转进行严格区分,并在此基础上采取不同的政策立场和法律规制方式。中央"三权分置"政策的出台,正顺应了这一要求。

2014 年 1 月,中共中央、国务院以当年中央一号文件的形式正式印发了《关于全面深化农村改革加快推进农业现代化的若干意见》(以下简称 2014 年中央一号文件)。该意见指出:"稳定农村土地承包关系并保持长久不变,在坚持和完善最严格的耕地保护制度前提下,赋予农民对承包地占有、使用、收益、流转及承包经营权抵押、担保权能。在落实农村土地集体所有权的基础上,稳定农户承包权、放活土地经营权,允许承包土地的经营权向金融机构抵押融资。"这是首次以中央文件的形式明确允许承包农地的经营权抵押、担保。

为落实中央文件精神,2015 年 8 月 10 日国务院发布《关于开展农村承包土地的经营权和农民住房财产权抵押贷款试点的指导意见》(国发〔2015〕45 号)。该指导意见确立了试点工作的指导思想,提出了依法有序、自主自愿、稳妥推进、风险可控四项原则和五项试点任务,并对组织实施工作作出了具体安排。

2015 年 12 月 27 日第十二届全国人民代表大会常务委员会第十八次会议通过《关于授权国务院在北京市大兴区等 232 个试点县(市、区)、天津市蓟县等 59 个试点县(市、区)行政区域分别暂时调整实施有关法律规定的决定》,允许在 232 个县(市、区)暂停《物权法》(已失效)第 184 条、《中华人民共和国担保法》(以下简称《担保法》,已失效)第 37 条的实施。该决定的颁布,使承包地经营权改革试点工作得以合法地全面推进。

2016 年 3 月 15 日,中国人民银行、原银监会、原保监会、财政部、原农业部五部门联合发布《关于印发〈农村承包土地的经营权抵押贷款试点暂行办法〉的通知》,对承包地经营权抵押贷款条件、具体运作程序和相关配套措施等作出了具体的安排。为承包地经营权抵押融资改革试点工作的开展提供了基本操作性规则。通过以上政策性文件,农村承包地经营权抵押融资改革在政策上逐渐由模糊到清晰、由原则到具体,最终形成具有可操作性的改革方案并付诸实施。

2016年6月原农业部印发《农村土地经营权流转交易市场运行规范(试行)》,在区分土地承包经营权与农地经营权的前提下,对农村土地经营权交易条件、交易品种(可交易的经营权种类)、交易主体、交易程序以及农地经营权抵押等相关问题作了系统规定。2016年10月,中共中央办公厅、国务院办公厅印发《关于完善农村土地所有权承包权经营权分置办法的意见》,进一步明确了"三权分置"的重大意义,提出了"三权分置"改革总体要求,并对"三权分置"格局的基本内容、保障"三权分置"改革的基本措施等作出全面安排。2017年中央一号文件《关于深入推进农业供给侧结构性改革 加快培育农业农村发展新动能的若干意见》(以下简称2017年中央一号文件)进一步强调了深化农村集体产权制度改革,落实农村土地集体所有权、农户承包权、土地经营权"三权分置"的办法,要求加快推进农村承包地确权登记颁证,扩大整省试点范围。2018年中央一号文件《关于实施乡村振兴战略的意见》(以下简称2018年中央一号文件)再次强调,完善农村承包地"三权分置"制度,在依法保护集体土地所有权和农户承包权前提下,平等保护土地经营权。农村承包土地经营权可以依法向金融机构融资担保、入股从事农业产业化经营。由此,农地"三权分置"改革通过政策的推动,进一步迈向深入。

为了体现农村土地"三权分置"改革的成果,进一步在合理界定产权的基础上推进农村土地资源的市场化配置,2018年12月29日,第十三届全国人大常务委员会第七次会议作出《关于修改〈中华人民共和国农村土地承包法〉的决定》,对《农村土地承包法》进行第二次修改(2009年8月27日第一次修改)。本次修改的中心任务就是落实中央"三权分置"的农村土地改革精神。通过此次修改,实现了对带有身份关系性质的传统农村土地承包关系和基于现代农业要求的农村土地经营关系进行分别调整的基本理念。一方面,根据稳定承包关系的需要,加强了对农户承包权(承包经营权)的保护,为农村土地承包关系的长期稳定提供了更加坚实的法律保障;另一方面,确立了土地经营权的独立地位,按照市场配置农地资源的要求,设计了完整的土地经营权流转规则,为实现农业规模经营、发展现代农业奠定了良好的法律基础。[1] 2020年5月28日第十三届全国人民代表大会第三次会议通过的《民法典》,以基本法的形

〔1〕 参见许明月:《论农村土地经营权市场的法律规制》,载《法学评论》2021年第1期。

式对《农村土地承包法》“三权分置”的制度安排进行了再度确认。40 多年农村土地制度的变迁呈现以下基本特点[1]:

(1)民间探索,政策先行,立法跟进。从以上对中国农村土地制度 40 多年发展历史的考察,我们不难看出,中国农村土地制度的变迁遵循了一条基本的规律,那就是“民间探索,政策先行,立法跟进”。正如陈小君教授指出的那样:“三权分置”政策的提出并不是理论建构或者决策层自上而下决策的结果,其生成和完善符合我国农地制度创新的一贯路径,即基层实践先行、政策指导和法制完善的“三部曲”模式。[2] 无论是土地承包经营责任制的确立,还是土地承包经营权流转,抑或是“三权分置”,最初都是从民间探索开始的。在对民间改革实践进行经验总结的基础上,再由中央出台相关政策性文件对改革实践中的一些做法进行肯定或否定、限制或倡导。在此基础上,最后由立法机关根据中央文件精神进行相应的立法,形成正式的法律制度。

(2)与时俱进,稳步推行。改革开放以来中国土地制度变迁体现了不同时代的经济社会要求,每一阶段也有各自的重点和特点。在改革开放初期,社会面临的主要问题是十亿人口的吃饭问题,粮食等农产品供给严重不足,“十亿人口八亿农民”,计划经济体制长期运行造成的思想僵化严重,快速提高农业产出、解决吃饭问题,是农村土地制度改革的基本动力。家庭联产承包责任制的推行,主要是针对计划经济体制下农地集体经营而带来的劳动积极性不足问题,通过联产承包将农民个体的劳动积极性调动起来。而集体经营制度被公认为是导致农业生产率低下的基本原因,加上历史上曾有这样的经验,现实中又有小岗村为代表的成功实例,农村土地制度改革从推行联产承包制开始就显得理所当然。尽管严格的家庭承包经营不可能长期维持,但是,考虑当时中国人口结构的状况和城乡经济的发展状况,也不会引起太大的社会矛盾。但随着经济的发展,特别是城市经济的快速发展,一方面,农业劳动力出现大量过剩;另一方面,城市建设又存在巨大的劳动力需求缺口,农民进城务工的越来越多,人口结构发生了重大变化,严格的农户家庭经营模式便受到越来越

---

〔1〕 参见许明月:《改革开放 40 年我国农地制度的变迁与展望》,载《东方法学》2018 年第 5 期。

〔2〕 参见陈小君:《我国农村土地法律制度变革的思路与框架——十八届三中全会〈决定〉相关内容解读》,载《法学研究》2014 年第 4 期。

严峻的挑战。为实现农业用地的充分利用,并为农民进城务工解除后顾之忧,实现土地流转势在必行。在家庭联产承包责任制已经深入人心,并获得相关政策和法律确认,农户承包经营权已成为基本财产权得以确立的前提下,农村土地制度改革必然选择土地承包经营权流转的基本形式。承包经营权流转改革试行多年后,人们发现,实践中更多农民并不愿意彻底地脱离农村土地,土地承包经营权从改变权利主体的意义上进行流转并不能为大多数农民所接受。改革中的土地承包经营权流转也大多在维持承包经营权主体不变的前提下将土地赋予其他人经营,因此,所谓的土地承包经营权流转实际上仅仅是徒有虚名,真正流转的是土地的实际经营权,借用土地承包经营权流转这一名义不仅名不符实,而且会增加农民对彻底丧失土地的担忧,影响农民流转土地的积极性,并可能被个别基层组织或个人用来损害农民的利益。为了消除农民对流转土地的担忧,更好地保护农民的利益,使土地流转名副其实,中央及时提出了“三权分置”的改革思路。这一农村土地制度的改革思路,顺应了新时代农民对农村土地的利益诉求,通过“三权分置”改革,农村土地制度在产权关系上将更加明晰,也更符合农民利益保护和发展现代农业的需要。由此可见,农地制度40多年的改革,始终坚持了与时俱进,不过分超越时代、提出脱离实际的要求,但又能及时回应时代的要求,特别是广大农民的呼声。农村土地改革与时俱进的特点,一方面保证了改革目标的实现,另一方面也实现了农村土地制度改革的稳步推进。

(3)坚守底线,市场引领。40多年农村土地制度改革一直是在坚守农村土地集体所有和严格的土地用途管制这两条底线的前提下进行的。农村土地集体所有,关系我国基本的经济制度,更关系我们国家经济的社会主义性质。因此,尽管在改革过程中时常听到一些杂音,如实现农村土地私有化,或对农村土地全面实行国有化等。但是,在顶层决策层面,坚持农村土地集体所有从来没有丝毫动摇。中国人多地少,耕地尤为稀缺,耕地是14亿多人基本的生存保障,更是中国完整独立经济体系的基础,农村土地制度改革一直坚持了最严格的土地用途管制制度。一方面,经过40多年的努力,我们建立了极为严格的土地用途转换控制体系,包括严格的审批制度;另一方面,也建立了总量控制下的各种耕地补充、维持机制。面对城市建设对土地的巨大需求,中国耕地面积维持了18亿亩的红线没有被突破,对此,严格的土地用途管制制度显然功不可没。

在坚守底线的前提下,农村土地制度的变迁可以说一直受到了市场化配置农地资源的方向引领。市场化配置是充分、高效利用稀缺农地资源的基本前提,它通过市场交易使农地资源在不同主体之间流转,从而实现农地资源配置的不断优化,农地利用效率不断提高。改革开放初期实行的严格的农户经营制度使市场化配置农地资源理论上不可能实现,但是,农户承包经营对农村土地的利益在不同的农户之间进行了分配,从而产生了不同的权利主体,这又为他们之间进行利益交换(交易)创造了前提。从 40 多年农村土地制度变迁的历史中,我们可以看出,实行家庭联产承包责任制以后,在中国广大农村就出现了一种力图突破严格的农户家庭经营体制的冲动,尽管有严格的政策法律禁止,但民间代耕、转包现象从一开始就时有发生。渐渐地,这种冲动形成了农民的普遍呼声,决策层面也充分认识到农民要求的合理性,并智慧地发现这种流转在土地利用层面上进行并不会对土地所有制产生冲击。于是,两权分置前提下的土地承包经营权流转便在全国各地普遍展开。进一步的改革发现,实现农村土地资源的市场化配置,可以在直接利用土地的层面进行,无须触动农民祖祖辈辈传下来的对农村土地的既得利益。而且,这将有利于消除农民对永久失去既得土地利益的担心,并可能使其以更低的成本获得更大的土地财产收益。丧失利益的减少和获得利益的增加必将大大强化对农民转移土地利用权的激励。“三权分置”的改革,在使农民既得土地利益得到充分维护的前提下,也给市场配置农村土地资源创造了更大的空间和更好的条件。由此我们可以看出,在农村土地制度变迁过程中,市场作为“看不见的手”,始终是推动制度发展的基本动力。

二、改革开放后我国农村劳动力资源配置与产权制度

改革开放之初,我国农村普遍实行家庭联产承包责任制,但是,之前确立的农村经济组织体系并没有发生改变。1983 年 10 月 12 日中共中央、国务院发布了《关于实行政社分开建立乡政府的通知》,到 1985 年 6 月全国人民公社政

社分开，建立乡政府的工作全面结束。[1] 政社分开后，随着人民公社经营管理集体资产的权利逐步转移给乡级政府，其作为一种农村集体经济组织在我国农村也随之消失。人民公社体制瓦解后，村民小组、村民委员会、乡政府分别取代了之前的生产队、生产大队、人民公社，尽管名称上发生了一定的变化，但我国农村集体经济组织的总体结构仍得到了长期的维持。随着改革的不断推进，由于农村经营体制由“集体所有，集体经营”转向“集体所有，家庭经营”，农村劳动力固定于农村土地、农业经济组织、农业经营的状况被彻底打破，一部分农民搞起了商业，一部分农民进入乡镇企业，一部分农民开始进城务工。[2] 大量农民开始走出土地、走出农村、走出农业生产，成为城市建设的重要力量。计划经济时代受农村土地、农业经济组织和农业劳动禁锢的农村劳动力得到了“松绑”，为市场配置劳动力资源创造了良好的制度条件，开辟了广阔的空间。

在改革开放初期（1978—1992年），国家对劳动力市场的开放仍然是谨慎的。由于城市经济发展对吸纳劳动力能力的限制，脱离土地的农村劳动力大量涌入城市，给城市居民的就业和生活都带来了巨大冲击。据统计，在改革开放初期，农村外出务工劳动力不到200万人，到1989年迅速增加到3000万人。[3] 为了避免农村劳动力大量转移对城市形成过重的压力，1989年国务院办公厅发布《关于严格控制民工盲目外出的紧急通知》，提出加强民工盲目流动管理，限制外出，减轻民工潮带来的不利影响。1991年7月国务院发布《全民所有制企业招用农民合同制工人的规定》（已失效），其中第3条规定，企业招用农民工必须在国家下达的劳动工资计划之内，用于国务院劳动行政主管部门确定的需要从农村中招用劳动力的生产岗位和工种。矿山企业招用农民工须报经省、自治区、直辖市人民政府或其授权的设区的市或相当于设区的市一级人民政府批准，其他企业招用农民工须报经省、自治区、直辖市人民政府批准。至此，农民工进城务工的潮流受到一定限制。在这一时期，农村劳动力

---

〔1〕 参见《1983－10－12 取消存在历时26年之久的人民公社》，载搜狐新闻网，http://news.sohu.com/20081209/n261103243.shtml，2022年3月11日访问。

〔2〕 参见孔祥智、周振：《我国农村要素市场化配置改革历程、基本经验与深化路径》，载《改革》2020年第7期。

〔3〕 参见孔祥智、周振：《我国农村要素市场化配置改革历程、基本经验与深化路径》，载《改革》2020年第7期。

资源配置上，一方面，长期存于农村劳动力上的禁锢被彻底打破；另一方面，面对农村劳动力爆发性地进入城市引起的一些问题，在政策层面，也表现出一定的担心和犹豫，采取了限制农村劳动力流动的措施，体现了国家对劳动力资源完全市场化配置的谨慎立场。

1992 年邓小平同志"南方谈话"后，中国改革开放的步伐进一步加快，此后召开的中共十四大，明确提出我国经济体制改革的目标是建立社会主义市场经济体制。1993 年 11 月 14 日，中国共产党第十四届中央委员会第三次全体会议通过了《关于建立社会主义市场经济体制若干问题的决定》，提出在保持粮棉等基本农产品稳定增长的前提下，调整农村的产业结构，加快乡镇企业和其他非农产业的发展，为农村剩余劳动力提供更多的就业机会。积极培育农村市场，打破地区封锁、城乡分割的状况，进一步搞活流通，增强农村经济发展的开放性，使各种经济资源在更大的范围内流动和组合。逐步改革小城镇的户籍管理制度，允许农民进入小城镇务工经商，发展农村第三产业，促进农村剩余劳动力的转移。2003 年国务院办公厅发布《关于做好农民进城务工就业管理和服务工作的通知》（已失效），明确要求取消对农民进城务工就业的不合理限制，各地区、各有关部门要取消对企业使用农民工的行政审批，取消对农民进城务工就业的职业工种限制，不得干涉企业自主合法使用农民工。取消专为农民工设置的登记项目，逐步实行暂住证一证管理。各行业要求的技术资格、健康等条件，对农民工和城镇居民应一视同仁。这些文件的发布，进一步消除了农村劳动力市场化配置的障碍，使城乡劳动力能够按照市场竞争的原则，平等地参与劳动力要素市场的配置。2008 年，党的十七届三中全会作出《关于推进农村改革发展若干重大问题的决定》，进一步提出统筹城乡劳动就业，加快建立城乡统一的人力资源市场，引导农民有序外出就业，鼓励农民就近转移就业，扶持农民工返乡创业。加强农民工权益保护，逐步实现农民工劳动报酬、子女就学、公共卫生、住房租购等与城镇居民享有同等待遇，改善农民工劳动条件，保障生产安全，扩大农民工工伤、医疗、养老保险覆盖面，尽快制定和实施农民工养老保险关系转移接续办法。统筹城乡社会管理，推进户籍制度改革，放宽中小城市落户条件，使在城镇稳定就业和居住的农民有序转变为城镇居民。在这一时期，我国农村劳动力市场化配置改革取得重大的进展，一方面，农民劳动力进一步摆脱了农村土地、组织和农业产业的束缚，大规模融入全国统一的劳动力市场,城乡二元格局被彻底打破;另一方面,在相关政策层面,从中央到地方,均逐步坚定了城乡一体化的劳动力市场配置的改革方向,对农民进城务工及农民身份的改变都采取了积极支持的立场。全国范围内的统一劳动力市场逐步形成。

2013 年党的十八届三中全会通过《关于全面深化改革若干重大问题的决定》,将市场配置资源的基础性作用改为决定性作用,进一步强化了对包括劳动力资源在内的各类要素资源进行市场配置的力度。自此以后,我国劳动力市场政策在城乡一体化基础上对农业转移人口市民化问题集中发力,出台了一系列政策文件,全面开放建制镇和小城市落户限制,有序放开中等城市落户限制,合理确定大城市落户条件,稳步推进城镇基本公共服务常住人口全覆盖。不少地区取消了农业户口和非农业户口的划分,将进城落户农民统一登记为居民。这些措施的出台,对统一劳动力市场的形成创造了更为公平的竞争条件,也为市场在劳动力要素资源的配置中发挥更大的作用提供了更大的空间。

但由于农村劳动力的大量流出,农村集体经济在很长一段时间内逐步萎缩,集体经济组织功能也日益削弱,不少地区出现了集体经济"空壳化"的现象。这是我们必须重新面对的新问题。某些地区农村由于劳动力严重不足,大量土地无人耕种,土地撂荒现象十分严重,一些地方乡村建设也因为劳动力严重匮乏而受到严重影响,甚至大量村落被弃置,出现衰败景象。城乡劳动力市场的隔阂虽然被消除,但劳动力向城市单向流动的趋向日益严重。同时,尽管农村劳动力流动已然成为事实,但我们并没有通过制定法律、法规或出台权威的政策性文件彻底改变农村普遍承继的集体经济组织与劳动者之间的关系。时至今日,按照原有体制构建的集体经济组织与劳动者之间的固定关系尽管随着历史的演进而逐渐模糊或被忽视,但从来没有被国家立法或政策明确否定或终止,与集体经济组织相对应的农村人口户籍制度也一直维持至今。也就是说,原有的集体经济组织及其对应的农村人口户籍制度实际上仍然得到维持,并未发生彻底的改变。

三、改革开放后农村资本要素市场化配置与产权制度

改革开放后,我国农村资本要素市场化配置改革主要沿着两条基本的路

线展开:一是致力于农村集体资产商业化改革,通过此种改革,探索集体资产商业化投资的新渠道,盘活农村集体资本要素,实现要素资源的资本化;二是致力于打通农村对接资金市场的渠道,在着力进行各类要素资源可担保化改革的基础上,使农村资金需求可通过担保融资的方式从资金市场获得,以解决制约农村经济社会发展长期存在的投入不足问题。

农村资本要素资源市场化改革,在要素资源资本化和担保化方面不断稳步推进。在集体土地资本化方面,土地承包经营后,农民集体所有权与土地承包经营权分离,最初的尝试是通过承包经营权流转的方式试图在“两权分置”的基础上,使承包经营权资本化。2007 年颁布的《物权法》(已失效)确认了这一改革的成果,该法第 128 条规定,土地承包经营权人依照《农村土地承包法》的规定,有权将土地承包经营权采取转包、互换、转让等方式流转。流转的期限不得超过承包期的剩余期限。据此,农户可以依法将其承包经营权作为投资,参与农业生产经营活动。在非承包土地方面,该法第 133 条规定,通过招标、拍卖、公开协商等方式承包荒地等农村土地,依照《农村土地承包法》等法律和国务院的有关规定,其土地承包经营权可以转让、入股、抵押或者以其他方式流转。据此,集体经济组织可以将荒地等农村土地权益作为资本进行投资从事相关产业的经营活动。在承包地经营权抵押融资改革之前,有关农村土地权利融资的改革主要是在“两权”的框架下进行的。[1] 但由于承包经营权明显的身份属性,如果允许其完全作为资本进行投资,那么可能使大量农户永久丧失土地权益;而若其不能以完全资本品进行投资,则可能对交易安全产生不可控风险,因此,“两权分离”下的农村土地权益资本化并不是理想的选择。法律制度的障碍[2]和农民对于永久丧失“土地”的担忧,是其中最主要的原因。为解决这一问题,2013 年 11 月 12 日中国共产党十八届三中全会作出《中

〔1〕 在中央文件正式提出“三权分置”之前,我国各地都普遍存在探索“三权分离”的实践。有人认为,20 世纪 90 年代以来有关“三权分离”的探索就已经在全国各地展开。2004 年 9 月,安徽省合肥市发布的《关于规范农村土地承包和经营权流转的若干意见》(已失效),是首次将承包权和经营权并行提出的官方文件。参见张毅、张红、毕宝德:《农地的“三权分置”及改革问题:政策轨迹、文本分析与产权重构》,载《中国软科学》2016 年第 3 期。

〔2〕 根据 2007 年《物权法》(已失效)第 184 条的规定,耕地、宅基地、自留地、自留山等集体所有的土地使用权,除法律规定外,禁止抵押。2018 年修改前的《农村土地承包法》(第 49 条)仅规定了通过招标、拍卖、公开协商等方式承包农村土地,经依法登记取得土地承包经营权证或者林权证等证书的,其土地承包经营权可以依法抵押,家庭承包的耕地并不能直接抵押。

共中央关于全面深化改革若干重大问题的决定》。该决定指出,坚持家庭经营在农业中的基础性地位,推进家庭经营、集体经营、合作经营、企业经营等共同发展的农业经营方式创新。坚持农村土地集体所有权,依法维护农民土地承包经营权,发展壮大集体经济。

2018 年 12 月 29 日,第十三届全国人大常务委员会第七次会议作出《关于修改〈中华人民共和国农村土地承包法〉的决定》,对《农村土地承包法》进行第二次修改(2009 年 8 月 27 日第一次修改)。本次修改一方面根据稳定承包关系的需要加强了对在户承包权(承包经营权)的保护,为农村土地承包关系的长期稳定提供了更加坚实的法律保障;另一方面,确立了土地经营权的独立地位,按照市场配置农地资源的要求,设计了完整的土地经营权流转规则,为实现农业规模经营,发展现代农业奠定了良好的法律基础。[1] 2020 年 5 月 28 日,第十三届全国人民代表大会第三次会议通过的《民法典》以基本法的形式对《农村土地承包法》"三权分置"的制度安排进行了再度确认。"三权分置"的农村土地权益制度安排,不仅为农村要素资源的资本化提供了更合理的制度支撑,而且进一步推进了土地利用层面的土地经营权担保化,为农村要素资源作为融资担保手段,消除农村社会与资金市场的隔阂迈出了重要的一步。

相对农村耕地资源权益而言,农村建设用地与宅基地权益的资本化和担保化改革则相对滞后。但此项改革同样瞄准了农村集体经营性建设用地和宅基地资源市场化配置的基本目标。对于农村建设性用地,我国长期以来也实行完全不同于城市土地的制度。农村集体建设用地和农户宅基地使用权都不能直接入市进行交易,农村建设用地要素资源的市场化配置因土地制度的限制几乎没有任何可能,极大地阻碍了此类要素资源的资本化和担保融资功能的实现。改革农村建设用地法律制度,推进建设用地资源的资本化、担保化,是盘活农村资本要素,实现要素资源市场化配置的必然要求。为此,2013 年 11 月党的十八届三中全会作出的《中共中央关于全面深化改革若干重大问题的决定》提出,要"建立城乡统一的建设用地市场。在符合规划和用途管制前提下,允许农村集体经营性建设用地出让、租赁、入股,实行与国有土地同等入市、同权同价";"完善土地租赁、转让、抵押二级市场";要"保障农户宅基地用

---

〔1〕 参见许明月:《论农村土地经营权市场的法律规制》,载《法学评论》2021 年第 1 期。

益物权,改革完善农村宅基地制度,选择若干试点,慎重稳妥推进农民住房财产权抵押、担保、转让,探索农民增加财产性收入渠道。建立农村产权流转交易市场,推动农村产权流转交易公开、公正、规范运行”。2014 年 12 月中共中央办公厅、国务院办公厅印发《关于农村土地征收、集体经营性建设用地入市、宅基地制度改革试点工作的意见》,针对农村集体经营性建设用地权能不完整,不能同等入市、同权同价和交易规则亟待健全等问题,提出要完善农村集体经营性建设用地产权制度,赋予农村集体经营性建设用地出让、租赁、入股权能;明确农村集体经营性建设用地入市范围和途径;建立健全市场交易规则和服务监管制度。此后,我国农村集体经营性建设用地入市改革开始进入试点阶段。2015 年 2 月第十二届全国人大常委会第十三次会议通过表决,授权国务院在北京市大兴区等 33 个试点县(市、区)暂时调整实施《土地管理法》等条款。2018 年中央一号文件提出,完善农民闲置宅基地和闲置农房政策,探索宅基地所有权、资格权、使用权“三权分置”。宅基地“三权分置”试图使农户宅基地权益在保障农民身份利益的前提下,在现有的宅基地使用权基础上析出可流转的宅基地用益权,使农户可借助宅基地身份权益获取财产性收入,同时盘活农村闲置宅基地资源,并可使宅基地要素资源在直接利用权层面实行市场化配置。农村经营性建设用地入市和宅基地“三权分置”改革必然导致农村集体经营性建设用地和宅基地要素资源的资本化和可担保化,为农村建设用地和宅基地要素资源的市场化利用和融资担保的功能的实现提供了可行的解决方案。随着改革的深入,必将导致反映改革成果的相关法律制度的创新。

除农村土地权益的资本化和担保化外,我国还普遍开展了一场针对集体产权制度的改革。2016 年 12 月 26 日,中共中央、国务院发布《关于稳步推进农村集体产权制度改革的意见》,拉开了农村集体产权制度改革的序幕。此项改革同样以提升农村集体资产的市场化配置水平为目标。通过清产核资,进一步明确集体资产的范围和集体资产产权,同时,明确集体经济组织之成员集体享有的集体资产所有权、农村集体经济组织的集体资产管理权,以及农民(或农户)对集体资产享有的股份权利。通过明晰产权,进一步厘清了集体资产不同权利主体之间的利益关系,为农村集体资产的市场化利用创造了更好的制度条件。在集体资产产权范围明晰、主体明确、利益关系清楚的前提下,集体资产资本化有了坚实的制度保障,也为农村社会通过资金市场获得资金、缓解农村资金投入不足的瓶颈制约，创造了更好的制度条件和更宽的渠道。

四、改革开放后农村科技要素市场化配置与产权制度

发展现代农业既是乡村振兴的基本要求，也是全面实现乡村振兴的基本物质保障。而科技在发展现代农业中正扮演着越来越重要的角色。据原农业部测算，“九五”期间，科技要素对我国农业增长的贡献份额为45%，分别比“七五”“八五”提高了17%和11%，明显超过了土地、劳动力及物质投入要素的贡献份额。[1]

在改革开放前，由于我国实行计划经济体制，政府和全民所有制企业是科技研发和推广的主体，相关的科技研发和推广活动一般由政府作出规划，然后交由科研单位和相关企业实施，市场机制几乎没有任何发挥作用的空间。改革开放后，我国在科技资源配置方面逐步实现了与国际接轨。

在科技资源配置方面要发挥市场作用，必须首先对科技成果的产权进行界定。改革开放以后，我国相继制定并多次修改了《中华人民共和国专利法》（以下简称《专利法》）等法律，对可取得专利权的科技成果范围、科技成果取得专利权的条件、专利申请程序、专利申请的审查和批准、专利权的期限、终止和无效、专利实施的强制许可、专利权的保护等作出了全面的规定。1992年，我国对《专利法》进行了第一次修改，扩大了专利保护的范围，延长了专利权的期限，增加了对专利产品进口的保护，规定了对专利方法及依该方法直接获得的产品的保护，重新规定了实施专利强制许可的条件等，这些都标志着我国专利保护水平达到了一个新的高度，与国际发展趋势日趋协调。2000年8月25日，第九届全国人大常务委员会第十七次会议通过了《关于修改〈中华人民共和国专利法〉的决定》，对《专利法》进行再次修改，修改了与国有企业改革、行政管理体制改革精神不相适应的有关规定，进一步完善了专利保护制度，简化、完善了有关程序，并就处理专利国际申请问题与《专利合作条约》进行了衔接，根据政府机构改革精神完善了专利行政执法体制。2008年12月27日第十一届全国人民代表大会常务委员会第六次会议通过《关于修改〈中华人民共和国专利法〉的决定》，对《专利法》进行第三次修正。根据党的十七大提出的提

---

〔1〕参见王元、胥和平、刘冬梅：《农业新特点与农村科技战略选择》，载《求是》2003年第17期。

高自主创新能力、建设创新型国家的目标,对《专利法》的立法宗旨进行了修改,提高了专利授权标准,将"相对新颖性标准"改为"绝对新颖性标准",删除了向外国申请专利须先申请中国专利的规定,赋予外观设计专利权人许诺销售权,明确侵犯专利权的赔偿应当包括权利人维权的成本,加大了对违法行为的处罚力度,并增加了法定赔偿的规定。根据促进技术推广应用的需要,规定专利权共有人可以单独实施或者以普通许可方式许可他人实施该共有专利,实施的技术如果属于现有技术,不构成侵犯专利权,增加规定不视为侵权的情形。此外,本次修改还根据国际条约的规定,特别是我国加入世界贸易组织后国际条约的新规定,增加了为了公共健康,可以给予制造并出口专利药品到特定国家或者地区的强制许可,并明确规定,专利制度应有助于实现保护遗传资源的目标。2020 年 10 月 17 日第十三届全国人民代表大会常务委员会第二十二次会议通过《关于修改〈中华人民共和国专利法〉的决定》,对《专利法》进行第四次修正,增强了专利技术实施激励,鼓励被授予专利权的单位实行产权激励,采取股权、期权、分红等方式,使发明人或者设计人合理分享创新收益。同时,加强了专利权人滥用专利权妨碍竞争的规制,要求申请专利和行使专利权应当遵循诚实信用原则。不得滥用专利权损害公共利益或者他人合法权益,对滥用专利权,排除或者限制竞争,构成垄断行为的,依照《中华人民共和国反垄断法》(以下简称《反垄断法》)的规定处理。通过以上《专利法》的制定及修改,以科技成果为客体的具有中国特色、体现市场经济要求并与国际全面接轨的基本产权制度在我国逐步完善。

除专利制度外,对非专利技术成果我国也逐步建立了具有中国特色的产权保护制度。这主要是通过《中华人民共和国反不正当竞争法》(以下简称《反不正当竞争法》)等法律法规的制定、修改而逐步完成的。1993 年 9 月 2 日,第八届全国人民代表大会常务委员会第三次会议通过《反不正当竞争法》,该法第 10 条对商业秘密进行了界定,明确商业秘密是不为公众所知悉、能为权利人带来经济利益、具有实用性并经权利人采取保密措施的技术信息和经营信息;并规定了对典型的商业秘密侵权行为的禁止,及侵犯商业秘密行为的责任。商业秘密包括技术信息和经营信息两种基本的类型,其中的技术秘密就是其权利人自己采取措施进行保护的技术成果,它是科技要素资源的重要构成。《反不正当竞争法》的出台,为非专利技术的产权界定和保护提供了基本依据,也为这类科技要素资源的市场化配置提供了基本的前提和保障。2017 年和 2019 年,我国又对《反不正当竞争法》进行了修改,尤其 2019 年的修改,进一步完善了商业秘密的界定[1],加强了对商业秘密的保护,加重了侵犯商业秘密行为的法律责任[2],完善了商业秘密侵权证明责任制度[3],提高了监管部门的制裁力度。[4]

与专利制度和商业秘密保护同步发展的是我国技术交易相关法律制度。早在 1987 年,我国就制定了《中华人民共和国技术合同法》(以下简称《技术合同法》,已失效),对技术合同订立的基本原则、管理体制,技术合同订立、变更、终止,以及技术开发、技术转让、技术许可、技术咨询和技术服务合同等作出系统的规定,建立了符合当时实际的技术成果交易规则体系。1999 年我国出台了《中华人民共和国合同法》(以下简称《合同法》,已失效),根据市场经济的要求,将包括技术合同在内的各类合同纳入统一的规范体系,其中也将技术合同作为一类有名合同作出了专门规定,确立了包括技术开发、技术转让、技术咨询和服务等技术交易行为的基本规则。2020 年制定的《民法典》第三编第二分编第二十章对技术合同作了专章规定。至此,我国建立了较为完善的以科技要素资源为交易标的的科技市场交易制度体系。

以上关于科技要素资源的产权制度对农村科技要素资源的配置同样适用。其中,农村科技属于专利法保护范围的,适用专利法律制度;农村科技中属于技术秘密的科技成果,则适用有关反不正当竞争和商业秘密保护的法律制度;农村科技市场交易则同样适用技术合同等有关方面的法律制度。

对农业科技要素资源的配置,我国也长期存在重政府权力作用而轻市场调节作用的倾向。这一定程度上影响了对农业科技的研发激励。诚然,农业科技的发展涉及国计民生的重大利益,在农业科技资源的配置上,适度强化政府的作用是必要的。但是,如果完全忽视市场配置科技要素资源的作用,不仅不利于对科技研发的推动,也不利于科技成果的推广和应用。

---

[1] 参见《反不正当竞争法》第 9 条。
[2] 参见《反不正当竞争法》第 17 条。
[3] 参见《反不正当竞争法》第 32 条。
[4] 参见《反不正当竞争法》第 21 条。

五、改革开放后农村数据要素市场化配置与产权制度

数据作为一种生产要素在社会生产经营活动中的运用，在晚近才受重视。但是，在互联网、大数据时代，数据的经济价值日益凸显，其作为要素的经济利用也日益普遍。与其他要素一样，数据要素的资源配置方式同样有两种基本的形式：一是政府权力模式，二是市场配置模式。基于同样的原理，相对政府权力模式而言，市场配置模式更具效率，更能实现数据资源配置的优化，并进而实现数据资源的高效利用。同样，数据要素的市场化配置，也需要对作为要素的数据资源进行产权界定，然后才能通过相应数据产权的转移实现数据资源或其利用权的转移，使有用的数据资源能够为更多的人所利用，提高社会经济活动的效率。因此，数据资源的市场化配置同样需要与之相适应的产权制度。

关于数据产权制度的建设，目前我国与其他国家一样仍处于探索阶段。2020 年制定的《民法典》第 127 条规定："法律对数据、网络虚拟财产的保护有规定的，依照其规定。"这一规定反映了对数据产权的认识目前仍处于不确定状态，因而，立法者也并未对数据的产权作出明确界定。但《民法典》的这一规定也明确了数据作为财产权客体进行保护的可能性，随着经济技术的发展和人们对数据产权理论探索的深入，其他法律对数据的规定必将会越来越具体、明确，随着这些规定出台，有关数据的产权及交易制度也必将日益完善。

2021 年 6 月 10 日，第十三届全国人民代表大会常务委员会第二十九次会议通过的《中华人民共和国数据安全法》（以下简称《数据安全法》）从维护数据安全的角度对数据收集、存储、使用、加工、传输、提供、公开等数据处理行为中的安全保障问题进行了系统的规定，但其中也反映出立法者对数据市场化利用的肯定立场。如该法第 7 条规定，国家保护个人、组织与数据有关的权益，鼓励数据依法合理有效利用，保障数据依法有序自由流动，促进以数据为关键要素的数字经济发展。第 13 条规定，国家统筹发展和安全，坚持以数据开发利用和产业发展促进数据安全，以数据安全保障数据开发利用和产业发展。第 14 条第 1 款规定，国家实施大数据战略，推进数据基础设施建设，鼓励和支持数据在各行业、各领域的创新应用。这些规定表明，在保障数据安全的前提下，实现数据资源的市场化配置不仅是可能的，也是未来我国数据要素资源配

置的基本形式。

农业和农村的发展,同样离不开数据要素资源的广泛运用。各种与农业有关的大数据信息,特别是与农产品相关的数据,对农业经营者及时掌握市场行情,并根据市场变化及时进行经营项目和经营方式的调整,对实现农业经营的市场化、产业化,提高农业经营效率,增加农业经营者收益,都具有重要的意义。有关农业的气象数据,可以为农业经营者根据气候变化进行合理的农业生产经营安排、作出适时的经营活动调整提供科学的依据,不仅有利于农业经营者有效地开展经营活动,而且也可以为其避免损失、增加收益提供科学保障。有关土壤及自然生态条件以及与此相关的即时监测数据,可以为农业经营者发展特色农业经营、提高农产品质量、进行农作物品种调整提供科学的依据。有关农业经营模式和经营管理方式创新的数据,可为农业经营者科学改善农业经营管理提供指导。有关各种农业生产资料(化肥、种子、农用设备)等方面的供给与需求数据,则是农业经营者或农业生产资料的经营者及时获得理想的农业生产资料的基本条件,这些数据的运用则可以使农业经营者及时获得相应的生产能力和生产条件。可见,发展现代农业离不开数据要素的广泛运用,实现数据要素的市场化配置是优化数据要素资源配置、提高数据要素配置效率的基本途径。

农村数据要素资源的配置,遵循一般要素资源配置的基本规定,即在明确的产权界定基础上,通过市场交易进行相关数据资源或其使用权的主体转换,以实现数据资源为更多的主体所利用。因此,在数据要素资源市场化配置的基本方式方面,农村数据要素资源与非农村数据要素资源并无差别,对于法律对数据资源的产权界定和交易规则设定,无须专门针对农村数据要素另做专门的规定。适用统一规则体系更有利于建立统一的数据要素市场,也更有利于发挥数据要素资源市场化配置的效率。但是,由于农业的基础地位、农业的弱质性和农业对于我国的极端重要性,农村数据资源市场化配置也有其特殊性。相对非农领域而言,在农村数据要素资源的配置方面,除应充分强调市场化配置的重要作用外,也应高度重视政府在数据资源配置方面的作用。为此,政府也应不断加强相关数据的收集、存储、使用、加工、传输、提供、公开等工作,加强服务农业的公共数据平台建设,持续、及时、充分地提供与农业生产经营活动相关的各类数据,为促进现代农业发展、提高农业经营效率,创造更好的条件。

第三章　要素市场化配置对农村产权制度的基本要求

第一节　农村要素产权的明晰化

一、要素产权明晰化的重要意义

要素市场化配置是通过要素产权在不同主体之间的流动而实现的,因而,归属于不同主体的要素产权的存在是市场化配置要素资源的前提。产权的明晰化要求产权应当具有鲜明的独立性,产权主体、产权内容、产权与产权的边界都应清晰、明确。

产权是否明晰对市场化配置要素资源具有十分重要的意义,也是要素资源市场化配置对产权制度的第一要求。这是因为:

第一,产权有无决定了是否有必要通过交易进行产权主体的转移,进而决定了有没有可能进行市场化配置。如果某一资源的归属不明确,试图占有或利用该资源的人便可直接取之而为己用,那么没有必要通过出让自己的某些利益与他人进行交换而获得对该资源的利用利益。如果某人对某一资源本来就可以利用,那么其就没有必要与他人进行交易获得对该资源的利用权。对于共同享有权利的资源,每一个人也没有必要与他人进行交易,即通过利益交换取得该项资源。对于无主物的占有取得、对公有地的利用等,都无须通过交易来实现。在计划经济时代,全民所有制企业的财产均属于全民所有,企业生产过程中所需要的各种生产要素并不需要企业之间通过交易来获得,而由国家有关部门根据计划进行调拨、分配，其主要原因是不同企业之间不存在明确的产权界分，因而不需要通过利益交换的交易方式来取得。相反，在某类资源存在归属于某一主体的产权的情况下，要获得该资源或利用该资源，便可能对产权主体的利益产生影响，因而，必须首先取得该产权主体的同意，否则便会引起产权主体反抗或排斥。为了获得产权主体的同意，最通常的情形便是需求者为产权人提供一定的利益，并与之进行交换。这种自愿基础上发生的利益交换就是交易，众多的交易总和便是市场，因此，只有在存在产权的前提下，市场才能发挥作用。正是在这个意义上，本书认为，是否存在产权界分是决定某类资源是否有必要进行市场化配置的前提。

第二，产权是否明晰决定了市场能否安全地进行资源配置，进而决定市场配置资源的效果。首先，在产权不明晰的情况下，即便人们愿意通过交易获得某一资源或对该资源的利用，其也不能发现谁是真正的交易对方当事人，其可能将自己的利益转移给了对资源没有真正产权的人，而不能合理地按照预期获得与该让渡资源相应的利益。其次，在产权不明的情况下进行交易，交易达成后，通过交易获得某项资源或其利用权的人将会受到其他利害关系人的挑战，其可能因为真正权利人的出现和主张权利而丧失通过交易取得的利益，也可能因为其他共同权利人或利益相关者的利益主张而丧失交易利益或减损预期的交易利益。对交易的合理预期便可能因为产权界定不清而落空。交易当事人的合理预期能否得到实现，也就是通常所说的交易安全问题，交易当事人合理预期实现的可能性或频率越高，一个社会的交易安全越有保障。如果一个社会中交易安全缺乏基本的保障，那么市场配置资源的空间和效果也必将会大打折扣，因为，在这个社会当中，尽管相关资源的市场交易频繁发生，但大部分交易都是无效果的，在这种情形下，市场配置资源效率必然会受到致命的影响。

第三，产权是否明晰决定了市场交易的成本，并进而影响市场配置资源的效率。在产权交易中，交易的标的是特定资源上存在的产权，如果产权本身不明晰，那么交易对方在进行交易时往往不能准确地判断其通过交易到底能够获得什么具体的利益，当法律对某一资源产权内容的界定不能明确告知产权的受让方能够获得什么具体利益时，其对此交易应当支付的对价也就难以判断。直白地说，在这种情形下，出让方可能并不清楚其到底出卖了什么，受让方也不能准确地知道其购买或受让了什么。对于理性的交易双方来说,要进行此类产权交易,就必须通过各种渠道了解与产权有关的信息,如其实际能够获得的产权利益,影响产权价值的相关因素,以及排除这些因素的相关成本等。交易当事人之间为了确定交换的具体利益也需要不断进行反反复复的交易谈判,以确定达成交易的具体价格。而这一切都是需要耗费大量成本的。也就是说,在产权不明晰的情况下,交易双方在交易过程中为了明确交易标的及准确判断其价值,需要进行大量、额外的工作。这些工作可能需要花费当事人的大量调查成本和谈判成本,而这些成本会极大地影响双方对交易预期利益的判断。某些交易虽理论上可能发生,但由于交易成本过大,当当事人将这些成本考虑进来以后,由于交易不能给其带来预期的利益,他最终可能会放弃交易。实践中,我们对城市的每块土地和房屋都进行登记,通过登记标明土地、房屋的业主(包括单独业主和复合业主)、位置、四至,通过精确测量确定面积以及土地、房屋上是否存在负担(如抵押)等,其目的就是使作为交易标的的该房屋产权尽可能明确。在这些基本要素明确的情况下,当事人便能基于这些明确的要素对交易标的及其价值作出合理的判断,进而交易双方能够以某一价格迅速地达成协议。如果没有这些交易之外的准备工作,每次与该土地和房屋相关的交易都需要由当事人自己花费大量的人力、财力去完成为明确交易标的及其价值相关的调查、确认工作,这不仅会影响交易双方的利益,而且可能使大量本可发生的交易因为成本过高而不会发生。可见,法律对资源产权的界定越明确,交易当事人在相应资源交易过程中用于了解、明确交易标的并进行价值判断和交易谈判的成本就越低,交易发生的可能性就越大。

二、要素产权明晰化的基本内涵

在现代法治社会,要素资源的产权界定一般通过法律制度进行安排。对于作为市场化配置资源手段的资源产权,从理论上说,既可以通过契约进行界定,也可以通过法律进行界定,或通过法律制度与契约共同进行界定。最初土地权利的界定是通过或者说主要是通过当事人之间的契约而完成的。这种土地权利的界定方式直到中世纪仍然发挥着重要作用。随着社会的发展,人们渐渐地发现,土地权利的这种界定方式不仅成本过高,而且也不能保证其结果的公正性。到近代社会,各国逐渐扩大了通过法律界定土地权利方式的适用范围,近代各国普遍实行物权法定主义,正是土地权利界定方式转换的标志。[1] 但严格地说,即便法律对某一资源产权进行了明确的界定,在具体交易中的资源权利仍需要当事人进行确定或补充。唯有如此,作为产权标的物的资源才能具体化,法律上的抽象权利才能成为现实交易中特定资源上的具体权利。然而,法律对产权的界定越明确,当事人在具体交易中需要协商谈判确定的内容就越少,交易的成本也越低。因此,市场配置要素资源必然要求有关要素资源产权的法律界定必须尽可能明晰化。具体地说,产权明晰的基本要求主要包括以下几个方面。

(一)产权主体明确

主体明确,即某一资源上的某种产权的权利人应当明确。作为财产权的主体,首先必须是民事主体,即能够以自己名义从事民事活动,享受民事权利,承担民事义务的自然人、法人或非法人组织。这里的自然人既包括自然人个人,也包括自然人集体。如在我国,农村集体土地的所有权人就是特定农村集体经济组织内的成员集体。作为民事主体的法人则包括营利性法人(如各种公司)、非营利法人(如各种事业单位)、特别法人(如国家机关、农村集体经济组织)和非法人单位。非法人单位是不具有法人资格,但是能够依法以自己的名义从事民事活动的组织,包括个人独资企业、合伙企业、不具有法人资格的专业服务机构等。产权主体明确要求产权在归属主体上必须明确到具体的民事主体。在某些资源(如土地)上可以同时存在不同内容的产权,如所有权、用益物权,主体明晰则要求不同产权的主体都应当明确。明确的主体并不意味着某类资源只能有某个单一的主体,在群体特定化的情况下,群体也可以作为权利主体(如集体土地所有权)。从理论上说,全民所有制财产的主体是全体人民,这一产权主体是不明确的、非特定的。但是,在全民所有制财产产权行使主体特定化(政府)的情况下,其主体的不确定性也会因此而特定化、明确化。

(二)产权客体明确

权利客体是权利所及的对象,即权利主体可以凭借权利对其进行影响和控制的对象。要素产权的客体就是相关产权所覆盖的各类要素资源。例如,

[1] 参见许明月:《市场经济下我国土地权利的独立性研究》,载《现代法学》1999年第1期。

土地所有权的客体就是所有权所指向的特定土地，土地使用权的客体同样如此；专利权的客体即特定专利权所覆盖的技术成果，数据要素产权的客体即产权所覆盖的相关数据，资本要素产权的客体即相关产权所及的各种生产资料或资金。市场化配置要素资源要求资源产权的客体必须明确，产权客体不明确，用于交易的资源产权所及的资源则具有不确定性，这同样可能使交易无法进行或极大地提高交易的成本。同样，法律界定产权并非界定具体要素资源的产权，而是抽象的产权，产权客体明确在法律上只能规定哪些要素资源属于某种权利所及的范围。例如，农村土地承包经营权，其所及客体只能是农户通过承包合同承包的土地，至于该土地到底是哪一块土地，则由农户与发包人通过承包合同具体确定。如专利权客体，法律只能规定专利申请人在申请专利时通过权利请求书明确专利权所及的权利范围，并在其请求符合法律规定时，通过专利权授予而将其权利客体明确化、具体化。

（三）权利内容明确

权利内容明确，即某类要素资源的某种产权权利人享有哪些权利，权利享有的同时负有哪些义务和负担应当明确。权利内容明确，首先意味着权利人对权利客体享有的受法律保护的利益应当明确。例如，所有权人对其所有的财产享有占有、使用、收益、处分利益（所有权的权能），所有权人对权利客体享有的利益是其独享的利益，当其享有某物的所有权时，就排除了任何其他人享有与其相同的权益（排他性）。所有权是一种对世的权利，所有权人对所有物享有的权益不是对特定的人而言的，而是对其以外的所有其他人而存在的，因此，其他所有的人必须尊重，而不得侵害，否则便构成侵权。当所有人的权益受到侵害时，便可依照法律要求侵权人承担恢复原状、赔偿损失等责任。农村土地承包经营权人依法对其承包经营的耕地、林地、草地等享有占有、使用和收益的权利，权利人有权利用这些土地从事种植业、林业、畜牧业等农业生产。[1] 根据《农村土地承包法》的规定，土地经营权人在合同约定的期限内享有占有农村土地、自主开展农业生产经营并取得收益的权利。[2] 通过法律规定，权利人对权利客体享有的利益由法律确定下来，并受法律保护。权利内容

〔1〕 参见《民法典》第331条。
〔2〕 参见《农村土地承包法》第37条。

明确不仅表现在权利人对权利客体的利益的肯定方面,也表现在法律对权利范围的限定方面,权利所涉及的范围只能限于权利所覆盖的特定客体;超越权利客体的范围,则权利人便不再享有这些利益。但在特殊情形下,为保障权利人能够切实地、更好地享有其对权利客体的利益,法律也规定了其他人应当为权利提供一定的利益或便利,如不动产权利人可因通行等需要利用其他相邻不动产权利人的土地,相邻不动产权利人应当提供必要的便利。不动产权利人因建造、修缮建筑物以及铺设电线、电缆、水管、暖气和燃气管线等必须利用相邻土地、建筑物的,该土地、建筑物的权利人应当提供必要的便利。[1] 此类权利属于民法不动产相邻关系的法律规定,其目的在于使不动产所有权人能够真实地享有权利客体的利益。这种利益虽然本身不是对权利客体享有的利益,但往往为权利人享受权利客体利益的必要条件,在缺乏这些条件时,权利人存于权利客体的利益便可能会落空或受重大影响。权利内容明确不仅要求权利人存于权利客体的各种利益应当明确,而且,其为享受权利而存于权利客体之外的利益也应当明确,否则,便可能使权利人在享受权利的过程中不断受到来自外部世界的牵制、约束和影响,并且可能带来权利人与他人之间无尽的纷争。权利内容明确还要求权利所附的义务也应当明确。例如,农村土地经营权的权利人虽然享有对其权利覆盖的土地的占有、使用和收益的权利,但是其对土地的占有、使用只限于农业生产经营活动,而不得改变土地所有权的性质和土地的农业用途,如进行非农的占有、利用,不得破坏农业综合生产能力和农业生态环境。对权利所附的义务,或对权利行使的义务性要求,是权利内容的重要构成。如果不对这一内容进行明确,就可能导致权利的滥用或权利范围任意扩张。总之,要素资源产权的明晰化,要求法律在对要素资源产权进行界定时,应对权利人对权利客体享有的受法律保护的利益、权利客体外的延伸利益以及权利人享有权利所负担的义务均作出明确的规定。只有这样,通过权利转移交易从而带动权利客体所涉资源在不同主体间流动的市场化配置资源才能高效、安全、稳定地运行。

(四)权利与权利的界限应当明确

资源产权的明晰化,要求在某一资源上存在多种产权时,应对权利与权利

---

〔1〕 参见《民法典》第292条。

之间的界限作出明确的界定。在同一资源上存在多种产权时，由于权利客体相同，不同产权的权利主体在同一客体上享有利益，因此，不可避免地会产生利益冲突，如果法律没有对权利主体各自的利益作出明确界分，所有权利主体的利益均可能得不到充分的保障。例如，农村土地所有权主体、承包经营权主体、土地经营权主体共同对同一块土地享有不同的产权，即所有权、承包经营权和土地经营权。如果所有权与承包经营权之间的关系没有明确的法律界定，则可能导致所有权人对承包经营权人享有、行使权利的牵制和影响，使承包经营权人基于权利所享有的利益不能正常获得或遭受不合理克减。同样，在权利界限不明的情况下，所有权人的权利也可能会受到来自承包经营权人的行为的不当影响。土地经营权人的权利一般源于土地所有权人和承包经营权人，在三种权利主体权利界限不明的情况下，土地经营权人利用农村土地从事农业生产的正常经营活动，便可能随时受到源于土地所有权人和承包经营权人的干涉和影响。其正常利用农村土地进行的自主经营便可能随时被打断，这不仅不利于其经营预期的实现，也会严重影响农村土地资源的利用。为克服同一权利客体上存在多个产权可能带来的权利冲突的问题，法律在界定要素资源产权时必须对多个权利之间的关系作出明确的界定。

要明确界定权利与权利之间的关系，必须首先明确各种权利的性质和内涵，从权利的性质出发，明确各种权利的核心利益和基本关切。例如，对于农村耕地资源上所存在的所有权、承包经营权和土地经营权，所有权是永久性、根本性的权利。所有者所关心的核心利益是该土地的长期农用并从中受益的利益，因此，在该土地从所有权人手中分离出来交由承包经营权人承包经营时，只要承包经营权人的行为没有改变土地的用途，没有造成对土地可长期用于农业经营的破坏，没有造成其对土地永久利益的丧失，那么就不应在承包期内对承包经营权人的行为进行干预。对于承包经营权人而言，其权利的性质是用益物权，核心的利益是自己占有、利用土地或通过契约将其授予其他人利用土地而在承包期内获得土地经营收益的权利。因此，所有权人在土地承包后，只要自己的核心利益不受影响，就不应对承包经营权人的核心利益造成影响。当承包经营权人授权土地经营权人获得土地经营权时，土地经营权本质上是经营权人直接利用土地从事农业生产经营的权利，其核心利益是占有、自主经营土地。当这些利益受到影响时，土地经营权人便不能实现其获得该项权利的目的。因此,在承包经营权人承包期内获得土地产生的利益以及其基于对所有权人的承诺而维护土地所有权人的长期、永久的土地利益不受影响时,都不应当对土地经营权人的活动进行干涉。明确界定不同产权之间的关系,必须从不同产权的性质和权利人的核心利益和根本关切出发,明确各自的权利范围和权利界限。

除此之外,合理界定产权之间的关系,还要对权利人为维护自己产权需要对其他权利人享有和行使权利行为进行干预的条件和方式作出明确规定。对农村土地资源而言,所有权人在哪些情形下可以为了维护自己的权利对承包经营权人的行为进行干预,对此,法律应当有明确的规定。如承包经营权人或土地经营权人改变土地用途,将土地用于非农建设时,所有权人便可进行直接干预。同时,各种权利人进行干预的方式也应当由法律进行明确规定,如在出现以上情形时,所有权人可立即对这种损害所有权人利益的行为进行及时制止,要求恢复原状,或在采取这些措施无效时,强行收回土地,终止承包经营权或土地经营权。

总之,对要素资源产权进行明确的界定是实现农村要素资源市场化配置的基本要求,适应要素资源市场配置要求的农村要素产权制度,必须对产权主体、产权客体、产权内容、不同产权之间的界限作出明确的界定,只有这样,通过产权转移而实现的要素资源市场化配置才能正常、高效地实现。

当前,尽管我国进行了大量农村要素资源产权制度的立法和制度建设,但在农村要素资源产权明晰化方面仍存在一定问题。一方面,数据类的新型生产要素的产权制度建设刚刚启动,目前仍然处于探索当中,并未形成系统的法律制度;对农村来说,相关的产权制度建设也同样处于起步阶段。另一方面,农村其他要素产权在明晰化方面也存在诸多的问题,集中地体现在农村集体资产产权方面。目前,我国正在进行农村集体产权制度改革,农村集体资产所有权、管理权、成员权利需要在改革的基础上进行重新塑造。此外,农村集体建设用地的使用权也需进一步根据市场化配置资源的要求进行明确的界定;农户宅基地资源也需要根据市场化配置资源的要求进行产权重构。即便对于农村承包地现行法律已经建立了比较系统的制度体系,但是,在不同产权关系方面现行法律制度仍需要进一步细化。在农村要素产权制度重塑过程中,必须按照产权明晰化原则,明确各类要素产权的主体、客体、内容以及各类相关产权之间的界限。有关各类要素产权明晰化的问题与应对,将在下文再作更为具体的分析和讨论。

第二节 农村要素产权的流动化

一、要素产权流动化的重要意义

要素资源的市场化配置,是通过要素产权在不同的市场主体间转移,并进而带动要素归属和利用的转移而实现的。因此,对要素资源进行市场化配置,存于要素之上的产权本身就必须是依照法律能够流转的。如果产权本身不能转移,要素就不能通过产权交易而在不同的市场主体之间转移。实现农村要素的市场化配置,也必然要求法律在进行要素产权制度安排时,赋予产权可流动性。此处所谓的流动性,是指要素产权能够作为交易的标的通过交易而在不同主体之间转移。当然,即使法律禁止要素产权流动,也并不意味着要素配置并不可能,此时,要素的配置仍然可以通过公共权力的作用来进行,但如果要素产权流动被禁止,就不可能通过市场(交易)对要素资源进行配置。

要素市场化配置需要以要素产权流动性为条件,但是,这并不意味着要素上的各种产权都必须具有流动性。作为生产要素,其基本的经济意义是能够在社会经济活动中利用,并通过其利用带来新的产出、增加社会财富。因此,就要素可流动性而言,只要利用层面的产权可以流动,便可产生资源的优化配置,提高资源的利用效率。因此,在我国,无论是城市土地还是农村土地,法律都禁止所有权层面的交易,即通过买卖土地而转移土地所有权,集体土地所有权转化为国有土地所有权也只能通过征收的方式实现,任何单位和个人都不能进行土地所有权转移交易。但尽管如此,如果土地利用层面的权利可以通过交易而流动,也并不妨碍通过市场不断优化土地资源配置,提高土地资源的利用效率。正因如此,我国改革开放以后,无论在城市还是在农村,都是在坚持所有权不得买卖的前提下,通过不断改革和法律制度的建设而逐步实现土地利用层面的产权流动化的。例如,农村土地集体所有制度是新中国成立后通过农村社会主义改造逐步确定的符合中国国情的基本经济制度。改革开放后,我国首先通过家庭承包将“集体所有,集体经营”转换为“集体所有,家庭承包经营”,并逐渐确立了农户承包经营权。承包经营权本属于用益物权,是土地利用层面的权利。在一段时期,我国试图在两权分离的基础上,通过承包经营权的流转而对农村土地资源的配置引入市场机制。但实践证明,由于承包经营权的浓厚的身份色彩以及农民普遍不愿意永久丧失农村土地利益,因而,以这种产权的流转作为实现农村土地资源的市场化配置的主要形式,似乎并不符合中国国情,不仅损害了农民利益,而且不能取得良好的效果。因此,通过进一步的“三权分置”改革,我国在“两权”的基础上析出了更适合作为市场化配置资源手段的土地产权——土地经营权,并以土地经营权流转作为实现农村土地资源市场化配置的基本手段。最终,通过《农村土地承包法》的修改,我国确立了土地经营权制度,为农村土地资源的市场化配置创造了更好的制度条件和支撑。

二、要素产权流动化的基本内涵

资源市场化配置要求资源产权具有可流动性,在同一资源存在多个产权的情况下,至少有一种利用层面的产权具有可流动性。否则,资源的市场化配置便不可能实现优化资源配置、提升资源利用效率的效果。尽管资源上的某种产权具备可流动性该资源就可以通过市场进行配置,但是,产权流动性范围和高低却决定该资源通过产权交易进行配置的效率。具体地说,在资源产权具备可流动性的情况下,市场配置资源的效率主要取决于以下因素:

第一,可流动产权所覆盖的要素范围的大小。可流动产权所覆盖的资源范围越大,市场配置资源的作用也就越大。例如,在改革开放之前,我国农村土地资源上不存在可流动的产权,因而市场对农村土地资源配置不能发挥作用。随着农村土地承包制度的推行,我国逐渐通过立法确立了承包经营权,并允许承包经营权在特定的范围内流动。从此,农村承包地(耕地)资源在有限的范围取得可流动性,对农村土地中被承包的耕地资源配置,市场开始可以发挥一定的作用。随着“三权分置”改革的推进,我国立法又确立了更适合流动的土地经营权,市场在农村承包地资源的配置中发挥的作用也相应提升。然而,尽管承包地资源的配置逐步克服了产权制度的限制,但是,市场对农村其他土地资源的配置仍然不能发挥作用。近年来,我国逐步推进农村经营性建设用地的市场化改革,赋予农村集体经营性建设用地使用权以流动性,从而使农村集体经营性建设用地资源也能够通过使用权的流转而进行市场化配置。当前,我国正在进行农村宅基地“三权分置”改革,其目的也是在宅基地资源上设置一种可流动的产权,以便使宅基地资源也能够通过产权的交易而实现市场化配置。渐渐地,通过这些改革和与此相适应的法律制度建设,农村承包地(包括耕地、林地、草地、水面)、农村集体经营性建设用地、宅基地等资源的市场化配置渐次成为可能,农村土地资源中可通过市场进行配置的资源也越来越多。当前正在进行的农村集体产权制度改革,将农村资源的市场化配置范围进一步拓宽,农村集体资产不仅包含农村土地资源,也包含属于农村集体所有的其他动产(包括资金)、不动产以及无形资产的资源;通过集体产权制度改革,明确集体资产中农民集体、农业集体经济组织、成员个人等相关主体的产权类型和内容,并使集体资产中某些部分可以作为资本进行投资,用于农业生产经营,发展农村经济。投资本质上也是产权交易,投资者将自己所拥有的生产要素通过产权转移,交由其他人使用、经营,并参与他人经营所产生的收益分配和风险负担。集体产权制度改革将进一步拓展市场配置农村集体要素资源空间,激活更广泛范围的农村集体要素,提高要素资源的利用效率,推动农业和农村社会的发展。

市场配置资源范围的大小取决于可流动的资源产权所覆盖的资源范围的大小。因此,要充分发挥市场配置农村资源的作用,必须通过产权制度改革和相应的法律制度变革,尽可能多地赋予农村资源产权以流动性。当然,市场配置资源是为了优化资源配置、提高资源利用效率,其本身仍然只是手段而不是目的。决定农村资源配置方式的最终目的是国家及农村的安全稳定、农村经济社会的发展和农民利益的提高。因此,农村资源是否采用市场化配置,哪些农村资源需要市场化配置,哪些资源不能进行市场化配置,最终取决于是否有利于这些终极目的的实现。例如,农村耕地资源的市场化配置必须符合国家粮食安全的需要,因此,耕地资源的市场化必须在坚持耕地的用途管制的前提下进行,而不能通过市场化配置而改变耕地用途,造成大量耕地流失、破坏。农村非经营性建设用地是发展农村公共服务、提升农民公共福利、保障农村基层组织正常运行的物质保障,如果按照市场化原则进行配置,那么也会影响国家安全、农村稳定和农村社会事业的发展,维持其非市场化配置的现状显然利大于弊。因此,农村资源市场化配置并非意味着所有农村的资源都必须进行市场化配置,在配置范围的设置上,必须要服从国家安全、稳定和经济社会发展的大局。与此相适应,农村资源产权流动性的赋予也同样必须服从农村资源利用的终极目的。

第二,产权流动的主体范围的大小。产权流动的主体范围越广,市场配置资源的范围也越广,在产权可以在更广泛的主体间进行流转时,资源会随着产权的转移配置到更需要该资源、更能发挥资源效用的主体。在前文中,我们解析了市场优化资源配置的基本原理。据此,每一次真正的市场交易都能使参与交易的双方当事人的境况发生改善,当资源从一个主体通过交易转移到另一个主体时,理性的交易主体只有在资源的转移能够给其带来大于其支付的对价时,才进行交易,因此,每一次的资源产权转手,一般都会使资源的配置进行一次改善,从而市场通过不断的交易会使资源的配置趋于最优化。然而,市场要充分发挥优化资源配置的作用,必须以众多的市场主体存在为前提。如果法律允许资源流转,但仅规定了其只能在某两个主体之间流转,这种流转实际上是没有多大意义的。因为资源从 A 手中转移到 B 手中,并不能保证 B 就是该资源的最佳利用者,在这种情形下,流转几乎不能产生任何优化资源配置的效果。因此,要使优化资源配置的效果得到充分的发挥,参与资源配置的主体必须具有一定程度的广泛性,广泛性程度越高,市场优化资源配置的效果也就越好。

要使市场在农村资源的配置中发挥充分的作用,法律制度对产权流转范围的限制也应当尽可能减少。以农村承包地资源为例,根据 2018 年修改的《农村土地承包法》第 34 条的规定,经发包方同意,承包方可以将全部或者部分的土地承包经营权转让给本集体经济组织的其他农户。从这一规定可以看出,承包经营权转让只能在农村集体经济组织内部进行。由于集体经济组织成员的有限性,通过承包经营权转让来优化农村承包地资源的配置,其效果也是十分有限的。《农村土地承包法》作出这一修改,其目的并非试图通过承包经营权的转让来优化资源配置,而是为稳定农村土地承包关系,避免承包经营权落入集体经济组织成员以外的其他人手中。如果以承包经营权作为市场配置农地资源的产权形式,那么,资源配置就只能在一个集体经济组织内部进行,这种配置方式尽管可能使一些没有利用的农地重新利用起来,但根本不能保证受让人就是最善于利用该土地、最能发挥其利用效率的人。正是由于通过承包经营权转让优化资源配置作用的有限性,2018 年《农村土地承包法》创设了土地经营权,同时赋予土地经营权更广泛的流转范围。该法第 36 条规定,承包方可以自主决定依法采取出租(转包)、入股或者其他方式向他人流转土地经营权,并向发包方备案。第37条规定,土地经营权人有权在合同约定的期限内占有农村土地,自主开展农业生产经营并取得收益。对土地经营权流转主体范围的限制,仅体现在要求受让方须有农业经营能力或者资质,以及在同等条件下本集体经济组织成员享有优先权方面。这就大大扩展了土地经营权的流转范围,使土地经营权所覆盖的承包地资源能够在更广泛的主体之间进行流转。通过不断流转,承包地资源的配置会不断优化,承包地的利用效率也会因更优的资源配置而不断提高。

要充分发挥市场优化资源配置的作用,覆盖资源的产权流转主体范围应当尽可能广泛。但这一原则也不是绝对的。为了防止市场盲目性,在资源产权流转过程中,对主体应具备的条件提出一定的要求也是必要的。例如,对于农村承包地而言,市场配置的目的就是提高利用该土地从事农业生产经营的效率,如果仅仅以价格高低为唯一条件决定承包地经营权的归属,难免会使一些人利用其经济实力囤积农村土地,因此,2018年《农村土地承包法》也要求受让方应当具备农业经营能力和资质。这一规定是为了防止市场的错配,使市场优化资源配置的效果能够正常发挥。

第三,流动成本的高低。要充分发挥市场配置要素资源的作用,有关产权制度的安排必须尽最大可能减少产权交易的成本。市场通过资源产权交易而对资源进行配置,如果交易的成本过高,一方面,大量本可能发生的交易将不会发生;另一方面,即便发生了相关产权交易,过高的交易成本也会使交易双方当事人最终获得的利益受到严重的影响,交易产生改善当事人境况的程度也会大大降低。交易成本是达成交易所需要的各种时间、人力、财力、物力等方面的消耗。如果某一当事人交易获得的预期利益是100个单位,对其来说,达成交易的预期成本大于100个单位,其就不会进行这种交易。同样,在不考虑成本的情况下其通过交易可以获得100个单位的收益,如果成本占据了其50个单位的收益,那么其通过交易实际获得的收益就只有50个单位,通过交易使其获得的福利也会因此而降低50个单位。因此,交易使其境况得到改善的空间会大打折扣。

对于要素资源的交易而言,影响交易成本的因素很多。首先,发现交易机会的成本。要素资源交易与一般消费者交易不同,一般商品陈列于商店之中,需要获得商品的消费者如果有什么需要,便可到商店选择自己需要的商品,但要素资源的交易与此不同,我们不能通过商店陈列各种待交易的资源,因此,某一资源的需求者也不能到固定的场所发现其所需要的要素,也不能随时发现愿意与其进行交易的供给者。对于供给者来说,也是如此。因此,发现交易机会往往需要需求者和供给者花费大量的成本。其次,对作为交易标的的资源了解的成本。各种要素资源往往并不像商品那样属于机器制造的产品,不同的要素资源往往都具有自己不同的特性,需求者要发现适合其要求的要素资源,必须花费大量的成本对相关要素资源进行调查、了解。再次,资源交易的谈判成本。要素资源交易通常不是以明码标价的方式进行的。当事人之间要达成交易,一方面要花费大量的时间、精力了解同类资源交易市场的行情;另一方面,相互之间要进行艰辛的谈判,最终才能以双方都能接受的价格达成交易。最后,完成交易手续的成本。资源交易并非像商品那样可以“一手交钱,一手交货”地瞬间完成。它往往需要履行烦琐的程序和手续,如某些要素资源的交易需要有关部门批准,有些则需要进行估价、鉴定、产权登记等,而履行所有这些程序或办理这些手续同样可能发生大量的成本。与要素资源交易相关的成本高低是要素资源交易能否发生或交易频率高低的决定因素。

因此,要充分发挥市场配置要素资源的作用,必须通过适度的制度安排,尽可能地降低与资源交易相关的成本。例如,尽管资源不能像商品那样进行陈列,但是可以通过交易平台的建设,将需求方对要素的需求和供给方可提供要素的信息在平台集中展示,通过交易平台的信息集中功能,使供求双方能够及时发现交易机会,并根据其指引进行交易接触和磋商。为减少交易标的的调查、了解成本,也可以通过权威第三方收集、公开交易标的的详细情况,由潜在的交易当事人共享。通过市场信息的公开,可以为交易当事人进行交易谈判提供市场行情方面的参考,更有利于促成交易当事人以合理的价格达成交易。交易程序和手续的制度设计也可以有效地减少交易程序、简化交易手续,从而大幅度地降低交易程序、手续方面的成本。

关于各类农村要素资源产权制度应如何反映要素产权高度流动化的要求,我们将在后文的相关章节中进行具体的探讨。

第三节 农村要素产权的担保化

一、要素产权担保化的重要意义

要素产权的担保化,是指通过适当的制度安排使要素资源产权可以作为担保财产,成为可通过资金市场进行融资的手段。市场化配置要素资源,目的是优化资源的配置、提高资源的利用效率。在市场经济条件下,资源的利用既包括其使用价值(效用)的利用,也包括其价值(交换价值)的利用。担保对资源的利用正是对其价值的利用。

要素资源担保化主要通过担保物权制度实现,即对于特定的要素资源,法律规定可以其作为担保财产进行担保,赋予债权人以担保物权,在债务人不履行债务时,债权人可以直接支配担保财产的价值,通过变价或折价而清偿受其担保的债权。如前所述,资金市场是现代市场经济主体获得资金的主要来源,而资金市场的基本规则是,资金需求者(借款人)必须保障借款债权的安全,资金提供者(贷款人)才可能对需求者提供资金,而担保则是保障资金安全的基本手段。当资金需求者能够保障资金安全并按承诺支付资金利息时,资金提供者就愿意将自己拥有的资金交付需求者使用,因为这样其自身也可以获得收益。

在我国,农业投入长期不足,农业发展没有足够的资金支持,其根本原因在于农民不能提供能够让银行接受的担保财产。如果农民有这类财产,那么就可以通过市场渠道获得充分的资金。因此,农业资源的财产化和担保化是解决农业资金不足的根本途径。为此,必须在农业资源产权制度改革方面大做文章。

农业的发展需要投入,在市场经济条件下,农业的投入不可能完全通过国家的财政支持而得到彻底的解决,至关重要的是要为广大农民提供一种正常的可以通过融资市场获得资金的渠道。单靠国家的投入,一方面是杯水车薪,不能从根本上解决问题;另一方面,由此而获得的资金也难以保证其被有效利用。农民要按照市场规则获得融资,必须提供充分的融资担保,而这又必须以农民有可资担保的财产为前提。

二、要素产权担保化的基本要求

农村经济发展需要大量的资金投入,而打通农村与资金市场的通道,使农村经济发展所需要的资金能够通过资金市场获得,是解决农村投入问题的基本途径。要打通这一通道,就必须使农村要素资源全面担保化,只有这样,农村各类主体才有可能将这些资源产权作为担保财产从资金市场获得资金。要实现要素资源的担保化,在法律制度方面,尤其要满足以下要求。

(一)资源的全面流动化

财产的可担保性,在一般情况下决定于其流通性。具有交换价值的财产,都可以作为可担保财产。担保是对资源价值的利用,如果资源不能流动,债权人在债务人不履行债务时,就不能通过担保财产的折价和变价满足自己的债权,担保的目的就无法实现。因此,要实现要素资源的担保化,必须通过产权制度赋予各种资源高度的流动性。这样,存于这些资源上的产权才能成为合格的担保财产。

担保财产的存在是担保交易的前提,没有可担保财产,担保制度再完善也不可能发挥作用。在市场经济条件下,资金的获得是市场主体谋求自身发展的基本条件,而资金安全又是所有资金提供者提供资金的首要条件。因此,要使市场主体能够获得充分的资金,首先要解决的就是提高其融资能力的问题,增加其可用于担保的财产则是提高市场主体融资能力的基本手段。

对于某些财产,国家从经济、社会发展的需要出发,对其进行了用途限制,这种限制是完全必要的。但是,用途限制与财产流动是并不矛盾的。例如,国家规定某块地只能用于种植水稻等农作物,张三拥有这块地,他必须种水稻;李四从张三手中获得这块土地,也必须种水稻。这种用途限制是合理的,用途限制只要能够保证这块地落到任何人手中都只能种水稻,其目的就实现了,而没有必要限制只能由张三种这块地。相反地,如果国家规定只能由张三种这块地,这种限制不仅没有必要,而且对实现资源的优化配置也是非常有害的。假如李四种水稻 1 年可以获得 10,000 元的收获,张三耕种只能获得 5000 元收获,那么单这一项交易的限制,就使我们整个社会的财富每年减少了 5000 元。综上所述,对于这类存在用途限制的财产,是可以实现担保化的;用途限制要严格执行,但不应以主体限制的方式保障用途限制。对于公益设施同样如此。只要严格限制受让人只能用于特定的公益项目,公益设施的公益性就能得到保证,而没有必要限制其作为担保财产来使用。

财产的可流通性是担保财产的一般要求,但在特殊情况下,没有市场价值但具有较高的主观价值的财产也不妨用于担保。如某些资格证明文件,尽管没有交换价值,但具有很高的主观价值,对持有人来说是非常重要的。以这些财产进行担保也可以起到较好的担保效果。目前,这种担保在实践中也已经得到比较频繁的运用。例如,出租汽车司机违章驾驶,交警扣押其执照,责令其在规定期间到特定地点缴付罚款,就是无交换价值财产担保的一种运用。图书馆、公园等也普遍利用这种担保手段担保租借财产的按时完好返还。立法者应当认真研究这类财产担保的可行性、其可能产生的消极影响,以便在立法中作出合理的制度安排。关于资源产权的流动化问题,前文已有较多的阐述,在此不再重复。

(二)多样化的担保形式

担保物权制度是信用经济条件下交易安全的基本保障,在制度供给方面,应当尽可能多地为交易当事人提供多样化的选择。担保形式越多,当事人选择担保的可能性越大。如果法律上只规定质押一种担保,就可能出现很多交易不能获得担保的现象,交易安全就会受到影响。在交易安全得不到保障的情况下,很多本来应当发生的交易就不会发生,市场配置资源的效率将会大大降低。担保权的本质是价值控制权,只要不违背公共利益、不侵犯他人的合法权益,赋予债权人对他人资源的价值控制权,都可以设定担保。就农村要素资源来说,要根据不同要素资源的特点规定与其相适应的担保形式。

(三)更少的利用限制

财产用于担保其本身并不产生价值,但是,以特定的财产设定担保则可能对财产的利用产生消极的影响。如果担保权设定产生的收益小于因设定担保权影响担保物利用产生的损失,那么对个人和社会来说都是不经济的。在各种类型的担保中,占有转移型担保对财产的利用影响最大;权利转移型担保次之;既不转移占有,也不转移权利的纯粹担保对物的利用的影响最小。因此,立法者在提供当事人多样化的担保形式的前提下,应当对各种担保形式的运用有所鼓励也有所限制。抵押权制度应当说是一种对物的利用影响最小的担保形式,因此,在物的担保体系中,特别值得推广。但是,由于抵押权不转移占有,债权人主观预期风险较大,加上按现行立法抵押设定成本高,抵押权的追及效力不明确以及抵押权实现方式等方面的限制,抵押担保的运用在我国仍然没有达到最理想的状态。为了减少担保制度实施的社会成本,有效地降低担保对物的利用的影响,必须对抵押权制度进行以强化担保效力,降低设定、维持和实现成本为重点的制度改革。

在担保财产与担保方式的对应关系上,应当根据不同的财产性质确立典型的对物的利用影响较小的担保形式。例如,权利质权以各种流通证券、票据为担保财产,对物的利用几乎不产生什么影响,应当对其进行更精细的制度设计,以便实践中能够得到更多的运用。

在各种担保制度的具体安排方面,也应当充分考虑其对物的利用的影响。例如,在质押、留置担保中,如果担保物可以利用,不妨允许担保权人合理地利用担保物,并以物的利用收益或其一部分抵偿债权的本息。

(四)更专业化的担保市场规则

随着我国市场经济的发展,商业化的担保市场正在形成。传统民法中的担保物权制度是最基础的担保制度,这些担保制度具有广阔的适用范围,需要进一步加强和完善。但是,这些担保制度与专业担保市场的要求还存在较大的距离,以致在一般人的眼中,似乎银行和担保公司在执行着另一种担保制度。专业融资者更强调效率和规范化的运作。特别是担保设定、维护和实现程序方面,力求简化、统一和有效。专业融资者的要求在很多方面具有其合理性,但是,处于优势地位的专业融资者也往往会利用其信息优势和专业优势,利用法律不完善之处,对债务人设置苛刻的要求。因此,有必要对目前银行担保贷款业务的规则进行普遍的调查,在此基础上,制定专门的适用于各类银行的统一的担保规则。一方面,吸收银行担保业务实践中的成功经验,使担保立法与商业实践更紧密地结合起来,提高担保法的可操作性;另一方面,严格限制专业融资者利用其专业优势侵害债务人的合法权益。

保理业务是一种专业化极强的担保业务,也是可能产生较大外部性影响的业务。如果不适当地规范,那么会造成很大的负面影响,因此,需要制定专门的规则,对其进行有效的规范。

担保公司是为社会提供商业性或政策性担保服务的机构,目前我国的担保公司大多具有政策性担保公司的性质。但随着市场经济的发展,商业化的担保公司也有较大的发展空间和较好的发展前景。对担保公司的设置、运作,也应当制定专门的规则。

(五)更低的担保交易成本

交易成本的高低决定了人们是否进行担保交易、选择何种担保形式,并因而决定担保制度能够发挥多大作用。如果抵押权的交易成本过高,那么当事人就可能寻求采用其他担保方式;如果不能选择其能够接受的担保成本较低的担保形式,那么当事人就可能放弃担保甚至放弃被担保的交易。交易成本主要有两种:一是当事人进行交易的必要成本,二是为满足法律制度的要求而发生的成本。担保法律制度设计,尤其应当重视对第二种成本的控制。例如,抵押合同的谈判成本属于第一种成本,而登记成本则属于第二种成本。要有效降低交易成本,立法者应当对每一项制度安排可能对当事人增加的负担进行分析,以有效降低担保交易成本。

(六)更强的担保效力

担保交易目的实现的可能性大小,在很大程度上要受到担保权效力的影响。当事人选择采用担保的目的是避免交易风险,也就是保障交易预期能够顺利实现。担保的效力越强,交易预期的实现可能性就越大。因此,担保的效力与担保债权实现的可能性总是呈一种正相关关系。要真正发挥担保制度的交易安全保障功能,必须尽可能强化担保的效力。

首先,担保权效力的强弱取决于其对担保人的约束状况。如果一项担保权在设定以后,担保人可以随意或比较轻易地废弃这种担保权,那么它的担保效力就比较低。因此,对于担保合同,其无效与效力未定的条件、担保合同变更和撤销的法定情形、担保人的抗辩权的行使等,都应当严格控制。此外,担保法还应当合理安排相关制度,防止担保人逃避担保义务。

其次,担保权效力的强弱取决于担保权对抗其他财产权的能力。其他财产权包括所有人的所有权,一般债权人的债权,担保物受让人的权利,用益物权人的用益物权,其他担保权人的担保权。为强化担保权的效力,应当允许担保权可以对抗所有其他财产权。对于担保权相互之间的效力,应根据科学合理的原则确定效力顺序，一方面，应当考虑担保权所担保利益的性质；另一方面，也应考虑担保权本身的自然属性。例如，法定留置权仅仅适用于特定的情形，在这些情形下，担保权人的劳动已经沉入担保物中，恢复担保物原状将会使债权人和债务人都要受到损失，也会增加社会成本。根据留置权的自然属性，其实现的成本也较低，因此，对法定留置权可优先保护。抵押权不转移占有，但是，抵押权对物的利用影响最小，如果其担保效力低于所有其他物权，抵押权担保方式被社会接受的程度就会受到影响。因此，对抵押权与质权的关系应当慎重处理，尽管质权的实现成本较低，但也不能使质权的效力明显高于抵押权。

最后，担保权的效力还取决于担保权实现的成本高低。如果一项担保权实现的可能性很小，那么它的担保效力就很低。实现的可能性很大程度上受实现方式的影响，因此，法律应当使当事人有较多的实现方式选择。实现担保权的成本是影响担保权效力的重要因素。如果实现担保权获得的利益小于其实现担保权过程中发生的成本，那么就没有人去实现担保权，担保权也就形同虚设。

担保物权制度是现代信用经济的基本法律支撑。它既有信用安全的保障功能，又有信用能力的扩张功能。只有合理设计担保物权制度，才能充分实现农村要素资源产权的全面担保化，在保障交易安全、维护经济秩序的同时，有效解决农村发展的资金投入问题，推动农村经济社会的发展。

第四节　健全的要素产权交易市场法律制度

前文的讨论主要围绕要素市场化配置对农村要素基础产权制度的要求而展开，基础产权制度安排决定了要素资源能否以及在多大程度上可进行市场化配置。但是，仅有要素产权基础制度仍难以充分发挥市场配置要素资源的作用，要充分发挥市场配置农村要素资源的作用，还必须有高效、规范运行的要素产权交易市场，而要形成高效、规范运行的要素产权交易市场，就必须有健全的支撑、维持农村要素产权市场的法律制度。

一、要素产权交易市场法律制度的重要意义

要素市场化配置是通过要素产权市场交易来实现的。尽管理论上说，这

种交易可以不受时间和空间的限制在任何时空下发生，但是，如前所述，由于要素的特殊性，无论是土地还是劳动力、科技、资金及数据，要达成交易都存在很高的发现交易机会的成本、对作为交易标的的资源了解的成本、资源交易谈判成本、完成交易手续的成本等。由于这些成本的存在，要素交易发生的可能性会大大降低，市场配置资源的效果也会受严重的影响。为此，必须加强各类要素产权市场体系建设。要素产权市场建设的重点在于要素资源的覆盖度和要素产权交易的规范化和低成本，因此，必须健全要素产权交易市场制度体系，完善市场交易规则，加强开放、便利的交易平台建设。

二、要素产权交易市场制度建设的基本要求

要素产权交易市场制度的基本要求主要包括以下方面。

（一）健全的要素产权市场体系

要加大农村要素市场化配置力度，在市场建设方面，必须培育、健全要素市场体系。要根据各种要素的不同特点，分类培育建设各种要素流通的市场。通过要素市场建设，为农村土地、劳动力、科技、数据等要素资源产权交易提供交易平台和场所，提高交易便利化水平，降低交易成本，促进要素产权交易便利化。

健全的要素产权市场体系，首先，要求要素产权市场对各种要素资源的全覆盖，即每一种可交易要素资源都有与之相对应的要素市场。在这种情形下，任何要素资源要进行流通，都可以便利地通过相应的市场进行。要素产权交易市场的存在，会汇集各种产权交易的信息，大大降低当事人发现交易机会的成本，从而有效提高相关资源通过要素产权交易进行市场化配置的频率，提高市场化配置要素资源的效率。

其次，健全的要素产权市场体系还要求要素产权市场具有开放性。所谓开放性，就是要素产权市场应当对要素产权出让人和要素产权受让人全面开放。要素产权市场只有具备充分的开放性，才能吸引更多的要素资源和更多的交易主体进入市场进行产权交易，市场在配置资源中的作用才能充分发挥。

（二）完善的交易规则体系

与其他交易一样，农村要素产权交易正常进行也必须有完善的交易规则

体系支撑。从市场的进入到交易达成,再到交易结果的确认、要素产权的转移等,每一个交易环节都应当遵循事先拟定的规则,只有这样,要素产权交易才能有序地进行。首先,哪些资源产权可以进行交易,必须符合法律的规定,只有法律允许流动的资源产权才能进入市场进行交易,否则,要素产权交易就不具备合法性,就会造成对国家法律秩序的破坏。因此,完善的交易规则应有作为交易标的的要素产权的基本要求,符合要求的可以进入市场进行交易,不符合要求的不能进入市场。其次,进行交易的主体必须符合法律规定。要素产权交易的主体必须是依法可以流通的要素产权的权利人,尽管权利人可以通过其代理人代理交易,但是,代理人必须以权利人的名义进行交易,其结果才能归属于权利人。因此,要素产权市场交易规则应对参与交易的主体提出明确要求,符合要求的可以进入市场进行交易。再次,要素产权交易必须遵循交易的程序规则。要素产权交易从理论上说,包含要约和承诺、合同的签订、批准生效、要素产权的过户等手续,要素产权交易规则应对交易过程的各环节当事人行为提出具体的规则要求,指导、规范当事人诚信、有序地进行交易行为。最后,要素产权市场交易规则要得到普遍、严格的遵守,还必须建立与之相适应的约束规则或责任规则。违反交易规则达成的交易,可能对交易本身的效力产生负面的影响,其结果可能使交易无效、可撤销或交易不成立。对违反法律强制性规定进行产权交易的,不仅交易本身可能无效,而且,相关当事人也可能受到法律的制裁。交易约束规则或责任规则既是交易规则的必要组成,也是交易规则得到普遍遵循的基本保障。交易规则是要素产权市场规范化、有序化的制度基础,当每个交易当事人都能遵守交易规则进行交易时,要素产权交易市场才能正常、有序地运行。

(三)极可能低的交易成本

交易成本的高低在很大程度上决定交易是否发生或交易发生的频率,要素产权市场要充分发挥要素资源的配置作用,必须使要素交易的成本控制在合理的范围。交易成本越低,交易发生的可能性越大,交易也越活跃。要有效降低要素产权市场的交易成本,从法律的角度来说,至少要做到以下几点:首先,必须实现要素产权交易的平台化。要素产权交易的平台化,即通过第三方建立开放的要素交易平台,尤其是电子交易平台,为要素产权交易提供信息共享、交易撮合与交易服务。通过产权交易平台,要素需求方与要素提供方可以展示各自的需求和供给信息,从而使交易当事人更易于发现合适的交易机会,有效降低当事人发现交易机会的成本。同时,交易平台通过汇集交易信息(包括与交易要素有关的可重复利用的信息以及同类要素交易市场行情信息),也可以为潜在的交易当事人在共享信息的前提下更顺利地达成交易,降低交易的谈判成本。此外,交易平台通过提供专业的交易服务,也可有效降低交易过程中学习和挫折的成本,进而使履行交易程序和手续的成本大幅减少。因此,平台建设应尽可能地将各种要素资源产权交易纳入平台交易的范围,这是有效降低交易成本的重要手段。其次,通过合理的制度安排,在保障交易安全的前提下,简化交易程序和交易手续。通过"放管服"改革,取消交易过程中没有必要的审批、许可程序;强化交易信息的共享和交易资料的电子化和重复利用,减少交易的环节和手续。最后,应加强交易服务专业化建设,为要素产权交易提供高效、专业的中介服务。

第五节　完善的要素产权市场调制制度

与其他市场一样,要素产权市场同样可能带来某些负面效应,损害国家、社会和他人的合法权益,或产生不利于宏观经济发展的结果。因此,为规范要素产权交易市场,在充分发挥其配置要素资源的作用的同时,应尽可能降低其对经济社会的负面影响,也有必要对其进行必要的调控和规制。市场调制制度包括对市场进行宏观调控和法律规制的各种制度。宏观调控,是指政府综合运用各种手段对国民经济从宏观上进行调节与控制,它是保证社会再生产协调发展的必要条件。宏观调控关系,就是政府在宏观调控过程中产生的各种经济关系。对宏观调控关系进行调整的法律制度就是宏观调控法律制度。市场规制,是指国家通过制定行为规范引导、监督、管理市场主体的经济行为,并规范、约束政府监管机关的市场监管行为,维护市场秩序的活动。对市场规制关系进行调整的法律制度就是市场规制法律制度。[1]

要素产权市场调制不同于一般商品服务市场的调制,要实现要素市场调制的法治化,必须建立和完善以下两个方面的制度。

---

〔1〕 参见张守文:《经济法学》(第2版),高等教育出版社2018年版,第12页。

一、建立和完善与要素市场化配置相适应的要素市场一般规制制度

一般商品服务市场的规制通常包括准入规制、竞争性规制（包括反垄断和不正当竞争）、价格规制、商品服务质量规制、市场道德性规制等。但由于要素产权市场以要素产权为交易标的，因而，它与一般市场的经济性规制也有不同。例如，在市场准入规制方面，一般商品服务市场中，交易一方（卖方）通常是专门从事某类商品服务经营的专业经营者，其面对的一方是众多不特定的消费者和用户（买方）。设置市场准入制度的目的是使进入市场的经营者有能力长期为消费者（用户）提供符合要求的商品和服务，它们在进入市场前无权进行相关商品和服务的交易行为。而作为买方的消费者（用户），他们则有权为生活或生产需要而购买相应的商品和服务。在要素产权市场中，交易的双方并非专门从事某一类要素经营的经营者，因而，不能像对待专业经营者那样设置相应的市场准入制度。例如，在农村土地经营权市场中，作为卖方的市场主体是拥有土地经营权的分散农户或农业集体经济组织和其他经营权人，他们在进行交易前已经依法获得了流转土地经营权的权利，对其进行任何限制均可能构成对权利人正当合法权利的侵害。而作为买方的市场主体则是欲取得农地从事农业生产经营的潜在经营者，他们试图通过土地经营权市场获得土地经营权，从事农业生产经营活动。土地经营权是一种用益权，它以农地的实际利用为权利的主要内容。因此，权利的获得者有能力经营农地应当成为其获得权利的基本要求。正因如此，土地经营权市场准入要求应当是对买方的要求，而非对卖方的要求。

在要素产权市场中，作为交易标的的要素产权往往也不存在商品服务市场的质量高低问题。尽管要素本身可能有质量差异，但这种差异通过价格机制便可得到充分的体现，不会像一般劣质商品和服务那样会直接损害消费者和用户利益，甚至危害消费者、用户安全。因此，对要素产权市场进行质量或安全性规制是没有必要的。

传统意义上的竞争性规制是为了维护市场的竞争性和竞争秩序而对市场主体行为进行的规制，经营权市场竞争至少不是两个或多个专门经营者之间为了获得更多的消费者和用户而进行的竞争。因此，传统的竞争性规制是否适用于要素产权市场也是值得商榷的。例如，农户相互之间为谋求更高的流转价格而相互达成协议，一致对付受让方，或相反地，农地受让方经营者之间

为了压低农地流转价格而达成的一致针对出让方的协议是否能够构成垄断协议？交易双方有无可能构成市场支配地位？是否可能滥用市场支配地位？如何滥用市场支配地位？排除、限制竞争的经营者集中可否发生？等等。对这些问题的认识关涉有没有必要建立与要素市场相适应的反垄断和限制竞争的制度。笔者认为，要素产权交易一般以分散交易为常态，垄断协议、市场支配地位和经营者集中的情况基本上不可能发生。毕竟，无论是要素出让方还是受让方，他们所出让和受让的要素都是有限的。但是，随着要素市场的发展，也有可能出现专门“囤积”要素产权并进行交易的市场经营者，当这种情形出现时，竞争性的要素市场结构就可能受到破坏，对此是否需要建立土地经营权市场反垄断制度进行规制？笔者认为，对于这个问题，更应当采取事先的预防机制来解决，通过严格禁止“囤积”要素产权，防止专门从事要素产权的情况出现，能够起到更好的效果。此外，要素产权市场是否存在《反不正当竞争法》中规定的混同、虚假宣传、商业贿赂、侵犯商业秘密、倾销、搭售、商业诽谤、串通投标、有奖销售等各种不正当竞争行为，对此，也不能一概而论。与商品服务密切相关的不正当竞争行为，如混同、虚假宣传、侵犯商业秘密、倾销、搭售、商业诽谤、不当有奖销售等行为似乎在土地经营权市场不太可能存在。但商业贿赂、串通投标等不规范交易行为，在某些要素产权市场确实同样存在，也有必要进行规制。从以上的分析可知，要素产权市场有不同于一般竞争性市场的特点，不能套用一般商品市场竞争规则对要素产权市场进行规制。对于要素产权市场没有必要专门设立竞争性规制制度，可以将其融入市场秩序的一般规制之中进行处理。基于以上分析，对要素产权市场的一般性规制应主要侧重于三个方面：一是基于市场道德性要求进行市场秩序规制；二是根据不同要素种类设置主体、客体准入规则规制；三是要素产权市场价格规制。

首先，要健全要素产权交易秩序规制制度，及时发现要素产权流转中存在的问题并依法进行处置。例如，在土地经营权交易中，对违反农地用途管制，违反农地保护制度，强迫交易，收受贿赂，截留、克扣流转费，串通投标等违法行为，进行严格处理，以保障土地经营权市场按照依法、自愿、公平、平等互利、等价有偿的市场交易原则有序运行。同时，健全产权流转当事人权益救济机制，根据便利、专业、有效原则建立产权流转纠纷调处机制，配合司法救济手段及时化解农地流转中的纠纷。

其次，建立与各种要素相适应的市场准入制度。要素市场准入制度，主要是交易客体的准入制度。进入市场进行交易的产权必须是符合法律规定可以进行交易的要素产权，依法不能交易的产权（如土地所有权法律严禁交易，农村土地承包经营权一般情况下也不能在集体经济组织成员外进行交易）不得进入市场进行交易，法律限制交易的要素产权，必须满足法律规定的条件才能进入市场进行交易。在某些情形下，法律可能对合格的市场主体提出一定的要求。例如，土地经营权市场中，法律规定受让土地经营权的主体必须具备农业经营能力或资质。这种要求主要是为了保障农地流转后能够得到更充分、有效的利用，因此，土地经营权市场准入应当侧重于受让方经营者经营农地能力的审查。除此以外，《农村土地承包法》第 45 条规定，县级以上地方人民政府应当建立工商企业等社会资本通过流转取得土地经营权的资格审查、项目审核和风险防范制度。但从目前的情况来看，这三项制度并没有在全国县级以上地方人民政府普遍建立起来。因此，在国家层面应尽快出台法律规范，对社会资本流转取得土地经营权资格、项目审核和风险防范制度作出具体安排；在县级以上的地方层面，应按照国家的规范要求，建立由涉农管理部门、农村集体经济组织、农户代表和专家等组成的审查机构，制定实施细则，完善备案、监测和监督检查机制。

除完善社会资本进入土地经营权市场流转农地的市场准入制度外，对其他主体受让土地经营权也应当设立相应的准入门槛。目前，一些地区对家庭农场、经营大户流转农地从事规模农业经营，也建立了大户遴选制和资质审查制度，引入竞争机制，通过遴选和审查使最有能力的经营者取得土地经营权，对提高农地的利用效率、防止耕地撂荒，发挥了良好的效果。有必要在总结经验的基础上，将其上升为法律制度。

最后，完善要素产权市场的价格规制与调控制度。要素产权流转以协商定价为原则，但是，如何确保当事人在信息充分的前提下，对要素产权价格作出合理的判断是要素产权市场价格规制的关键。由此，要素产权价格规制的首要问题是解决定价机制中的信息不充分问题。应加强信息平台的建设，及时公布要素产权交易价格信息，为交易双方提供市场价格参考。同时，要健全价格评估制度。利用专家的信息优势，对要素产权价格作出公允的判断，并指导当事人在此基础上达成交易。此外，应健全价格调控机制。例如，目前，一些地区针对长期流转土地经营权的农户实行承包地流转补贴,或对一定规模、长期流转农地的受让方农地经营者实行种地补贴。一方面,增加了农户的收益,减轻了受让方经营者的负担;另一方面,也提高了双方流转农地的积极性,有力地促进了土地经营权流转。

对于土地以外的其他要素,也应根据其特点,健全相应的市场规制制度。

二、建立和完善与不同要素产权相适应的特殊目的规制制度

不同的要素产权交易涉及不同的特殊问题,为了规范要素产权市场,还有必要建立与不同要素相适应的特殊目的的规制制度。例如,在土地经营权市场中,由于农村耕地是维持我国农业生产能力的基本要素,关系粮食安全和人民生活稳定,土地经营权市场流转的土地经营权大多为农户承包地经营权,其所覆盖的土地正是耕地。因此,土地经营权市场规制,必须坚持农地保护的基本价值,对农地设置严密的保护制度。农地保护的基本任务是防止耕地面积缩减和质量下降。2019 年《土地管理法》进一步强化了农地保护力度,建立以永久基本农田保护为核心的农村土地分级保护制度体系。其中包括耕地转用严控和占补平衡制度(第 30 条、第 32 条),永久基本农田保护制度(第 33 条、第 34 条、第 35 条),耕地改良与整理制度(第 36 条、第 42 条),非农建设用地控制制度(第 37 条),耕地闲置、荒芜禁止制度(第 38 条),耕地开发制度(第 39 条、第 40 条、第 41 条),耕地破坏复垦制度(第 43 条)等。通过这些制度,我国建立了世界上最严格的耕地保护法律制度体系。土地经营权市场规制必须严格贯彻我国耕地保护法律制度的要求。

除此以外,在科技成果产权交易市场中,要特别重视专利权的保护,应建立严密的监管制度,有效防范通过专利权交易侵犯专利权的行为。在技术秘密的产权交易中,应当高度重视对商业秘密的保护,特别是应建立有效监管制度,防止商业秘密在交易过程中被泄露或扩散。在数据要素的产权交易中,应特别重视对个人数据的保护,建立有效的制度,防范个人数据的非法利用和对个人隐私的侵害。在劳动力要素市场中,则应特别重视对劳动者权利的保护,建立有效的监测和防范制度,有效防止劳动力要素交易中侵害劳动者利益的行为发生。

第四章　要素市场化配置下农村产权法律制度完善的价值与路径

第一节　要素市场化配置下农村产权法律制度完善的价值取向

一、要素市场化配置下完善农村产权法律制度的价值确定

之所以对要素资源实行市场化配置,是因为在通常情况下这种配置方式能够不断优化要素资源的配置、提高要素资源的利用效率、实现社会财富的增长。然而,在某些特殊情形下,由于市场作用的有限性,市场化配置资源并不能产生优化资源配置的效果。同时,由于信息不合理分布、公共产品、垄断、外部性等因素的影响,市场在配置资源时也可能失灵。在这种情形下,市场配置资源可能产生并非理想的效果。

市场化配置资源并非目的,而只是一种手段。是否采用市场化资源配置以及在多大程度上采用市场化手段对资源进行配置,应当根据人们普遍追求的最终目的来决定。当前,我国已进入了社会主义新时代,正如习近平总书记在党的二十大报告中明确指出的那样:"明确我国社会主要矛盾是人民日益增长的美好生活需要和不平衡不充分的发展之间的矛盾,并紧紧围绕这个社会主要矛盾推进各项工作,不断丰富和发展人类文明新形态。"发展经济的根本目的就是满足人民日益增长的美好生活需要。《中华人民共和国乡村振兴促进法》(以下简称《乡村振兴促进法》)第 1 条明确规定了该法的立法宗旨,即

"促进农业全面升级、农村全面进步、农民全面发展"。可见,农业、农村和农民("三农")问题,仍然是新时代实现乡村振兴必须面对的核心问题,也是该法着力解决的基本问题。市场作为配置资源的手段,能够优化资源配置、提升资源的利用效率、推动现代农业的发展、实现农村社会的全面进步;可以将"蛋糕"做大,增加农村社会财富,使人民日益增长的美好生活需要能够更好地得到满足,实现农民全面发展。当市场配置资源能够实现这一根本目的时,就应当毫不动摇地利用市场。当然,如果通过市场配置资源不能实现甚至违背这一根本目的,也就没有必要利用市场机制配置资源。

农村资源市场化配置也通过资源产权的转移来实现,农村产权制度设计决定了市场配置资源的广度、深度和力度。可以通过不同的产权制度设计体现资源利用的价值目标要求,在某一要素资源通过市场配置可以最大限度地满足某一根本目的要求时,产权制度就可通过增加可流动资源产权覆盖面、降低交易成本、减少资源产权交易限制等方式,提高资源产权交易的活力,强化市场配置资源作用。当市场配置资源可能与某种根本性目的存在一定的冲突时,便可以通过产权制度的设计,体现根本性目的的要求,必要时可通过对可流动的产权覆盖资源范围进行限制,或根据根本性目的的要求对交易过程进行限制,从而体现根本目的对该资源配置的要求。有些要素资源如果进行市场化配置总是违反某种根本性目的,那么也可以通过产权制度的设计禁止该资源产权流动,从而排除市场配置此类资源的可能性。

农村资源的市场化配置,必须符合某些根本性的目的要求,因而,作为市场配置资源基本手段的要素资源产权制度,也必须体现某些基本价值的追求。本书认为,发展社会主义市场经济的根本目的是满足人民日益增长的物质和文化生活需求,农村资源产权制度也要符合这一根本目的的要求。具体而言,考虑到作为生产要素的经济作用,就农村来说,这一根本目的主要体现在农业发展、农村社会进步和农民生活质量的提升三个方面。因而,农业发展、农村社会进步和农民生活质量提升,应是市场化配置下农村资源产权制度应当体现的基本价值。

二、要素市场化配置下完善农村产权法律制度的基本价值

(一)农业全面升级

农业是国民经济的基础。农业的基础地位,是指农业在整个国民经济体系中处于基础的位置上,其他产业的发展都不同程度上存在对于农业的依赖。将农村发展作为基本价值是因为:

1. 粮食安全是一国安全、稳定和发展的基础。农业提供人类生存的基本生活资料,没有农产品,人类生存将失去保障。农业生产的产品,如粮食、棉花、油料、蔬菜等,都是满足人类生存的基本需求、维持生命存续的基本消费品。如果食物等维持生存必需的农产品的稀缺性加大,为获得极为稀缺的农产品而进行的争夺也将会更加激烈。

2. 农业是其他产业发展的前提。在一个封闭的经济体中,"超越劳动者个人需要的农业劳动生产率,是一切社会的基础"[1]。农业必须生产出超出农业劳动者自身消费量的农产品,其他产业的出现才有可能。如果农产品完全被农业劳动者消耗掉,就没有剩余的农产品养活从事其他产业的人们,其他产业便不可能形成。

3. 农业发展是对其他产业的必要支持。农业发展不仅是其他产业发展的前提条件,而且可以为其他产业的发展提供有力的支持。很多产业都是在农业发展的基础上形成的,如食品加工产业、木材加工产业、房地产产业、中医药产业等。农业为众多的工业产业提供原材料,缺乏农业提供的原材料,很多工业产业都将无法发展。

尽管农业是国民经济的基础,农业却具有固有的弱质性。农业主要是通过经营土地而生产农产品的产业。农作物种植是最典型的农业生产活动。对土地和自然条件的依赖是农业的根本特点。这一根本特点决定:农业是低收益、高风险的产业。农业生产需要占用或消耗大量的自然资源;农业生产过程需要大量的劳动消耗;农业收益受客观自然环境影响大,边际收益递减规律作用更明显,农业经营不仅要承受来自市场的风险,而且要承受很大的自然风险。由于农业的弱质性,一旦农业能够生产出超出其劳动者需要的农产品,就

---

[1] 参见《马克思恩格斯全集》(第25卷),人民出版社2001年版,第885页。

会导致其他产业的出现，其他产业的相对优势，便可能使更多人考虑通过其他产业而谋生，农业便可能被人们所忽视。

通过产权制度设计实现市场化配置农村资源必须以农业发展为价值指引，这是因为：

1. 通过市场机制激发农业要素活力，可提高农业资源利用效率。市场经济是高度社会化的经济，与自然经济的本质不同，此处的社会化指的是农产品供求的社会性，农产品供求关系从原来仅要求家庭内部的供求平衡转化为要求在宏观上整个社会的供求平衡（总量平衡）；农产品供给不足可能带来更严重的社会问题。资本的流动，以追逐更高利润为驱动。资本的这种流向，将决定劳动力和其他生产要素的流向。农业的发展所需要的资金、劳动力和其他生产要素，将会出现严重短缺。在市场经济条件下，技术研究和开发同样受资金流向的指引。农业投入不足可能导致农业技术得不到实质性的发展。在劳动力数量和质量严重下降、农业技术没有实质性提高的情况下，农业的发展就可能陷入严重的困境。通过产权制度设计实现市场化配置资源，必须有利于激发各种农业要素资源的活力，提高农业要素资源的利用效率，以实现农业的更好发展。

2. 从中国国情出发，有效解决制约我国农业发展的特殊问题。在我国，农业发展也存在与其他国家不同的特殊问题：首先，由于长期受计划经济的影响，中国农业发展与其他产业发展的矛盾一直比较突出。在处理农业与重工业、轻工业以及其他产业之间的关系时，尽管一直强调农业的基础地位，但是，在实际运作层面农业却未得到充分重视。农业负载的极限也可能被渐进突破，如果经济发展战略中没有充分考虑农业基础地位的维护，那么经过长期的运行就可能使农业的基础地位产生动摇。其次，相对不足的农业资源与巨大的农产品需求的矛盾将长期存在。国土资源部《2017 中国土地矿产海洋资源统计公报》显示，2017 年年末全国耕地面积 20.23 亿亩。2017 年中国粮食累计进口 13,062 万吨，较 2016 年增加 13.9%。其中，大豆累计进口 9553 万吨，稻米累计进口 403 万吨，小麦累计进口 442 万吨，玉米累计进口 283 万吨。日益增加的农产品进口依赖是经济安全的严重隐患。目前，我国两大口粮（大米和小麦）自给率一直维持在 98% 左右，进口依存度仅在 1% ~2%，并且连续 19 年农业丰收,[1]粮食储备非常充足,主粮的供求关系基本平衡,处于粮食安全的最好时期。但是,尽管如此,我们也不能掉以轻心。这从中国大豆进出口的反转中可见一斑。中国是大豆的发源地国,世界各国的大豆最先都来自中国。20世纪90年代以前,中国都是大豆出口国,但目前,中国大豆每年进口量达1亿吨,进口依存度2018年达到85%,仅对美国就有30%的依存度。[2] 大豆消费形成对进口大豆的严重依赖。最后,市场经济与我国现行农业经营体制的矛盾也逐渐暴露。长期以来,我国农业生产都没有完全摆脱小农经济的农业经营模式,这是长期以来我国农村土地制度的基本情况所决定的。这种状况对中国农业现代化的发展形成了长期制约。为此,农村资源产权制度设计必须能够有效增强农业对各种要素资源的吸引力,稳定和增强农业生产能力,形成有利于农业发展的体制机制。

3. 农业发展的根本出路在于发展现代农业,要素产权制度设计必须有利于现代农业的发展。市场化配置农业农村资源是发展现代农业的必由之路。现代农业的基本特点表现在农业生产要素的集约化、农业经营的产业化、农业经营的规模化和农业经营管理的现代化。为此,要素产权制度设计必须:(1)有利于农业生产要素集约化。集约化经营,是指在同一经济范围内,通过经营要素质量的提高、要素投入的集中以及要素组合方式的调整,增进经营效益的经营方式。在小农经济状态下,无法实现经营要素质量的普遍提高、要素投入的集中,也无法按照发展现代农业的要求进行要素组合方式的调整。要实现要素的集约,必须增强要素产权的覆盖面和流动性,通过产权流动市场进行要素资源的配置,只有这样才能促进经营要素的质量提升、要素投入的集中和要素组合方式的优化。(2)有利于农业经营的产业化。产业化要求以市场为向导,对农业发展进行区域化布局和专业化生产、一体化经营、社会化服务和企业化管理,形成贸工农一体化、产加销"一条龙"的农业经济经营方式和组织形式。小农经济状态下的家庭经营,根本没有必要也无法进行区域化布局、

---

〔1〕 2023年新年前夕,习近平主席通过中央广播电视总台和互联网,发表2023年新年贺词。贺词中指出,"面对全球粮食危机,我国粮食生产实现'十九连丰',中国人的饭碗端得更牢了"。参见《国家主席习近平发表二〇二三年新年贺词》,载《人民日报》2023年1月1日,第1版。

〔2〕 参见《2018年中国大豆产量、进口量及进口依存度分析》,载产业信息网,https://www.chyxx.com/industry/201804/628448.html,2022年3月11日访问。

专业化生产、一体化经营,社会化服务和企业化管理。农业经营的产业化要求生产资料、劳动力、资金等农业要素根据市场的要求进行区域化布局和专业化生产组合,而要优化这种组合也必须通过市场,即通过相关生产资料、劳动力的交易而实现。农村产权制度设计必须体现专业化分工的需要,使各种农业要素根据专业化分工的要求,实现要素资源在农业不同主体、项目、领域中的组合。(3)有利于农业经营的规模化。农业经营的规模化是指有组织、有秩序地按照既定模式进行大批量的生产经营。规模化经营需要进行生产要素的一定程度的集中,在小农经济状态下,土地、劳动力、其他生产资料均无法实现规模经营所需要的适度集中,只有通过土地、资本和劳动力适度规模的集中,规模化经营才能形成。产权制度设计必须体现规模化要求,通过增强土地等要素流转实现农业规模经济。(4)有利于农业经营管理的现代化。农业经营管理现代化,意味着农业经营中高科技生产经营工具、生产资料和管理方式的广泛运用。在小农经济状态下,现代农业机械和农业科技根本没有用武之地,现代农业管理的方式也无法施展。农业经营管理的现代化需要大量的资金和科技投入,只有在产业化、集约化和规模化的农业中,农业经营管理的现代化才会普遍实现。因此,农业要素产权制度的设计应当有利于农业科技研发、成果推广和普遍应用。

总之,农业发展是农村要素资源市场化配置的基本价值指向,也是农村要素产权制度的基本价值取向。农村要素产权制度设计必须服从有利于农业发展的价值目标,通过合理的产权制度,以适当的方式实现农村资源的市场化配置,并以此推动现代农业的稳定、高效发展。

(二)农村全面进步

农村社会进步就是改变农村社会相对落后的状态,缩小城乡差别,推动农村各项社会事业的发展。农村社会进步需要不断加强农村基础设施建设,改善农村生活条件和生态环境,提升农村公共福利,加强农村文化建设。所有这些都离不开农村资源的高效充分利用。

长期以来,特别是在我国计划经济时代,农村的发展一直处于较落后状态。改革开放以后,由于城市与农村要素资源配置方式的差异,出现了农业人口大量外出打工的现象。在我国由计划经济向市场经济转型时期,由于长期的计划经济导致农业劳动力大量过剩,这种现象不会对农业的发展带来什么消极的影响;相反,如果处理适当,还会有利于农业的发展。这是因为,农业劳动力的减少会提高农业人口人均资源占用比例,留下务农的农业劳动者将会得到更高的经营收益。同时,外出打工的收益将有一部分用于农业生产,从而解决农业资金投入不足的问题。但是,也应当看到目前的普遍现象是,农村流出的劳动者往往是优质的农业劳动者,留乡务农的往往是老弱病残的劳动者。由于优质劳动者的大量流出,一些地区出现基础设施落后,集体经济空心,村庄凋敝,大量农田撂荒、无人耕种的现象,这就不能不引起人们的担忧。

实现农村社会进步,必须完善农村要素产权激励制度。首先,必须完善产权界定,产权关系不清,投资者无法合理预估投资收益,会缺乏投资激励;产权关系不清,管理体制建立缺乏明确的基础,责、权关系必然难以明确,管理混乱就在所难免。其次,必须进行农村产权制度改革,尤其是农村集体建设用地使用权制度的市场化改革,建立有效的产权激励机制,引导各种要素资源流向农村公共基础设施、农村公共教育、医疗卫生、社会保障、公共福利、农村生态环境建设等领域,促进这些领域的发展,以消除城乡二元结构,实现城乡融合,缩小城乡差别。

实现农村社会进步,需要通过产权制度适当安排保证农村发展的资金投入。农村投入不足是严重制约我国农村发展的瓶颈。追逐利润是资本的天然属性,因此,资本的流向总是趋于高利润的产业。本来主要作为农业发展基本融资渠道的农村信用社,在不少地方却成了其他产业从农村获取资金的手段。根据国家统计局《中国统计年鉴》和中国金融学会《中国金融年鉴》的数据计算,1994~2003年,仅通过农村信用社和邮政储蓄从农村流出的资金超过8000亿元。[1] 资金投入不足问题得不到解决,农村发展滞后的现象将会更加严峻。为此,应通过农村资源产权制度的改革,实现农村资源的全面担保化,打通农村社会建设通过资金市场获得资金的渠道。同时,加大政府投入对农村社会建设的资助力度。此外,还应通过相关产权制度建设建立投资激励机制,或加大宣传力度,鼓励农民集资、吸引城市资金、争取社会捐助资金,以促进农村社会建设。

实现农村社会进步,需要通过产权制度的适当安排实现科技要素资源的

---

〔1〕 参见边璐、杨文选、雷钊:《我国农村资金外流分析》,载《内蒙古农业科技》2007年第1期。

合理流动,农村发展需要有现代科技的普遍应用。在市场经济条件下,技术研究和开发同样受资金流向的指引。农村投入不足导致农村科技长期得不到实质性的发展。由于资金流向的非农领域的倾向,农村发展所需的科学技术严重滞后,严重影响了农村社会建设的现代化。为此,一方面,要通过专利制度、研发风险基金、科技奖励等制度建立有效的激励机制,增强农村组织、经营主体、农民从事科技研发的积极性;另一方面,要加大政府的投入,强化农村的科技研发及科技成果的推广和应用,充分发挥科技在推动农村社会进步中的作用。

(三)农民全面发展

我国是社会主义市场经济国家,发展经济的目的是满足人们日益增长的物质和文化需求。在农村社会,这一生产目的便表现为满足农民日益增长的物质文化需求,概括地说,就是不断提高农民物质和精神生活的质量。农民生活质量的提升有赖于农民收入的提高,农村生产生活条件的改善,农民生活设施的改进,以及农村教育、医疗服务、社会保障等公共服务水平的提高和农民生活环境的优化。农村要素资源产权制度的安排,应当有利于农民生活质量的提升。

提高农民生活质量,首先要提高农民的收入水平,农民的收入主要包括农民经营农业的收入、农民依靠要素产权获得的财产性收入、进城打工或在农村从事非农业生产经营的收入、参与集体分配的收入等。因此,除通过不断推动要素产权市场化流动、优化农村要素资源配置、提高农民农业经营收入外,还应当充分考虑农民以土地经营权等要素产权流转的投资收益,保障收益获得的安全。通过集体产权制度改革,确立农民对集体资产的股权,使农民通过参与集体资产收益分配提高自己的收入水平。此外,通过劳动力产权和劳动力市场建设,为农民进城或就地就业提供充分的信息和机会,发展农村非农业生产经营,推动农民劳动者工资水平和农民非农业经营收益的提升,建立农民工报酬保障机制保障农民收益得到及时的支付和兑现。

农民生活质量的提高,有赖于农业生产条件的改善,即将农民从繁重的农业劳动中解放出来。为此,应加强农业生产耕、种、管、收等各个环节的社会化服务体系建设,通过全面覆盖的社会化服务体系,有效降低农民的种地成本。据我们调研重庆市农村的情况,在社会化服务试点区域,水稻种植的全程社会化服务可为农民亩均节约200～300元。同时,农业生产中的大量田间管理工作(耕地、灌溉、施肥、打药、除草、收割、存储等)均由社会化服务组织承担,农民种地劳动强度也大大减轻。农业社会化服务体系建设同样与农村要素产权制度有密切的关系,用于各种社会化服务的农业生产资料是农村要素的重要组成部分,有利于社会化服务资本产权制度建设,有利于推动资本使用权的充分流通,并进而实现相关资本的充分和高效利用。

农民生活质量的提高,有赖于农村教育、医疗服务、社会保障等公共服务的全面发展。由此,农村要素产权制度安排,应当有利于满足农村教育、医疗服务、社会保障等事业对各种要素资源的需求。如农村土地产权制度的安排,必须为农村公益事业的发展提供充分保障。当前,我国农村集体产权制度改革中,将农村集体资产区分为资源性资产、经营性资产和非经营性资产。其中,非经营性资产主要用于教育、科技、文化、卫生、体育等公共服务建设方面,为农村公益事业发展提供了充分的土地资源保障。

农民生活质量的提高,有赖于农民生活环境的优化。为此,农村要素产权制度安排应有利于保护农村社会的生态环境,如农村土地产权制度的安排,应在明确界定产权、提升产权流动性的同时,明确要素资源利用者的生态环境保护义务;通过建立生态环境保护补偿制度,在相邻的土地产权人之间建立生态环境保护激励机制,落实生态环境保护责任,让受益者付费、保护者获益。

综上所述,农民生活质量的提升是发展农村经济的根本目的,也是农村要素资源产权制度设计必须遵循的基本价值。适应市场化配置的农村要素资源产权制度设计,必须有利于不断提高广大农民生活质量的要求,使中国农民普遍过上安全、富裕、健康、幸福的生活。

第二节　要素市场化配置下农村产权法律制度完善的路径

为实现农业发展、农村进步和农民生活质量提升的价值目标,市场化配置前提下的农村要素产权制度建构应从我国国情出发,在基本价值指引下,按照农村要素资源全面市场化配置要求分类进行要素产权制度安排。

一、从我国国情出发

基本国情主要是指一个国家的社会性质及其所处的社会发展阶段。我国的最基本国情是仍处于并将长期处于社会主义初级阶段。在社会主义初级阶段,社会生产力水平还比较低,科学技术水平、民族文化素质还不够高,社会主义具体制度还不完善。中国社会的主要矛盾是人民日益增长的美好生活需要和不平衡不充分的发展之间的矛盾。这个主要矛盾将贯穿中国社会主义初级阶段的整个过程和社会生活的各个方面。立足于基本国情,面对主要矛盾,我国的根本任务是沿着中国特色社会主义道路,集中力量进行社会主义现代化建设。

农村要素产权制度设计必须充分考虑我国国情,尤其是我国农村的具体国情,包括我国农村资源方面具体状况和我国农业经营体制和基本经济制度。

我国人口基数大,人均资源占有量少。根据2021年公布的《第七次全国人口普查公报》,截至2020年11月1日,我国总人口为1,443,497,378人,在全国人口中,居住在城镇的人口为901,991,162人,占63.89%;居住在乡村的人口为509,787,562人,占36.11%。2020年我国户籍人口城镇化率为45.40%。根据国家统计局2017年的公布的《第三次全国农业普查主要数据公报》,截至2016年年末,全国耕地面积134,921千公顷,实际经营的林地面积(不含未纳入生态公益林补偿面积的生态林防护林)203,046千公顷,实际经营的牧草地(草场)面积224,388千公顷,人均耕地仅1.46亩。从这些数据可以看出,我国虽地大物博,但土地资源的人均占有量少。我国耕地面积排世界第三,仅次于美国和印度。但由于我国人口众多,人均耕地面积却排在全球第126位以后,还不到世界人均耕地面积的一半。我国农村要素资源产权制度安排,必须充分考虑我国具体国情。

我国实行中国特色的社会主义市场经济体制,这种市场经济体制在农业经营方面最集中的体现,就是以家庭承包经营为基础的统分结合的双层经营体制。双层经营体制包含了家庭经营和集体经营两个层次,它以农村土地集体所有制和农村集体产权制度为基础,有关农村要素产权安排必须坚持《宪法》确立的农村双层经营体制和农村土地、集体财产的集体所有。此外,由于我国农村耕地承载着维系14亿多人生存需求的粮食安全,耕地在我国特别稀缺和重要,故而我国实行世界上最严格的土地用途管制制度,农村土地要素资源产权制度也不得突破土地用途管制的基本红线。

二、基本价值指引下的要素全面市场化配置

通常情况下，市场配置资源能够有效实现资源配置优化、提高资源的利用效率，这已经得到了人类长期经济实践的证明。但是，市场本身的有限性和市场失灵也是客观存在的，因而，市场化配置农村要素资源也必须接受资源利用的基本价值引领。但如果市场化配置资源有利于农业发展、农村社会进步和农民生活质量的提升，就应当毫不动摇地推进。

2020 年中共中央、国务院《关于构建更加完善的要素市场化配置体制机制的意见》指出，完善要素市场化配置，必须“破除阻碍要素自由流动的体制机制障碍，扩大要素市场化配置范围，健全要素市场体系，推进要素市场制度建设”。对于农村要素体制机制完善而言，这意味着在有利于农业发展、农村社会进步和农民生活质量提高的前提下，应通过要素产权制度安排，尽可能地扩大要素市场化配置范围，健全农村要素市场体系，实现尽可能多的各类农村要素资源能通过产权交易进行市场化配置。

三、分类完善要素产权制度

农村要素资源包括土地、资本、劳动力、科技、数据等不同的表现形式，各种要素资源具有不同的属性和特点，现行制度下市场化程度也各不相同，其在经济社会发展中的地位和作用也不一样，在坚持从我国国情出发，坚守要素市场化配置和要素产权制度基本价值的前提下，需要区别对待、分别完善。正如 2020 年中共中央、国务院《关于构建更加完善的要素市场化配置体制机制的意见》指出的那样，完善要素市场化配置体制机制，应当“针对市场决定要素配置范围有限、要素流动存在体制机制障碍等问题，根据不同要素属性、市场化程度差异和经济社会发展需要，分类完善要素市场化配置体制机制”。要素产权制度是要素市场化配置体制机制的重要组成部分，要素产权制度的完善同样是要素市场化配置体制机制完善的重要方面。要素产权制度完善，应根据不同要素的具体情况分类进行。

分类完善农村要素产权制度，必须准确把握各种要素的属性，准确把握某种要素在推动国民经济尤其是农村经济发展、农村社会进步和农民生活水平

提升方面的地位和作用,认识要素功能的作用机制,在此基础上分类确定完善农村要素资源产权的基本目标。

分类完善农村要素产权制度,必须认真分析、评价现行土地、劳动力、资本、科技、数据等产权制度在实现要素资源市场化配置方面的状态;准确定位现行农村要素产权制度在要素配置范围、要素流动等方面存在的问题;针对不同要素产权制度存在的不利于要素市场化配置的问题,有的放矢地进行产权制度改革和完善;消除现行制度中限制、妨碍要素资源市场化配置的不合理安排,使要素产权制度更适应要素资源市场化配置要求。

第三节　要素市场化配置下农村产权法律制度框架

农村产权法律制度可从不同的角度对其进行体系性描述和建构。可从以下两个方面认识农村产权法律制度体系,并据此完善适应市场化配置的要素产权制度。

一、要素分类下的农村产权法律制度框架

以要素分类为依据,农村产权法律制度体系主要由以下方面构成:

(1)土地产权制度。包括农村各类土地资源的相关产权制度,如农村土地所有权制度、农村土地承包经营权制度、农村土地经营权制度、农村建设用地使用权制度、宅基地使用权制度、土地资源产权市场交易制度、土地资源产权市场规制制度等。

(2)资本产权制度。包括农村集体资本所有权制度、农村集体资本使用权制度、国有资本使用权制度、农民个人资本所有权和使用权制度、农业经营者资本所有权和使用权制度、资本要素产权交易制度、资本要素产权交易市场规制制度等。

(3)劳动力资源产权制度。包括劳动力资源所有权制度、劳动力资源使用权制度、劳动力市场交易制度、劳动力市场规制制度等。

(4)科技要素产权制度。包括科技成果专利权制度、技术秘密保护制度、专利实施许可制度、技术秘密实施许可制度、技术成果产权交易制度、科技成果交易市场监管制度等。

(5)数据产权制度。对于数据产权,目前,国内外都处于探索阶段,本书认

为,数据基础产权应包括数据来源权和数据利用权。由此,数据产权制度应包括数据来源权制度、数据利用权制度、数据产权交易制度、数据产权市场规制制度等。

二、权利分类下的农村产权法律制度框架

(1)要素所有权制度。所有权是权利主体对权利客体占有、使用、收益和处分的排他性权利,是权能最完整的产权。各种要素都有相应的所有权或相应的基础产权,如土地所有权、资本所有权。劳动者对其劳动力所享有的权利也属于一种所有权性质的权利——劳动力所有权;发明、实用新型和外观设计的专利权本质上也是权利人对相应的专利技术成果享有的所有权;技术秘密财产权也是具有所有权性质的产权。数据来源权利人的权利也应是数据产权最基础的权利。

(2)要素用益权或利用权制度。用益权是权利对他人所有的不动产或者动产,依法享有占有、使用和收益的权利。按照《民法典》的规定,属于物权的用益权包括土地承包经营权、建设用地使用权、宅基地使用权、居住权、地役权。劳动力使用权、专利实施许可权、数据利用权也分别是对他人劳动力、专利技术、数据的占有、利用和收益,因此,本质上也属于用益权的范围。

(3)要素担保权制度。担保权是担保权人在债务人不履行到期债务或者发生当事人约定的实现担保权的情形下,依法享有就担保财产优先受偿的权利。根据《民法典》的规定,担保物权包括抵押权、质权、留置权。对具有交换价值的可流通的各类要素所有权和用益权,都可设定担保权,如土地经营权抵押权、土地使用权抵押权、专利权质权等。

(4)要素产权交易制度。产权交易制度是完整的产权制度的重要组成部分,要素市场的产权交易是实现要素市场化配置的基本途径,要素市场化配置的实现必然要求根据要素的属性和特点,建立相应的产权交易制度和交易规则。只有具备完善的要素产权交易制度,市场化配置要素资源才能高效、有序地运行。

(5)要素产权交易市场规制制度。要素产权交易在实现要素资源市场化配置的同时,也可能产生损害国家利益、社会利益和他人合法利益的情形,因而需要有效防控并及时纠正。同时,通过市场进行要素配置也可能发生失灵

的情形,需要政府干预或进行宏观调控,因此,要有效发挥要素市场配置资源的作用,防止其可能产生的负面效应,必须加强对要素市场的监管,而监管行为也必须进行制度约束。因此必须建立对市场交易和监管权行使具有双向约束效果的要素产权交易市场规制制度,以保障要素产权交易的规范化、有序化,保障政府干预市场的适度化和合法化,防止政府对市场的不适当干预,保障市场配置要素资源的高效率。

第五章　产权明晰化视角下农村要素产权制度的完善

党的十九大报告中明确了乡村振兴战略的推进策略和实施要求，强调深化农村产权制度改革，保障农民财产权益和壮大集体经济的发展目标。党的二十大报告明确指出：“坚持农业农村优先发展，坚持城乡融合发展，畅通城乡要素流动。”农村产权制度改革事关广大农民的切身利益和农业农村社会的长远发展，应当构建起完善的法律制度体系来保障改革的顺利推进。传统的农村产权存在资产产权、管理和收益分配等方面的现实问题和制度缺失，片面强调形式上的效率与公平，对实质公平和经济效率的提升缺乏考虑。当前，要素市场化配置要求市场在农村土地、劳动力、资本、技术以及数据信息等基本生产要素的有效配置中发挥决定作用。要素市场化配置对农村产权提出了诸多要求：一是市场决定，有序流动。充分发挥市场配置资源的决定性作用，畅通农村要素流动渠道，保障不同市场主体平等获取生产要素，推动要素资源配置依据市场规则、市场价格、市场竞争实现效益最大化和效率最优化。二是健全制度，创新监管。更好发挥政府作用，健全农村要素市场运行机制，完善政府调节与监管，做到放活与管好有机结合，提升监管和服务能力，引导各类要素资源协同向先进生产力集聚。三是问题导向，分类施策。针对市场决定要素资源配置范围有限、要素流动存在体制机制障碍等问题，根据不同要素资源属性、市场化程度差异和经济社会发展需要，分类完善要素市场化配置体制机制。四是稳中求进，循序渐进。坚持安全可控，从农村实际出发，尊重农业发展客观规律，培育发展新型要素形态，逐步提高要素质量，因地制宜、稳步推进要素市场化配置改革。应按照"产权清晰、权责明确、保护严格、流转顺畅"的要求,通过建立和健全农村集体资产的评估、清产核资、产权界定制度,明确农村集体产权范围的划定标准。同时,注重农村产权的主体范围确定,从主体的认定原则、认定因素和认定办法等方面,解决主体认定的具体法律问题,完善集体经济组织成员的登记制度。在此基础上,对于农村产权的股权设置、管理和流转等法律制度展开具体的方案设计和制度安排,既要尊重地方改革的特殊性,也要注意在农村产权保护法律制度构建中的一些共性问题。

整体上说,我国农村产权存在制度供给不足或不完善、学界观点缺乏共识等问题,在要素市场化的改革背景下这些问题愈加凸显,有可能给实际操作执行的行政管理部门及司法裁判带来消极后果。鉴于此,如果能在尊重要素市场化的前提下,对农村产权明晰化问题作出全面深入细致地研究,提出构建和完善农村产权保护法律制度的建议,不仅有利于拓展农业农村法理论研究的视域,也有利于要素市场化配置改革的执行与具体操作。

第一节　要素市场化配置与农村产权明晰化

一、要素市场化配置下农村产权明晰化的理论依据

马克思、恩格斯说过:"一切划时代的体系的真正的内容都是由于产生这些体系的那个时期的需要而形成起来的。"[1]伟大历史时期召唤思想理论创新,丰富实践沃土孕育科学理论体系。从现代制度经济学产权理论来看,产权制度建立在一系列关于产权的法律规定的基础上,通过行使资源的排他性使用权获取租金的收益权,以及出售或转让资源给他人的转让权。只有明晰和完整的产权制度才能对社会成员的经济行为产生激励作用,最终对全社会的收入分配格局产生决定作用。如果产权不清晰,就无法反映出资源的稀缺性和经济行为的营利性,经济运行的结果很有可能产生资源配置的低效率和社会成员经济行为的选择不理性,从而破坏市场机制在资源配置中发挥决定性作用的基础。按照2015年中共中央、国务院《关于加大改革创新力度加快农业现代化建设的若干意见》等中央文件精神,要健全农村产权保护法律制度,完善相关法律规范,加强对农村集体资产所有权、农户土地承包经营权和农民财

[1] 《马克思恩格斯全集》(第3卷),人民出版社1960年版,第544页。

产权的保护。

我国农村改革已经走过了40多年,40多年中,农业农村发展取得了历史性变革和令人瞩目的成就,形成了全社会关注农业、关心农村、关爱农民的良好气氛,调动了亿万农民实施乡村振兴、打赢脱贫攻坚战和加快推进农业农村现代化建设的积极性、主动性和创造性。在此背景下,部分地区开展“资源变资产、资金变股金、农民变股东”的“三变”改革,为推进农村产权股份合作制进行了有益的实践探索。[1] 农村集体产权改革通过将资产折股量化到人,推动建立产权清晰、权责分明、政社分开、管理民主的新型集体经济组织运行机制,为有效增加农民财产性收入、促进集体经济持续发展奠定了制度基础。换句话说,农民无法从现有体制下的农村产权运营管理中获得明确的权利归属和财产收益已成为阻碍当前农村集体经济发展的重要问题之一。从这个意义上来说,要素市场化配置下推进农村产权制度改革,实质上就是运用市场在土地、劳动力、资本、技术和数据信息等要素配置中的决定性作用,建构农村产权与农民财产性收益之间的关联性,使农民具备能够实实在在获得产权收益的预期,提高作为集体成员的农民参与农村产权管理以及承担相应的责任和义务的积极性。因此可以说,农村产权的明晰化是要素市场化配置的前提和基础,权属不清,农村产权就无法发挥出要素市场配置的作用,甚至可能引发产权的权属纠纷和收益主体的混乱,对于要素的管理和运营也会产生不利的影响,最终阻碍农业农村的经济社会发展和农民利益的保护,从而与当前农村改革的初衷背道而驰。从数据权属问题来说,清晰合理的数据要素产权制度缺位,使得数据的流通、共享、交易以及价值实现等要素市场培育难以完成,还容易导致场内交易狭小、数据垄断、政企对接难、个人信息保护难等现实问题。[2] 所以,推进农村产权明晰化不仅具有深厚的理论价值,而且对当前的农村改革实践也具有重要的现实意义。

目前,我国商品和服务价格97%以上由市场定价,[3] 但土地、劳动力、资

---

〔1〕 参见王永平、周丕东:《农村产权制度改革的创新探索——基于六盘水市农村“三变”改革实践的调研》,载《农业经济问题》2018年第1期。

〔2〕 参见童楠楠、窦悦、刘钊因:《中国特色数据要素产权制度体系构建研究》,载《电子政务》2022年第2期。

〔3〕 参见许维娜:《国家发改委:牢牢把握“五个坚持”实现物价平稳运行》,载人民网,https://m.gmw.cn/baijia/2023-01/12/1303252849.html。

本、技术、数据等要素市场发育相对滞后，影响了市场对资源配置决定性作用的发挥，这成为高标准市场体系建设的一个短板。尤其是在农村地区，要素市场化配置的作用发挥更加有限。针对农村改革中的诸多问题，要素市场化配置是解决我国农村经济结构性矛盾、推动高质量发展的根本途径。在农村地区，完善要素市场化配置是让土地、劳动力、资本、技术、数据等要素活力竞相迸发、使经济发展充满动力的重要保障。扩大市场配置要素的范围，就是要让农村资产主体成为独立的市场主体来配置要素资源，形成有效的激励机制和激励效应，充分发挥生产要素的主动性、积极性、创造性，提高要素质量，实现优化组合。因此，要素市场化配置下，农村产权改革的核心问题就是产权界定的明晰化。以数据要素来说，大数据时代的个人信息保护面临诸多困境，但是个人信息保护对象并非个人信息本身，而是个人在数字时代身份建构的自主性和完整性，作为连接人类物理世界和虚拟世界的唯一沟通桥梁，个人信息等数据资源要素将是未来法治发展的方向。[1]

一般来说，产权界定是依法划分农村要素的所有权、经营权和使用权的权利范围以及管理权限的法律行为。[2] 因此，产权界定制度既是维护和保障农民基本权益的法治基础，也是防止农村资产流失的有效途径，应在资产评估和清产核资的基础上，尽快明确农村资产的产权归属，运用法律形式和手段规范资产所有权和使用权，界定各类产权主体的财产权利范围和管理权限。产权界定制度作为一种核心制度，历来被学者们关注和解读。经济学家登姆塞茨认为，产权是使自己或他人受益或受损的权利。诺斯也提出，产权本质上是一种排他性的权利。[3] 从产权的历史发展来看，早期的产权主要指财产所有权，也就是产权主体依法拥有的绝对性和排他性的财产支配权。然而伴随借贷和信用制度的不断发展，所有权逐步分化为法律上的所有权和财产上的所有权。此时，产权主要指经济主体对财产实际占有和使用的权利，即经济所有权。从这个意义上来讲，广义上的产权包括法律所有权、经济所有权和其他所有权，

---

〔1〕 参见陆青：《数字时代的身份构建及其法律保障：以个人信息保护为中心的思考》，载《法学研究》2021 年第 5 期。

〔2〕 参见李瑞芬主编：《农村集体资产管理》，金盾出版社 2015 年版，第 67 页。

〔3〕 参见[美]道格拉斯 · C. 诺斯：《经济史中的结构变迁》，陈郁等译，上海三联书店 1991 年版，第 21 页。

而狭义上的产权主要指经济所有权。

尽管产权与所有权具有紧密的联系,但是也有重要的区别。通常来说,所有权是所有制在法律上的体现,主要是法律上财产的归属及其收益权的实现。与之相比,产权具有更加丰富的内涵,不仅包含物品或资源的归属关系,更是所有权在市场交易中的体现。因此,如果说所有权只是规定了物品或资源的静态的法律归属关系,那么产权则是在市场经济运行过程中对财产的支配、转让和收益中动态、具体、明确的财产关系,是要素市场培育和运行的基础。所以,产权既不同于所有权,也不同于所有制。也有学者认为,产权作为所有制关系的法律表现形式,包括对于财产的占有、支配、使用、处置以及收益等权利,具有经济的实体性、占有的排他性、可分离性以及流动性等特点。[1] 作为市场经济的基石,产权有激励功能、约束功能和资源配置功能,有明显的排他性特征。

产权具有提供经济活动动力和促进资源合理分配的两大功能。其一,产权对财产支配行为进行规范。“有恒产者有恒心”,在产权清晰的条件下,产权主体在行为决策中会认真考虑行为的成本和预期收益,从而选择利益最大化的行为。可见,产权制度可以调节产权主体之间的利益关系,规范和调节各主体之间的权利义务关系,进而为市场主体提供经济活动动力。其二,在产权量化基础上,可以通过市场机制实现资源的合理配置。换句话说,产权不仅是人们拥有物的权利,更是人们对财产利用的权利,主要体现为人与人之间的关系。从这个意义上讲,农村产权并不限于财产的单一权利,而是集体成员拥有各种财产权利的总称。或者说,产权是各种权能集合的一组权利。但是其基础和核心是财产所有权。从法理上看,所有权是所有者依法对财产排他性的独占权利。所以对于财产所有者来说,最重要的权能就是对财产运营剩余价值的索取权和对财产的处置权。作为一种社会工具,产权可以使人们在交换中形成合理预期,从而实现外部效应内部化,在市场机制调节资源过程中实现最优化配置。从根本上说,资源配置和利用发生变化往往是产权变化引起的。从理论上说,只要社会资源配置没有达到帕累托最优状态,人们都有可能利用产权变化来实现资源配置的优化和利用,而产权最大的特点在于可以分解和

---

〔1〕 参见许经勇:《论农村集体产权的股份制改革》,载《学习论坛》2017 年第 3 期。

组合，并且一定条件下可以转化。财产所有权可以分解为所有权、使用权、处置权和收益权。在股份合作条件下，股东以财产入股，其产权转化为股权。在市场经济条件下，产权具备商品的基本特征，因而具有可交易性。商品和服务的交易，本质上来说就是产权交易。[1]

从权利内容来看，总体上农村产权主要包括对资产的占有权、使用权、处分权和收益权等。其一，农村资产占有权是所有者实际掌握、控制或支配资产而形成的权利。与一般情况下所有者本身就是资产实际占有者不同，以土地承包经营权为例，土地的所有者与经营者分离，土地资产为经营者所实际占有。其二，农村资产使用权或经营权是权利主体利用资产用途满足生产或生活需要的权利。作为所有权重要的权能之一，使用权的行使程度直接反映了资产效益水平。基于土地等资产具有的特点，所有者可以通过使用权的分离和转让来实现其使用权。此时，集体经济组织及其他经营者可以通过行使使用权实现资产保值增值，重塑资产经营过程中产生的各种权利义务关系。其三，农村资产处分权是所有者依法改变资产用途或存在状态的权利，是所有权人实现财产效益较好的方式之一。处分权一般由所有权人直接行使，只有在特定情况下才允许非所有权人依法行使。其四，农村资产收益权是权利主体获取财产价值的主要途径。在农村产权的权利结构中，所有者既可以单独享有收益权，也可以与非所有者按照一定的规则进行分享。因此，在所有权和经营权发生分离的资产运营中，所有者与经营者共享收益的法律机制可以产生显著的制度激励作用。

二、要素市场化配置下农村产权明晰化的现实意义

按照中央政策安排，农村产权制度改革已经展开，但改革实践仍缺乏基本的理论指引和制度供给，尤其是农村要素资源的法律认定等基础性问题，亟待制度跟进和理论总结。这启示我们，通过立法跟进来实现农村要素资源的科学认定，有助于推进各类要素确权和农村产权改革实践，有利于维护农民合法权益、增加农民财产性收入的改革目标的实现，对于明确资产归属、提高要素

---

[1] 参见陈天宝：《中国农村集体产权制度创新研究》，中国农业大学 2005 年博士学位论文，第 5 ~ 10 页。

资源经营效率、保障要素资源收益分配公平具有重大现实意义。

（一）明确农村要素资源归属

近年来的农村产权制度改革实践表明，只有在法律层面明确农村要素资源的范围及构成，才能彻底厘清农村要素资源归属不明问题。因此，解决农村要素资源归属不明问题首先需要对农村要素资源进行法律认定，在此基础上，进一步实现对集体成员资格的确定，然后按照有关规则解决要素资源归属问题。[1] 由此可见，唯有做好要素资源的法律认定，才能引导改革向预期方向前进，确保制度创新步入良性路径依赖之中。从这个意义上来说，农村产权明晰化是扣好农村产权制度改革的“第一粒扣子”。这是因为要素市场化改革背景下农村产权的制度绩效主要源于产权的有效保护，唯有明晰的产权结构才能推动经济社会发展。[2] 如果能够在法律层面对要素资源进行认定，并且能够有效明确集体成员的资格，从而实现农村要素资源的确权和折股量化，农村产权就能被有效盘活和充分利用，从而实现集体和个人共同发展，适应社会主义市场经济体制的新要求，探索出集体所有制的有效实现形式，提高集体经济发展活力。但必须强调的是，以上产权功能和制度绩效的实现都依赖于法律层面上明确的要素资源的归属。若产权模糊，则无法形成既体现集体优越性又能有效调动个人积极性的集体经济运行机制，从而带来侵害农民土地权益和集体财产权益的现实风险，阻碍农村产权制度改革目标的实现。

（二）提高农村要素资源经营效率

加强农村产权的明晰化，主要目的是提高农村要素资源的财产性收益。这是因为：首先，科学认定农村产权有助于解决农村资源收益不清问题。在传统的家庭承包管理体制下，之所以存在土地承包、租赁或出让经营过程中的暗箱操作、以权谋私等问题，主要原因就在于产权不清，加之财务管理不民主、不公开，使土地等农村资源的管理效能难以得到保证。土地等资源尚且如此，数据信息的产权问题更是成为要素市场培育的“拦路虎”。可以说，数据权属制度创新已经成为数据要素市场有效运行的基本前提。改革实践也表明，如果

---

〔1〕 参见戴威：《农村集体经济组织成员资格制度研究》，载《法商研究》2016 年第 6 期。

〔2〕 参见郭强：《农村集体产权制度的创新过程解析与发展路径研究——以北京市为例》，经济管理出版社 2018 年版，第 187 页。

农民在农村资源资产的运营过程中既没有明确的财产权利，也没有真正享有和行使知情权、参与权、表达权和监督权，则无法成为改革的实际参与者和最终受益者。其次，集体所有制经济是公有制经济的重要组成部分，集体经济新的表现形式必须得到法律的认可和保障。换句话说，只有明晰各类农村要素资源产权才能确保权利的核心利益，自主开展农业生产经营。这同时意味着，通过各类农村要素资源从事农业生产经营，才是农民进行农业生产的基本动机，模糊的要素产权无法保证农业经营的收益权的实现，没有收益权就不会有人愿意从事农业生产经营活动。[1] 所以在要素市场化配置下，只有农村产权明晰化，才能最大限度地发挥集体和个人双方积极性，有效提升农村要素资源运营带来的经济效益。最后，如果没有清楚界定农村产权，那么容易在地方实践中对各种要素资源"眉毛胡子一把抓"，容易使农村产权改革"齐步走"和"一刀切"，在重点改革领域和关键环节难以实现有效突破，提高农村要素资源经营效率则更是无从谈起。由此可见，只有加强法律层面的农村要素资源的认定工作，才能实现农村要素资源经营管理的专业化、集约化，从而提高其经营收益水平。总之，在科学认定农村产权的基础上，集体或自主开展经营方式，有利于调动和激励集体组织成员的智慧和力量，建立起符合市场经济规律的农村要素资源的运营治理机制，在权责利统一的基础上，切实促进农村要素资源的管理水平和运营效率的提升，充分发挥集体经济影响力和带动力。

（三）保障集体成员公平参与收益分配

总体上看，农民收入问题依然是破解"三农"问题的关键。一般来说，工资性收入、家庭经营收入、转移性收入和财产性收入等是农民收入的基本来源。其中，家庭经营收入仍然是土地、劳动力、资本、技术、数据等农业要素发挥价值增值作用的重要体现，而农民财产性收入的增加主要有赖于农村集体产权的有效开发和盘活，利用市场机制来提高农村要素资源配置及其利用效率，实现集体经济的发展和壮大。然而，在传统的农村产权管理体制下，包括土地、劳动力、技术等在内的农村产权收益不公开的关键原因在于，没有构建起农村资源收益与农民个人利益之间的关联机制。以土地经营权为例，土地经营权主要包括经营者对其享有经营权的土地进行占有、自主开展农业生产经营并

---

〔1〕 参见许明月：《论农村土地经营权市场的法律规制》，载《法学评论》2021 年第 1 期。

取得经营收益的权利。对土地的占有是从事农业生产经营活动的前提,作为土地经营权的基本权能,该权利行使的必然结果就是土地资源的收益。换句话说,当前改革中农民缺乏对农村资源经营及其收益的参与热情,很大程度上是由于各类资源范围划定模糊,难以将土地经营权等准确量化到农民手中,农民缺乏参与和享有资源收益分配的合法依据。在此背景下,个别村干部或内部少数人可以轻易通过暗箱操作等违规手段,窃取或贪污农村资源经营收益,或者通过利益输送使得各类资源为外部资本所侵占。更为严重的是,由于缺乏农村产权的法律认定依据,成员的集体收益分配权往往难以获取充分的司法救济。长此以往,农民的合法权益会愈来愈容易受到不法侵害,农民的财产性收入也难以实现增长,农业农村现代化的目标则会渐行渐远。由此可见,切实保障农民享有资源收益分配权,促进其对土地、劳动力、资本、技术、数据等要素开展市场化交易,同时对各类集体资源运营进行民主管理、民主决策、民主选举和民主监督,是促进农民分享改革发展成果坚实的制度保证。总之,维护好、实现好、发展好农民群众的物质利益和民主权利,是农村产权清晰化和农村产权制度改革的基本出发点和落脚点。截至目前,我国农村产权改革已经逐步展开,并且取得了显著成果、积累了大量的经验和办法。特别是有关集体资产量化的范围、方法和程序等具体办法基本符合当前农村实际和改革需要。当然,在今后农村集体资产的具体划定过程中,仍应围绕农村集体资产产权保护法律制度的构建目标,严格遵循乡(镇)村清产核资特定的程序和方法。

实践证明,农村产权保护法律制度建设可以有效推进城乡一体化发展和实现增加农民财产性收入的改革目标,这也是加快城镇化进程和推进乡村振兴战略的需要。加强农村产权制度建设,关键在于牢固把握现代产权制度中“归属清晰、权责明确、保护严格、流转顺畅”的十六字要求。首先,建立归属清晰的产权法律制度。在法律层面明确和规范农村产权归属,由集体成员个体享有的土地等资源必须尽快实现明晰化确权,由集体成员共同共有资产转换为产权归属更清楚的集体成员按份共有资产。其中,关键在于通过法律制度明确界定农村资源、资产的范围和集体经济组织的成员资格。在清产核资和摸清家底的基础上,进一步确定农村资源、资产的权属范围和纳入改革的资源、资产范围。同时,明确享有农村产权的主体范围,建立集体成员资格的认定标准,作为实现“归属清晰”目标的落脚点。其次,建立权责明确的产权法律制度。通过修订和完善现有制度体系,明确规范集体与成员之间的权利和责任划分。从权利角度看,农民集体对农村资源和资产享有所有权,包括占有、使用、收益和处分四项基本权能,赋予成员对农村资源资产股份的占有权,使用权,收益权以及包含有偿退出、抵押、继承权在内的处分权。从这个意义上来说,集体成员可以通过成员大会或成员代表大会实现对资产的管理决策、运营和监督等权利,参与资源和资产各项经营收益的分配,同时承担资源资产运营的各类风险及相应责任。再次,建立严格的产权保护法律制度。一方面,防止个别人利用公权力对农村集体和农民财产权益的不法侵害;另一方面,通过调解、仲裁和民事诉讼解决农民之间的财产权益纠纷。最后,建立流转顺畅的农村产权市场制度。资产流转顺畅是产权权能完整和要素组合优化的保障条件,只有资产流转顺畅,才能实现保值增值功能。因此,建立健全农村要素产权交易市场和规范交易实体和程序规则,才能确保农村产权交易的公平公开。[1]

可以说,深化要素市场化配置改革、构建更加完善的要素市场化配置体制机制,是加快完善社会主义市场经济体制的内在要求。改革开放40多年来,我国农村持续推进市场化改革,要素市场化配置改革取得了长足进步。然而,40多年来农业农村市场化改革主要侧重于产品市场,相较之下,要素市场化配置改革进程相对滞后,要素市场化配置范围相对有限,特别是包括数据在内的农村要素资源流动存在体制机制障碍,不仅制约了农业农村现代化进程,而且对工业化和城镇化带来了不利影响。加快完善社会主义市场经济体制,充分发挥市场配置资源功能,必须加快补齐农村要素市场化配置短板。

总之,农村产权制度改革为要素市场化配置提供了重要的制度基础和保障。产权制度改革始终是我国经济体制改革中一项绕不开的主题,我国的市场经济建设始终围绕着产权制度改革而展开。有效的产权保护制度可以保障市场稳定运行,充分激发市场主体活力,提升市场预期,是推进要素市场化配置改革的基石。在我国农村要素市场化配置改革历程中,产权制度改革在每个阶段均发挥了重要作用。例如,第一阶段,通过家庭联产承包责任制改革,

---

〔1〕 参见黄延信等:《对农村集体产权制度改革若干问题的思考》,载《农业经济问题》2014年第4期。

赋予农民土地、劳动力自主配置权利，优化了农业生产劳动力、土地要素配置结构；第二阶段，通过承认农村土地承包经营权用益物权，赋予承包人享有包括流转在内的各项权益，为推进农村承包地流转、实现要素优化配置进行了有益的尝试；第三阶段，通过承包地、宅基地“三权分置”改革，为盘活农村要素资源创造了制度条件，开展农村集体资产确权颁证，赋予农民更多财产权利，为集体资产提供有效制度保护，进而促进集体资产更好地流动与配置。[1] 从发展的眼光来看，随着大数据向农村和农业的蔓延，数据资源将逐渐成为重要的生产要素和战略资源之一。因此，在数字农村建设过程中，建立农村数据资源产权、交易流通、跨境传输和安全保护等基础制度和标准规范，将成为推进农村数据资源开发利用的基础。

第二节 要素市场化配置下我国农村产权明晰化存在的问题

按照中共中央、国务院《关于稳步推进农村集体产权制度改革的意见》等中央的改革部署安排，要求 2017～2020 年基本完成集体资产清产核资，到 2022 年基本完成经营性资产股份合作制改革。但是，进一步审视后不难发现，农村产权制度不仅存在历史遗留的旧有问题，而且还可能出现制度改革后的新问题。关于旧问题，主要表现为：一是农村资产的产权界定不清楚，资产台账管理也不健全，因此，在改革中探求防范农村资源资产流失的有效对策始终是需要重点解决的问题；二是农村资金投入不足，内生动力不够，农民普遍对资源利用和资产保值增值缺少关注，导致大量的农村资源和资产被闲置、浪费的问题；三是资源和资产利用率不高的问题；四是农村资源资产的收益分配不公开，在现有的基层组织结构下农民的资产收益分配权难以获得有效保障的问题。与此同时，制度改革后引发的新问题主要表现为：一是农村资产的范围缺少法律界定，划分依据和分类标准不明确的问题；二是集体经济组织的法人地位没有明确确立，集体成员的边界也没有科学界定，内部治理模式和机制尚未形成，如何克服产权主体虚位的问题；三是农村资产管理缺乏制度保障和机制构建，现有的资产运营体制如何适应市场经济发展要求的问题；四是要素市场

---

〔1〕 参见孔祥智、周振：《我国农村要素市场化配置改革历程、基本经验与深化路径》，载《改革》2020 年第 7 期。

化配置的各个关键环节缺乏制度跟进，有关农村资产的评估办法、股权设置、管理指标、分配程序等仍处于理论探讨阶段，如何正确处理改革推进和法治建设的关系，如何营造出有利于落实改革各项举措的法治环境的问题。可以说，对于这些问题，现有《民法典》、《乡村振兴促进法》、《中华人民共和国农业法》（以下简称《农业法》）、《土地管理法》、《中华人民共和国村民委员会组织法》（以下简称《村民委员会组织法》）、《农村土地承包法》等法律规范中存在有的没有规定，有的规定不甚合理，有的规定不合逻辑，有的规定不够严密，有的规定不够完整，甚至有的规定与当前改革趋势背道而驰的情况。

问题是一切科学研究的逻辑起点。推进农村产权法律制度的重塑，必须要厘清要素市场化配置下农村产权明晰化存在的诸多问题。为此，需要从产权主体的角度，坚持问题导向，探索建构更为明确的成员集体、集体成员或农户个体以及农业经营者个体的产权制度体系。

一、成员集体的产权明晰化问题

根据法律规定，农村集体资产属于农民集体所有，但是由于“农民集体”的概念比较模糊，乡镇、村、组、村集体经济组织都能够成为农村集体资产所有权的代表。在不少地方，一些农民认为包括土地在内的农村集体资产都属于国家所有。由于无法明确农村资源或资产的排他性占有权，导致农村产权的难以分割和资产所有者虚位，从源头上使农村产权容易受到其他主体的不法侵害。[1] 尽管农村资源资产的总量不少，但是实践中由于各种原因和问题，收益稳定的投资项目不多，加之一些资源资产的闲置和流失，更加重了资源保护和资产保值增值的压力，尤其是一些村级单位开支压力较大。就成员集体的产权来说，不同的资源资产流失存在不同的实践逻辑，应在分析特有的资源资产流失路径及其时间逻辑基础上进行分类防控。[2]

从目前的情况来看，造成农村集体资产的流失的主要原因有：一是以机动地、承包地、具有开采价值的矿山、含有沙土资源的水库和河道为主要类型的

---

〔1〕 参见杜鑫：《“加强农村法治建设”笔谈之一　健全农村产权保护法律制度》，载《重庆社会科学》2015 年第 3 期。

〔2〕 参见徐京波：《农村集体资产分类流失的实践逻辑——基于胶东地区发达农村的调查》，载《农业经济问题》2018 年第 3 期。

集体资源性资产,主要是通过亲属关系实现转租转包,低价出租或承包给其亲属,再由其亲属以较高价格一次或多次转租转包给他人。二是包括用于公共服务的教育、科技、文化、卫生和体育等资产在内的集体公益性资产,其流失方式主要为将资产所有权变更为可交易资产进行变卖。以废弃的小学校舍为例,有的是变更为宅基地出售给村民建私宅;有的是建设小产权房出售;有的是采取先出租用于养殖、办厂等经营性活动,经过一段时间再转卖给承租人……最终的结果都是公益性资产的流失。三是涉及农村经营性房屋、建筑物、机器设备、工具器具、集体投资兴办企业所持有的资产在内的集体经营性资产,主要通过规避农村财务制度实现公物私化。主要有三种表现形式:其一,有的村干部与会计共谋转移资产。现行《村民委员会组织法》并没有对会计的产生进行规范,也并不适用村民选举制度,往往由村干部指定或兼任,村干部与村会计容易联合成为转移集体经营性资产的利益共同体。加之集体资产账目不清、监督乏力,集体经营性资产运营收入虽然为集体收入,但不一定被归入集体账户,有时会由会计代管而形成账外运行的"账外账",从而使集体经营性资产流失的风险上升。其二,有的村干部虚列开支实现对集体经营性资产的侵吞。实践中,即使有些集体经营性资产运营收入确实归入集体账户,但是也存在"白条抵账"、虚开发票收据、以村民福利伪造采购金额等现实问题。其三,有的村干部利用村庄基础设施建设投入实现侵吞经营性资产。除政府拨款外,村基础设施建设主要依靠经营性资产运营收入。有的村干部利用其主导地位,通过伪造工程条款、虚高合同文本价格等方式牟取私利,这不仅造成了集体资产流失,而且加大了村基础设施建设的风险隐患。有的村干部作为农村财务管理制度的执行者,在利益驱动下,有条件对现行宽泛和存有漏洞的农村财务管理制度进行隐蔽性操作,而对此类行为的财务监管成本较大,许多惩罚手段难以实现应有功能,使资源资产被不法侵占的现象时有发生。当然,与上述作为有形物的各类资产相比,资本、技术、数据等要素产权制度自然有所不同。以数据产权为例,国内法律制度主要关注数据的规律利用方面,但是并未全面考虑数据本身作为要素所承载的其他权益关系。一般来说,数据权属主要包括国家主权、人格权和财产权。从企业的财产权的层面来说,以"谁投资谁所有"为原则,重点在于企业的数据产权以衍生数据为主的财产权保护。例如,用户使用网络服务商所产生的数据属于企业所有,控制人通过资本投入或者信息源权利人达成协议后取得的数据资产被称为数据财产。[1] 此时,数据确权的重点应在于保护数据企业的财产权,承认和保护其对数据资产的经济利益,以维护其投资和创新的激励,从而促进数据资源的开发利用和创新。

二、集体成员的产权明晰化问题

发展新型农村集体经济是乡村振兴的政策支点和工作抓手。集体经济是乡村资源整合开发的平台,利用集体成员共有的资源资产,对接好产业和企业家资源,有利于带动村民实现共同富裕。由于农业生产不同于工业生产,不是标准化的生产线,传统的经营方式面临监督管理困难、生产效率难以提升等问题,只有充分调动农户参与和投入的积极性,才能最大限度地释放生产效率。积极利用农村集体经济组织的整合协调优势,搭建企业和农户合作的平台,建立起利益分享机制,搭建起企业负责技术投入与市场运营、农户负责生产的互补合作分工方式,才能促进农业农村的发展。一些地区采用了土地经营权入股、政府投资项目资金入股等方式,农户作为集体经济组织成员分享资产收益,获得了“反包经营 + 股份分红”的多重收益,实现了企业、集体和农户的共赢发展。集体成员或者农户个体是农村产权的重要主体,其产权明晰化是当前农村产权制度的难点问题。按照现行法律制度要求,只有农村集体经济组织的成员才能有权享有土地承包经营权以及其他集体资产相关权益,然而实践中的做法尽管也会考虑到传统观念、乡规民约、风俗习惯、人情世故等各种因素的影响,但是绝大多数仍然以户籍作为主要依据。

从权利的角度来说,集体成员应当享有相应的农村产权及权益,但是在现有法律体系中只有农民的土地承包经营权和宅基地使用权,相较之下,其他的农村产权和集体资产权益并没有在法律制度中明确规定。此外,在实践中部分地方已经将集体资产量化到农民个人的改革做法,亟待在法律规则方面给予及时回应和制度供给。

从责任的角度来看,农村集体资产的经营管理也存在问题。一是农村资源资产产权归属不清。产权归属不清是产权主体缺位引发的重要社会问题,

---

[1] 参见王玉林、高富平:《大数据的财产属性研究》,载《图书与情报》2016 年第 1 期。

主要表现为资产范围模糊和资产产权主体虚化两个方面：一方面，在资源资产化过程中，资源资产产权界限和范围难以界定，加之产权主体意识淡薄，容易造成资产被少数人控制或侵占，农民利益得不到保护。同时，也可能阻碍资产确权到户，导致集体所有制难以落到实处，进而产生集体经济权能弱化等问题。另一方面，集体所有中的"集体"概念认定模糊，农村产权主体虚化，进一步加剧产权归属不清。产权主体虚化是指名义上的产权人不能实际上享有或行使应由其享有的权利或利益。这会造成名义上"人人都是所有者"，实际上"人人都不是所有者"，所有权无法真正得以实现。随着城镇化发展和农村人口流动，村民的范围与集体成员的内涵不断发生变化。特别是城中村、城郊村和城市周边村等城镇化改革的重点地区，人口流动频繁，人员身份复杂，甚至出现外来人口和本村人口"倒挂"的现象，不仅使集体成员的资格难以认定，而且容易引发产权归属的纠纷矛盾。改革实践表明，产权主体缺位是农村产权制度改革的"深水区"，只有产权清晰才能最大限度地避免冲突矛盾、解决历史遗留问题。如果农村产权不能尽快实现明晰化，随着乡村结构的变革，农村产权问题将愈加复杂和难以解决，那么资产流失或被侵占的风险也会更大。因而，在要素市场化配置的背景下，农民对农村产权明晰化的反映强烈、要求迫切。二是资源资产经营效率低下。众所周知，资产经营效率直接影响资产收益，与集体成员的切身利益密切关联。但由于资产管理台账等运营制度并不健全，特别是集体投资建设的用房、企业倒闭后的集体资产均未纳入台账登记和账务核算，导致难以严格区分集体资产经营收益与集体经济组织财产收入，造成集体资产经营效率不高。同时，由于缺乏对公积金和公益金比例的明确规定，在村级单位开支压力大和有的村干部认识不足、群众监督不力等因素的影响下，具体操作中难免会出现随意或过多提取集体资产经营收益的现象，从而进一步加剧资产经营效率低下问题。实践中，个别村干部由于换届选举等政绩需要，只是片面追求经济数据的高增长，盲目上项目或扩大生产规模，却没有取得相应的资产经营收益；部分村干部由于缺乏改革攻坚的勇气，加之缺少专业管理人才，导致资产管理秩序混乱、管理水平低下；有些村集体资产数量不少，但投资项目风险较大，经济收益不稳定，资产保值增值压力较大，不可避免地带来发展的可持续问题。这会导致涉及成员利益的重大事项难以实现民主决策，成员利益与资产管理相脱节，这样必然会极大挫伤其参与、管理和监督的积极性,进而造成资产经营效率低下问题。三是资源资产收益分配无序。主要表现为集体资产收益分配不公开,进而容易滋生腐败问题。可以说,程序公开既是公平分配的前提,也是增加农民财产性收入的重要保障。但个别村镇干部利用职权私相授受,罔顾村规民约,违法侵占集体资产为相关利益者牟取私利,严重侵害了集体资产的收益分配秩序。集体成员的收益分配权缺乏有效保障,容易滋生腐败。同时,由于在个别地方农民无法行使对集体资产的占有权和收益权,资产运营管理主体也缺乏市场主体身份,导致集体资金无法有效盘活,发展集体经济和提高农民财产性收入成为一句空话。当然,造成集体资产收益分配无序的情况有时很复杂,原因可能是多方面的。首先,有的地方的集体资产往往由村委会实际占有和支配,甚至是“干部所有”,农民的资产所有权和实际控制权虚置,产生了集体资产收益闲置或流失的现象。其次,有些地方过度占用资产收益用于投资或社区公益事业,导致按股分红的份额所占比重过低,不利于充分保障和实现集体成员的收益分配权。最后,有些地方的集体经济组织长期持有集体股,以实现对集体资产的控制和支配,虽然在实现集体所有制功能方面具有一定的合理之处,但也会不可避免地引发集体产权不清进而影响收益分配秩序等。

三、农业经营者的产权明晰化问题

农村资源资产管理事关资源资产运营的经济效率和财产收益,在改革实践中引发出一些现实问题。一是农民在农村资源资产管理运营中主体地位虚置。当前,集体成员只享有对资源资产的收益分配权,对资产的运营和管理缺少参与热情和制度依据。二是农村集体经济组织成员资格认定标准缺乏。在农村产权制度改革中,主体资格问题既是群众最关切的热点问题,也是改革的难点问题。在合作社挂牌成立之后,成员资格认定成为引发农村不安定的因素之一。有些没有取得资格的人要求获得成员资格,有的人要求获得股权和分配资格,有的人提出调整农户人口的要求,加大了改革的压力。三是农村集体经济组织的法律地位缺失。在现有法律制度体系下,尽管《民法典》赋予农村集体经济组织以特殊法人地位,但是其不属于企业法人、机关法人、事业法人、社团法人,无法作为适格的市场主体参与市场运营,却要承担作为企业法人所要缴纳的所得税、房产税、租赁营业税、土地使用税等多种税费,运营成本增大,经营负担加重。而且合作社和村委会人员交叉任职,工作职责混乱,财务账目模糊,发挥不出现代法人制度的优势。四是农村资源资产经营收益的分配问题。农村资源资产的收益多少归属于集体和个人缺乏制度依据,在实践中也没有形成规范做法。一般的村级集体资源资产收益,通常先要确保村级组织运转和公共事务开支,或者提取不同比例的公积金、公益金,在规范管理方面仍有较大的提升空间,容易造成收入水平和收益分配不相匹配的现象,影响农民个人的正当利益和集体经济组织的可持续发展。

四、农村产权明晰化的其他问题

2016 年 11 月 4 日,中共中央、国务院颁布的《关于完善产权保护制度依法保护产权的意见》提出,要加强农村集体资产的产权保护,建立健全集体资产登记、保管、使用、处置制度和财务管理监督制度,防止集体资产被集体经济组织内部少数人侵占、非法处置以及被外来资本侵吞和非法控制。[1] 2019 年 11 月 26 日,中央全面深化改革委员会第十一次会议审议通过的《关于构建更加完善的要素市场化配置体制机制的意见》指出,要促进要素自主有序流动,提高要素配置效率,进一步激发全社会创造力和市场活力,推动经济发展质量变革、效率变革、动力变革。并针对推进土地要素市场化配置、引导劳动力要素合理畅通有序流动、推进资本要素市场化配置、加快发展技术要素市场、加快培育数据要素市场、加快要素价格市场化改革、健全要素市场运行机制、组织保障等提出了具体要求。在此背景下,探析农村产权明晰化的问题,需要注意以下问题的解决。

第一,解决农村资产赋权不足问题。从发展的角度来看,在人民公社时期,政府通过指令性计划来强制性规范生产经营规模,产品销售实行统购统销,对长途贩卖和自由商业贸易持否定态度,农村要素市场被迫关闭,城乡人口流动受限于户籍等制度体系。此时,农民集体只有非常有限的财产权利。在实行家庭联产承包责任制以后,集体产权逐步回归到集体经济组织手中,产权的运行和交易成本大大降低。

---

〔1〕 参见中共中央、国务院《关于完善产权保护制度依法保护产权的意见》,载中国政府网,http://www.gov.cn/xinwen/2016-11/27/content_5138533.htm,2019 年 12 月 3 日访问。

根据现代产权理论,通过界定、变更和安排产权可以降低或消除交易费用,提高经济运行效率和改善资源配置。其中,最基本的就是解决交易费用问题。[1] 科斯在分析企业的产生和规模运行时认为,交易费用是运行市场价格机制的成本,包括市场信息成本和交易人谈判以及履行合同成本。例如,企业就是为了节约市场交易费用而产生和运行的。任何组织运行都要产生交易费用,而比较经济体制和制度优劣的决定因素就在于运行中产生制度费用的高低,这种交易成本理论为科斯定理打下理论基础。作为产权理论的核心内容,科斯定理主要是在存在交易成本的前提下适用,清晰的权利界定可以节省大量交易费用,实现资源的最优配置。可见,科斯定理将交易费用理论与产权配置相结合,分析市场顺畅高效运作的条件,以交易费用的大小和经济效益的高低作为制度选择的关键因素,进而论证出产权明晰是降低交易费用和减少市场交易摩擦的关键。当然,零交易费用在实际中几乎是不可能存在的。因而,在此基础上,科斯第二定理表述为存在市场交易摩擦和交易费用的情况下,权利界定的不同会产生资源配置的效率不同。原因在于清晰的产权界定是资产转让和竞争的基础,可以允许和鼓励产权所有者根据交易费用的高低,对资产组合方式和交易形式进行自主选择,激励产权主体在市场竞争中尽可能采用交易费用较低的组织形式和合同形式。

在当前的农村社会中,需要从以下几个方面予以完善:一是在国家和集体之间合理分配集体建设用地增值收益,实现与国有土地同等入市、同权同价;二是推进农村集体经济组织"政经分离",逐步剥离原本不应由集体承担的公共产品供给职能;三是由各级政府切实履职,利用财政专项拨款和转移支付等方式加大对农村各项基础设施和农村社区的公共服务,确保资产收益更多用于分红和权能拓展。总之,农村资产产权保护法律制度不仅要重新划分集体与成员之间的各项产权权能,也要调整国家与农村集体的权能边界。通过对农村资产充分赋权,使集体与成员享有更多财产权利。

第二,审慎改造集体所有制的社区封闭性问题。在确权赋能的基础上,农村产权市场的培育和产权流转市场的规范也成为大势所趋。当前,多数的生产要素流转局限于集体经济组织内部,从根本上来说,还是由于集体经济组织

---

[1] 参见黄涛、朱悦蘅:《农村产权制度变革与乡村治理研究》,商务印书馆2018年版,第115页。

成员所获得的成员权益具有的社会福利性质,仍然具有维护农业农村社会发展的保障功能,因而无法在社区外部进行流转交易。但是从改革的目标和发展来看,随着条件的逐步成熟,只有当土地、劳动等要素能够实现市场流转,生产要素的优化配置才能得到实现,从而体现资产的市场价值和保值增值作用。换句话说,扩大农民对土地、劳动力、技术等资产的处置权是农村集体产权制度改革深化的重要标志,这必然要求经营权流转交易突破集体所有制的社区封闭性,交易对象也会逐步扩展到本集体经济组织成员的边界之外。同时,应采取审慎态度合理安排集体成员土地经营权的有偿退出、担保、继承等制度体系,使得外来人员获得土地经营权成为可能。以土地要素来说,根据市场配置要素的要求,就需要:(1)建立健全城乡统一的建设用地市场,加快修改完善《中华人民共和国土地管理法实施条例》(以下简称《土地管理法实施条例》)以及相关配套制度,制定出台农村集体经营性建设用地入市指导意见;全面推开农村土地征收制度改革,扩大国有土地有偿使用范围;建立公平合理的集体经营性建设用地入市增值收益分配制度;健全基于公共利益征地的相关制度规定。(2)深化产业用地市场化配置改革;健全长期租赁、先租后让、弹性年期供应、作价出资(入股)等工业用地市场供应体系;在符合国土空间规划和用途管制要求的前提下,调整完善产业用地政策,创新使用方式,推动不同产业用地类型合理转换,探索增加混合产业用地供给。(3)鼓励盘活存量建设用地。充分运用市场机制盘活存量土地和低效用地,研究完善促进盘活存量建设用地的税费制度;深化农村宅基地制度改革试点,深入推进建设用地整理,完善城乡建设用地增减挂钩政策,为乡村振兴和城乡融合发展提供土地要素保障。(4)完善土地管理体制。完善土地利用计划管理,实施年度建设用地总量调控制度,增强土地管理灵活性,推动土地计划指标更加合理化,城乡建设用地指标使用应更多由省级政府负责;在国土空间规划编制、农村房地一体不动产登记基本完成的前提下,建立健全城乡建设用地供应三年滚动计划;探索建立全国性的建设用地、补充耕地指标跨区域交易机制;加强土地供应利用统计监测;实施城乡土地统一调查、统一规划、统一整治、统一登记。

第三,解决农村产权改革的差异性问题。农村资产的形式类型多样,既有土地类资产,也有非土地类资产,各地区对于农村产权制度改革进展的推进速度也有快有慢。更为复杂的是各地区农村发展不平衡,有的地方经营性资产较多、土地类资产增值潜力较大;有的地方除土地以外没有多少其他资产或者土地增值空间不大;有些地方的劳动力要素、技术要素的分布不均衡。面对这种情况,农村产权改革必须实施差异化战略。具体来说:一是区分土地类资产与非土地类资产。由于集体经营性建设用地使用权等土地类资产产权制度改革的重点主要在于寻求集体所有制更有效的实现方式上,在国家、集体和个人之间重新划分其占有、使用、收益和处分权能。与此同时,劳动力、资本等要素的市场化配置更多是在集体统一经营与成员权能拓展之间寻求均衡。在一些已经完全实现城市化的地区,社区公共产品已经完全纳入城市社会保障体系并由政府实际承担,集体股份的制度基础已不复存在,可以采取更大的改革力度。二是区分农村地区与城郊地区。农村地区的改革内容主要是对各类土地类资产进行确权登记颁证和建立集体经济组织成员确认制度。城郊地区的农村资产产权制度改革既要对土地类资产进行改革,也要对非土地类资产进行全面清产核资和折股量化到人。三是区分村社自治组织与集体经济组织。改革实践中发现,集体经济组织在城郊地区必须尽快建立,但在一些非土地类经营性资产较少的地区可以暂缓设立。集体成员的构成一般由《村民委员会组织法》认定,主要由本社区常住人口依法组成,村民委员会只负责本社区的公共事务,不再继续参与资产经营和管理。集体经济组织成员按照成员权制度进行认定,具体承担资产管理和运营事务,在人口流动的情况下与自治组织成员并不完全重合。[1]

五、农村产权明晰化问题的制度障碍

以土地为核心要素的农村产权制度改革启动以来,集体所有制实现形式和运行机制都发生了显著变化,但农民的资源利用和资产权益受损问题仍然存在。农村资产运营过程中暴露出的产权归属、经营效率、收益分配等现实问题,是农村产权制度缺失所反映出来的表象。因此,只有深入探究传统集体产权体制问题,才能更好认识农村产权不明晰引发的问题。

其一,农村资产产权制度不健全。农村产权制度的根本问题是名义上的权利人没有得到或实际行使权利。在传统管理体制下,农民以独立的经济主

---

〔1〕 参见叶兴庆:《农村集体产权权利分割问题研究》,中国金融出版社 2016 年版,第 75 页。

体身份追逐个人经济利益,缺乏足够的资产监督意识和管理能力,导致有的村委会长期以所有者身份代行集体资产所有权。按照产权经济学理论,只有通过清产核资将资产折股量化到农民个人,确定其所有权主体身份和股权份额,由农民变股东,才能以股权形式落实农民对集体资产的所有权。在此基础上,通过股权交易和流转实现资源流向效率更高的使用者,从而充分发挥市场资源配置的作用。对于法律层面上的农村产权来讲,构建出能够赋予农民对土地等资源资产的占有、收益、有偿退出及抵押、担保、继承在内的权利制度体系,已经演变成影响改革成败的关键问题。明晰资产产权归属的难点,主要在于集体经济组织的职责定位尚不明确,集体成员资格的认定也难以形成统一的规范标准。一方面,尽管《土地管理法》规定农民集体所有的土地类资产归属于农民集体所有,《民法典》也规定农民集体所有的不动产和动产属于本集体成员集体所有,农民集体获得了集体资产所有权主体的法律地位。但由于农民集体作为运作主体来说存在边界模糊问题,加之实践中集体经济组织与村委会职能交叉,导致集体资产产权主体虚化。另一方面,有的因撤组转户而没有成员资格的村民提出资格申请和要求参与分配,有的村民不理解甚至不认同"生不增、死不减"的资源资产静态管理做法,或者要求调整改制时确定的家庭人口数量,愈加增大了明晰产权归属的难度。可见,由于历史和现实的原因造成集体成员资格认定的复杂性和艰巨性,致使健全资产确权制度成为当前农村产权改革的首要难题,并严重影响农村综合改革的深入和向前发展。

其二,农村资产经营管理制度不合理。实践表明,传统的集体资产经营管理制度并没有完全发挥出应有的制度功能。首先,不完整的资产运营核算制度,很大程度上造成资源资产范围的模糊不清。如果不将集体房屋、建筑物、工具设备等全部纳入集体资产管理台账,并详细记录资产保管、使用、处置、收益等情况,就无法实现产权明晰、收益清楚、账实一致。其次,集体资产管理法律制度不符合产权改革要求,资产管理自主权缺乏规范和保障。当前,没有明确的股权设置办法,对于是否应在股份分红中设置集体股,理论和实务界存有较大争议,折股量化到人的资产比例也有待进一步明确。同时,集体经济组织制度虚设问题进一步加剧集体资产经营管理秩序混乱。例如,农村集体经济组织参与市场的主体资格并不完整,使资产经营的收入和支出管理混乱,难以满足市场经济体制要求。尽管《民法典》将农村集体经济组织法人、城镇农村的合作经济组织法人等列为特别法人,农村集体经济组织法也已列入立法计划,但目前仍缺乏具有可操作性的保障农村集体经济组织平等使用生产要素、公平参与市场竞争、同等受到法律保护的具体规则,对集体资产经营管理难以实现有效规制。最后,由于集体资产运营收益与农民个体利益缺少关联,缺少参与和决策集体资产运营的利益激励,导致农民对资产运营往往采取观望态度,对非法侵占集体资产或怠于管理经营性资产的行为主动行使监督权利的积极性不足,使集体资产管理混乱,容易加大资产流失或者被侵占的风险。

其三,农村资产收益分配制度不完善。集体资产收益分配方面主要涉及分配程序规则和成员分配权两个方面:一方面,集体资产收益的公开分配程序规则虚置。虽然按照《村民委员会组织法》的相关规定,农村集体资产分配应由社员大会集体讨论决定,但村干部往往可以依据权力直接影响集体资产分配方案,即使集体成员正当的分配权益受到不法侵害,也难以得到有效的司法救济。首先,集体资产如果没有通过评估和市场公开运作,那么在资产出租、出让、转让等所有权或使用权转移过程中容易存在暗箱操作;其次,由于整体教育水平和地方文化等因素,农民群众普遍缺乏进行民主决策、民主管理和民主监督的法治意识,使个别当权者牟取私利或私自分配等行为得不到有效监督;再次,农民大多缺乏对资产收益分配的关注和参与积极性,这进一步导致集体组织成员的知情权、参与权、表达权和监督权虚置;最后,由于有的村集体内部资产管理不规范,导致集体资产处置决策程序形同虚设,个别村干部利用权力对集体资产私相授受,也容易造成集体资产流失。可见,构建集体资产收益分配明晰化的公开公示制度,既是集体成员依法取得资产权益的程序要求,也是最终实现公平分配的前提条件。另一方面,成员的集体资产收益分配权缺乏制度保障。一般认为,农民财产性收入长期处于较低水平,主要原因是其掌握的资源资产数量少,但很少有人注意到深层次原因是促进财产性收入增长的收益分配权制度功能的缺失。虽然党的十八届三中全会通过的《中共中央关于全面深化改革若干重大问题的决定》已明确要求赋予农民更多财产权利和探索农民增加财产性收入渠道,保障农民的集体收益分配权成为扩大农民财产性收入的有效途径,中共中央、国务院《关于稳步推进农村集体产权制度改革的意见》也进一步要求国家运用公权力强制破除有权阶层对集体收益分配权利的垄断,重点保障成员的资产收益分配权,但是实践中资产收益分配权制度的核心功能尚未完全实现，成员的集体资产收益分配权有待进一步保障和落实。

从原因来看，尽管农村土地制度已经实现了重大突破，但传统集体资产管理体制仍然因循传统意义上的集体所有制实现形式，沿用“集体所有—集体收益”的理论范式，带有计划经济体制的色彩。然而，几十年的农村发展实践表明，具体表现为集体管理、集体经营、集体收益的传统资产管理体制，虽然高举坚持集体公有制的大旗，却只能体现形式上的平均主义，实质意义的公平分配成为“空中楼阁”。可见，对公有制机械化和绝对化的理解，既是造成传统资产管理体制存在各种弊病的理论原因，也是困扰当前经济体制改革深入发展的重要因素。如果从静态协调来看，传统集体资产管理可以总体上实现经济效率与分配公平的基本均衡。但是，如果从动态协调来看，农村资产的产权、管理和收益分配三个环节中的经济效率与分配公平则需要进一步协调均衡。可见，一方面基于经济效率考量，传统资产管理体制只注重政治和社会效益，而很大程度上忽视了市场需求。计划经济下的集体所有理论，已经被实践证明无法适应当前农村经济社会发展要求。因此，摒弃以往只考虑集体组织内部需要而忽视集体资产经营效益的传统做法，已成为顺应时代发展的必然选择。另一方面从分配公平角度出发，只有明晰化的农村产权才能将农民个人利益与集体利益相关联，明确集体成员参与分配的依据和标准。在此基础上，完善资产收益分配的程序性规范，可以最大限度地实现效率与公平价值的均衡协调。

回过头来看，传统资产管理重点在于维护农村集体所有制的政治功能，并未充分重视农民集体的财产所有权和集体成员的财产使用权的经济功能，也没有实质考虑提高农民财产性收入等社会功能。因而，使个别地方存在对集体收益分配权的垄断得不到有效破除，其理论根源在于，片面追求经济效率与分配公平的形式化价值取向，从而形成逻辑理路上的固有缺陷。具言之，首先，由于历史条件的局限以及解决农民温饱问题的政策惯性，传统的资产管理往往更多注重维护农民生存和保障农业农村安全稳定，却未能充分重视农村大量闲置资源的有效利用，使要素市场化配置无法发生功能和效用，无法充分发挥资源资产的财产性功能。尽管有些地方资源资产数量较多，但在片面追求经济发展速度的价值指引下，资源利用和资产运营缺乏规范，导致资源利用不足,资产管理秩序混乱。其次,有的农村的干部群众对资源资产在思想认识上也存有误区,即主要关注农村经济社会发展的安全稳定,相对欠缺对集体资源资产收益分配的决策、参与、表达和监督的热情。最后,由于缺少专业性的资产管理人才,资产管理机构建设和管理能力也相对不足,使得资产管理秩序存在形式化特点,难以形成符合现代要素市场化配置要求的资产运营规则和秩序。总体来看,传统资产管理体制存在困境的理论原因主要可以分为经济效率和分配公平两个方面:

从经济效率上来讲,我国农村改革始终将推进农村经济发展和提高农民收入作为政策目标,长期把提高农业经济发展速度作为解决"三农"问题的基本办法。然而,由于没有彻底解决农村集体所有制下农村产权模糊这一难题,导致各类资源资产运营过程中难以充分实现资源资产的经营效率和财产价值。几十年经济社会发展实践已经证明,如果片面追求经济效率往往适得其反,农业农村经济社会发展更是如此。从这个意义上来说,传统的农村资产管理体制片面注重形式上的经济效率,没有遵循集体经济的发展规律,忽略了资源资产作为农村发展动能的经济属性,单纯依靠扩大财政投入和惠农政策,仅能实现"输血"而无法实现"造血"。这或许是造成农村"越扶越贫"现象的主要原因。以往制度设计与改革举措过度追求效率,反而导致效率价值难以实现,根本原因就是效率理论的逻辑理路没有理顺。由此,我们可以尝试得出结论,运用发展的观点看待经济效率价值的作用发挥,只有在动态演变的逻辑自洽过程中才有可能实现。

从分配公平的理念来看,农村有的地方长期以来存有"不患寡而患不均"的平均主义思想,加之缺乏有效规范资产收益分配权运行的制度体系和群众基础,导致传统资源资产管理体制片面追求狭隘的绝对公平,进而产生形式公平理念下的分配乱象。例如,一些"城中村"改造成社区后,一些与改造无关的基础设施建筑费用仍由集体经济组织承担,如此既侵害了农民的收益分配权,也严重影响了集体经济的可持续发展。同时,有些地方的合作社内部管理体制虽然按"三会"模式设置,但具体事务仍由村委会班子甚至个别领导决定,既不以合作社名义运营,也没有独立的财务核算。个别村镇干部利用职权对集体成员差别对待,对于资产收益进行不公平分配;村镇干部主导村民会议或村民代表会议讨论决定资产分配方案的情况在一些地方时有发生,严重侵害了村民的合法利益，也容易产生村干部腐败问题。可见，计划经济体制下形式化的绝对公平理论，一定程度上是造成传统资产收益分配困境的理论根源。

第三节　要素市场化配置下农村产权明晰化的制度完善

基于各地农村资源的自然禀赋差异和社会关系的特殊性，对于不同地区应当采取因地制宜的改革策略和制度保障，因而政府对改革可以采取分类指导的方式，在相关的制度构建中也应当围绕产权明晰化的实质要求探索不同形式的产权保护制度，以尽快推进农村要素市场化配置改革进程。

一、完善农村集体经济组织成员资格的认定规则

在当前农村各地的经济发展水平、风俗习惯差异较大的情况下，应当尽快制定农村集体经济组织法，作为集体成员认定的指导性法律规定，鼓励各地因地制宜，通过及时总结试点地区经验和综合考虑地方实际，尽快制定和完善集体成员资格的认定标准和程序规则。一般来说，产权是特定主体享有围绕物的占有而形成的排他性权利，权利主体及其内容都是确定的。如果农村产权的主体范围不明确，那么主体的权利边界也会存在争议。如果行为主体的成本和利益不一致，产权主体就会失去交易的合理预期，从而导致产权功能的丧失。可见，产权主体认定是产权功能实现的基本前提，因而，区分农村产权主体的不同层次及其范围是确定农村产权主体范围的首要问题。

农村产权主体一般是指农村产权所有权主体，也就是农民集体所有，分为村民小组、村、乡镇等不同层次的集体。集体所有制是在历史发展过程中逐步确立的基本经济制度，得到了法律的强制性保障。农村集体是由所有成员共同构成的集合性概念，每个集体成员只是农村集体的组成单元。因此，以土地类资产来说，将集体成员作为农村产权主体的观点实质上是土地私有制观点，折射出农村改革各阶层寻求自身利益多元化的土地私有化思潮，与我国农村集体土地公有制的基本制度相违背，因而需要引起足够的警惕。实践已经证明，坚持农村土地集体所有制是我国建设社会主义新农村的根本制度保障，既符合我国的基本国情，也可以有效防止农村土地所有权集中，因而是实现农业社会主义现代化的根本制度保障。在此基础上，深化农村产权改革的核心是实现集体及其成员权的现代转型，以“三权分置”为中心的土地制度改革为重

新解析农村土地所有制问题提供了契机和窗口,有助于释放出更大的改革红利。[1] 农村集体经济组织成员的确定是农村产权制度改革中遇到的普遍性难题,也是频频引发农村集体经济组织与成员纠纷的重要原因。尽管我国《土地管理法》《农村土地承包法》《民法典》等都对农村集体经济组织有所规定,但对农村集体经济组织成员的具体认定并未涉及。2016 年 12 月 26 日公布的《关于稳步推进农村集体产权制度改革的意见》指出,应当"依据有关法律法规,按照尊重历史、兼顾现实、程序规范、群众认可的原则,统筹考虑户籍关系、农村土地承包关系、对集体积累的贡献等因素,协调平衡各方利益,做好农村集体经济组织成员身份确认工作,解决成员边界不清的问题"。然而,一方面,该意见仅提出了农村集体经济组织成员确认应当遵循的基本原则,并未确立确认集体成员身份的具体标准;另一方面,该意见只是对各地集体成员身份确认工作提供政策指导,而不是作为执行的依据。在缺乏全国性立法的背景下,改革开放以后各地制定了相应的立法规范,但是各地确认集体成员身份的规定各不相同,考虑因素包括户籍、实际履行义务、实际居住生活、土地承包经营关系、自愿申请并确认等,各自存在不同的侧重。[2]

尽管该意见提出了关于确认农村集体经济组织成员身份的基本原则和考虑因素,但是作为最能体现农村社会复杂性的难题,集体成员的认定规则在实践中大多采取"一村一策"的灵活调整方式。成员资格认定的一般问题和基本规则应当通过法律固定下来,以身份因素作为基本标准,根据出生、婚姻、收养等身份因素来确定,在特殊情况下可以由集体内部民主协商来灵活处理,利用灵活变通的方式体现村民自治原则。需明确农村集体经济组织成员资格的认定原则。农村集体产权主体资格的认定无疑可以对产权主体开展资产运营产生直接有效的激励作用。因此,在资产所有权主体明确的前提下,主要讨论农村产权主体资格的认定问题。其中,关键在于确保有资格的集体成员得到认可,将不具备资格的人排除在资产主体范围之外。为此,农村产权主体的认定应当主要遵循以下基本原则:第一,尊重历史原则。从历史发展的角度来看,

---

〔1〕 参见陈明:《"集体"的生成与再造:农村土地集体所有制的政治逻辑解析》,载《学术月刊》2019 年第 4 期。

〔2〕 参见许明月、孙凌云:《农村集体经济组织成员确定的立法路径与制度安排》,载《重庆大学学报(社会科学版)》2022 年第 1 期。

经过各个历史阶段集体成员的辛勤劳动才得以形成当前的集体资源和资产,因而也自然应依据各个阶段不同的农民群体范围来界定成员资格。第二,标准一致原则。集体成员资格的认定涉及成员的切身利益,如果没有统一规范的认定标准,容易提高资格认定工作的操作难度,而且容易产生纠纷。因此具体关乎有没有户籍、承包地,以及是否参与收益分配等问题,理应采取一致的认定标准。第三,程序公开原则。村民对资产主体范围享有知情权和发言权,应当坚持程序的合法性与公开性相结合,在充分协商的基础上民主决议本集体经济组织成员的资格。需要注意的是,尽管当前的法律法规以及司法解释没有对集体经济组织及其成员资格的认定标准作出规定,但在学理上要注意对农村集体经济组织成员的概念进行界定。有学者认为,农村集体经济组织成员是在特定农村社区范围内,以农民集体所有的财产和资源作为基本生存保障,以及发生权利义务关系的自然人。[1] 有学者将农村集体经济组织成员定义为因户籍、居住等因素与特定农村集体经济组织产生联系,未被纳入城市社会保障体系的享有农村集体资产权益的自然人。[2] 总体来看,一般农村集体经济组织成员主要包括所在村组进行生产生活过程中形成权利义务关系的自然人。

明确农村集体经济组织成员资格认定存在诸多因素。多数地区集体经济组织成员资格的认定属于村民自治范畴,深受当地历史习惯、传统观念和村规民约等因素影响。基于我国农村的基本实际和浓厚的乡土色彩,应当对以下的因素给予充分考虑。第一,依靠群众原则。科学认定农村集体经营性资产股权主体范围的主要标准是要得到农民群众的认可和满意。因而,在认定资产股权主体范围的过程中应始终贯彻和坚持组织群众、发动群众、依靠群众的群众路线。第二,因地制宜原则。农村地区的实际情况多种多样,各地社区人员的构成千差万别,因此,制定出能够覆盖全国的集体成员资格认定统一标准在实践中具有很大难度,也不利于农村社会和谐稳定和化解基层矛盾。所以在国家制定出指导性意见的指引下,应鼓励各省、自治区、直辖市因地制宜和

〔1〕 参见管洪彦:《农民集体成员权研究》,中国政法大学出版社 2013 年版,第 20 页。

〔2〕 参见王玉梅:《从农民到股民:农村社区股份合作社基本法律问题研究》,中国政法大学出版社 2015 年版,第 126 页。

积极探索,制定出符合历史传统和地方实际的成员认定规则。第三,防止多数人侵犯少数人权益。在集体经营性资产股权主体范围的界定过程中,既要坚持少数服从多数,也要保护少数人的利益,特别是要避免多数人侵犯少数人的合法权益。值得一提的是,农村集体经济组织具有建立在成员集体所有之上的资源共享社区性质,严格防止外部资本的侵入。因此,在当前阶段,农村土地承包等基本资源产权的主体范围的界定以及流转仍然应限定在本集体经济组织内部,确保封闭运行和风险可控。

明确农村集体经济组织成员资格的认定具有重要的理论和现实意义。在要素市场化配置改革下,农村产权主体资格的认定是无法回避的重要问题。由于在法律层面缺乏集体经济组织成员资格的认定标准和具体办法,各地的具体做法也都具有浓厚的地方色彩。随着城镇化和市民化的快速推进,集体成员资格的认定问题日趋复杂,各类矛盾纠纷也时有发生,甚至有部分社区成员为了资产收益分配进行回迁引发逆城镇化现象。按照国务院《关于进一步推进户籍制度改革的意见》的要求,应探索集体经济组织成员资格认定办法和集体经济有效实现形式。可见,对农村产权主体的认定开展研究是农村改革备受关注的问题之一。农村产权主体的认定决定了哪些人可以成为农村集体经济组织成员并享有相关权益,特别是与成员权相关的权益,如土地承包权,对于集体和个人都具有重要意义。农村产权改革的核心,是把原来法律上集体资产"人人有份"的权利,落实到每个适格的集体经济组织成员手中,包括集体资产股份制改革中的初始股东资格,也是由集体经济组织的成员资格延续而来。此外,对于由于农转居、户口迁移等脱离原集体经济组织成员的,考虑到其对集体经济组织做出的劳动或投资等方面的贡献,往往也会被赋予一定的股权。[1] 可见,农村产权主体的认定实质上与成员资格的认定如出一辙,集体成员的资格可以由于出生、收养和婚姻等事由取得,也会因死亡、户口迁出、婚姻关系解除等事由而消灭。资产股权作为农村产权的重要组成部分,问题

---

〔1〕 例如,2004 年中共北京市委农村工作委员会和北京市农村工作委员会《关于积极推进乡村集体经济产权制度改革的意见》(京农发〔2004〕28 号)明确农村社区股份合作社的两类股东:一是身份是村集体经济组织成员的;二是原集体经济组织成员,已经通过农转非、户口迁移等方式脱离原集体经济组织,不再是改制村集体经济组织成员的,按照其对于该集体经济组织的劳动和投资贡献,享有相应的集体资产所有权。

的关键在于，在集体经营性资产股份合作制改革以后，集体经济组织成员范围的变化是否会引起集体经营性资产股权主体和股东结构的变化？这个问题在各地的具体改革实践中做法不一。如果资产股权管理与集体成员资格都采用动态调整方式，则两者的范围大致相同；如果资产股权采用“生不增死不减”的静态管理方式，并不随着农村集体经济组织成员的变动而发生调整，那么股份合作社的股东就与集体成员的范围有所区别。

同时，明确农村集体经济组织成员的资格认定对于农村产权主体来说具有重要的法律意义。作为动态的结合体，农村集体经济组织的成员范围会随着生老病死的自然更替发生变化，加之劳动力转移、城镇化演变引发的人口流动会加剧成员资格和范围的变化。从某种意义上来说，成员资格的认定与资产权益主体的确定过程紧密相关，因此在满足农村产权制度改革要求以外，其还具有以下三个方面重要意义：一是有助于有效维护农民切身利益。虽然表面上集体经济组织成员资格认定只是一个身份认定问题，但是关乎深层次的利益分配和财产性收入问题。具有农村集体经济组织成员资格是作为农村产权主体的前提，也是作为集体成员参与资产收益分配的主要依据。因此可以说，农村集体经济组织成员资格的认定是维护农民财产性权益的基本需要。二是有利于促进农业转移人口的市民化。集体经济组织成员资格的认定，既与集体经济组织成员的迁徙自由权有关，也与基于成员权而获取经济利益或经济利益的预期紧密相连。随着城镇化的推进，以及务工或其他原因进城的农民逐渐向市民转变，城乡二元结构也在逐步瓦解。在此背景下，仍然将户籍作为成员资格认定标准的局限性逐渐显现。在传统的集体财产制度下，只有集体成员才是财产的所有者，一旦成员离开社区就失去了成员资格及其相应的财产权利。因此，由于担心包括土地承包经营在内的集体资产收益受损，所以进城务工和转居的农民始终有后顾之忧，这在很大程度上阻滞了劳动力的合理流动，阻碍了农业转移人口市民化的进程。以农村集体经营性资产股份合作制改革来说，做好成员资格认定是首要任务，在此基础上采取对集体经营性资产股权的固化管理，有助于成员持股进城，打消农民进城务工或转居的顾虑，极大促进劳动力的流动。三是能够有效维护城乡社会的和谐稳定。成员资格的认定直接关涉农民自身的核心利益。在资产收益分配权以外，还有土地承包经营权、宅基地分配请求权以及福利分配请求权等成员权利，对于农民具有重要的社会保障功能,直接关系农民的生存权和发展权的实现。特别是在城镇化进程加快和农村经济结构转型背景下,传统的单一土地收益逐渐被大量的农村集体资产被征用、出租、作价入股所产生的集体财产收益,以及征地补偿款、土地租金等取代,引发的产权权益纠纷日渐增多。但是当前集体经济组织成员资格认定标准尚不统一,各地的纠纷处理标准和结果并不相同,这在一定程度上加深了农村社会矛盾,业已成为影响当前城乡社会稳定的重要因素。

明确农村集体经济组织成员资格的认定原则。农村集体经济组织成员资格承载的成员权益是成员生存权和发展权的重要物质保障,因而具有非比寻常的重要意义。因此,既要遵循平等原则以保证特殊群体的利益不被非法侵犯,同时也要注重公平原则以应对利益分配不均的现象出现。此外,从农村资源保护和资产保值增值的基本功能出发,保障生存和发展原则应当作为农村产权主体认定的基础原则来对待,保障每一位集体经济组织成员的基本生存和发展利益。因此,农村产权主体的认定应遵循以下三个原则:一是平等原则。法律面前人人平等是最基本的法律原则,也赋予了每一位公民最基本的平等权,反映在农村产权主体的认定中就是指不分出生先后,不分贡献大小,不分加入集体时间长短,不分有无财产投入,成员资格都一律平等。[1] 这种平等原则较为契合农民集体成员的自然共同体特征,并且彰显了人人平等的自然法精神。如果对外嫁女、入赘婿等特殊群体的成员资格予以否认,即使经过了村民会议表决或者有村规民约的依据,也是对平等原则的违反。二是公平原则。按照公平原则,集体经济组织成员资格的认定应当在集体和个人,以及个人和个人之间合理分配权利、义务、利益和责任,防止不应具备集体成员资格的人获取成员权利,也要避免本应具备集体成员资格的人却无法被赋予成员资格的不公平现象出现。尤其是在人口迁移的情况下,可能产生迁出地和迁入地同时占有或失去成员资格的现象,会损害其他成员或成员自己的合法利益,因而也是不公平的。三是保障生存原则。在当前农村社会仍然以土地作为基本生存保障的背景下,土地类资产仍然是集体成员赖以生存和发展的基本依靠,具有重要的现实意义。对于农村土地资产之所以坚持集体所有制

---

〔1〕 参见胡康生主编:《中华人民共和国物权法释义》,法律出版社2007年版,第141页。

要求,根本上就是要确保农民平等地获取生存保障的权利。农民即使进城务工和居住也没有被纳入城市居民生活保障法律关系之中,依然需要依赖农村的土地作为生存保障。[1] 因此,农村产权主体的认定直接关系成员生存权和发展权的实现,必须坚持保障生存和发展的原则。从这个意义上来说,在未被纳入城市居民生活保障体系之前,为确保集体成员的基本生活条件,其享有的集体经济组织成员资格不应被剥夺。

明确农村集体经济组织成员资格的认定标准。由于农村产权主体的判定关涉复杂的利益关系,不应只选择单一的标准作为认定标准,只有综合考量各种判定标准和因素才能尽量确保认定结果的公平公正。在当前有关农村产权主体的认定标准和实践中,主要考虑户籍、生存保障、权利义务以及村民自治等认定标准。一是户籍的认定标准。一般来说,农村户籍是作为村集体经济组织成员的最好凭证,也能体现产权主体的直观特征。从历史发展过程来看,农村户籍是作为加大农民迁徙成本和固化农民在农村就业生活从而推进工业化发展的人为安排,是对于农民身份的行政性确认,而不是对于农民权利义务的认定依据。在此背景下,国家通过户籍和土地制度建立起农民与本集体强烈的依附关系,并与传统的城乡二元结构体制相适应。此时,农民被束缚在相对封闭的农村社会和稳定的土地承包关系之中,在这种集体和个人的地缘关系下,农村集体经济组织成员的认定主要以户籍作为标准,这样不仅具有合理性,而且条件清楚、操作简便易行。但是,随着城乡一体化的发展,集体经济组织成员的身份、职业、生产生活方式都发生了巨大变化,成员身份背后的权利和利益纠纷逐渐增多,成员资格的认定更加复杂和困难;如果处理不当,容易引发一系列社会问题。[2] 随着农业转移人口市民化的推进,出现大量农村人口进城务工或经商以及升学、婚姻等情况,城乡之间人口流动日益频繁,城乡二元结构体制受到了挑战。相对于清晰的集体地域边界,集体与成员之间的关系逐渐模糊。在此背景下,以户籍作为集体经济组织成员和产权主体的认定标准,必然会使农民的利益分配失去公平公正性,甚至侵害农民的财产性权利。同时,也可能会造成利益驱动下的"空挂户"现象,使经济实力较强的集体

[1] 参见韩松:《论成员集体与集体成员——集体所有权的主体》,载《法学》2005 年第 8 期。
[2] 参见方志权:《农村集体产权制度创新与法治建设》,上海人民出版社 2020 年版,第 33 页。

经济组织的成员数量急剧膨胀，侵害原有成员的合法利益。二是生存保障标准。由于农村集体经济组织成员未被纳入城市社会保障体系之中，因而资产的生存保障功能理应被视为成员资格认定的考量因素。所以说，主要依靠农村土地等资产作为生活保障来源的农民，仍应被纳入集体产权的主体范围，而离开集体以后不再需要以土地资产作为基本生活保障来源的农民，也就不再拥有土地承包经营权的主体资格。对此，土地承包法中也考虑到城乡之间社会保障的差异，从而规定了不同的土地经营权制度设计。《农村土地承包法》规定退出土地承包经营权不再作为农户进城落户的条件，在承包期内农户可以在内部自愿有偿转让土地承包经营权或者将承包地交回发包方，其土地经营权可以得到流转。不难发现，进城落户的农户可以享有城市相对完善的社会保障体系，此时土地承包经营权的生存保障功能就失去存在价值，自然可以赋予农户土地承包经营权的内部转让、流转和交回发包方的选择权利。可见，对于农村产权主体认定应将生存保障作为重要的判定标准之一。三是权利义务标准。基于权利义务的对等原则，成员与集体经济组织之间具有权利义务关系。如果成员未尽相关义务，自然也不应享有相应权利。因此，是否完成集体经济组织要求的义务，自然也就成为农村集体经济组织成员和农村产权主体的认定标准之一。例如，2013 年修订的《广东省农村集体经济组织管理规定》第 15 条第 1 款规定，原人民公社、生产大队、生产队的成员，户口保留在农村集体经济组织所在地，履行法律法规和组织章程规定义务的，属于农村集体经济组织的成员。值得注意的是，当前的法律制度并未对农村集体经济组织成员的具体权利和义务进行概括式或列举式的规定，权利义务关系的模糊性也导致在具体的司法案例中难免出现争议，不利于司法适用和具体操作，有待于进一步规范和完善。四是村民自治标准。基于成员权和村民自治的考虑，村民民主协商的自治结果也应作为判定成员资格的认定标准之一。村规民约是村民自治的重要方式，在农村治理中发挥着重要的作用。从成员权的角度来说，集体成员应当通过集体成员大会来讨论决定，应当体现集体经济组织的意思表示。

可见，关于农村产权主体的认定无论是户籍、生存保障、权利义务标准还是村民自治标准均具有一定的合理性，但是为了确保农村产权主体认定的公平公正，应遵循平等、公平和生存保障原则，以生产生活方式和经营性资产的生存保障为参考条件,按照所在地常住户口作为一般条件,结合村民自治等诸多因素进行综合分析和价值判断,尽可能确保农村产权主体认定的科学性和合理性。当然,农村产权主体认定除原则和标准的判定以外,还有很多具体的法律问题。

其一,关于农村产权主体究竟是农户还是农民个体。以土地承包经营来说,《民法典》第55条明确界定了农村承包经营户是依法取得农村土地承包经营权和从事家庭承包经营的农村集体经济组织成员,《农村土地承包法》第16条明确规定家庭承包的承包方是本集体经济组织的农户,要求保护农户内每个家庭成员都依法平等享有承包土地的各项权益。因此,关于农村产权主体究竟是农民个体还是农户,理论和实践中都有不同的观点和做法。从股份合作制改革实践来看,关于股份落实到户还是家庭成员,一般做法是股权量化到人,但是股权证书是以户为单位发放。例如,广东省佛山市南海区将所有股权量化到人,以户为单位开展确权工作和户内股权管理,不给个人分配,而是以户为单位进行分配,实现集体资产收益户内共享。此时,股权确权到了股权户,也就是集体经济组织内部的农户,一般由已具备成员资格且实行经济共同核算的家庭成员来构成,并不等同于户籍制度中户的概念,两者存在重复、交叉和包容的关系。在股权户的内部可以实现分户,在外部也可以实现并户。换句话说,采用了与土地承包户相同的逻辑机理,按照户来管理股权。因此,相较于按人管理和分红的形式公平来说,按户管理和分配不容易引发户内矛盾和纠纷,并能避免带来农村社会不稳定因素,值得深入研究和进一步探讨。

其二,关于成员权退出的问题。随着城镇化的推进,农村集体成员权的退出已经成为必然,特别是在经济发展较快的地区,集体成员退出股份合作社以后还可以得到集体补偿资金进行创业和发展。因而在城镇化背景下,地方政府应进一步探索成员权有偿退出的办法。自愿退出的土地承包经营权,可以在经过成员代表大会表决通过以后被股份合作社收购。如果承包经营权证上的成员全部死亡或者丧失成员资格,那么集体可以无偿收回。总之,国家试点地区可以探索更多成员退出的具体办法,这对新型城镇化的深入发展具有积极意义。需要注意的是,成员权的退出制度需要明确退出的条件,对此,可以与土地承包经营权的退出制度结合,有关申请的主体、审核条件、批准的主体和程序、补偿的标准等内容,需要在改革的过程中持审慎稳妥的态度进行深入探索。

其三,关于社会力量引入的问题。村级集体经济组织承担着具体管理和运营集体资产的职责,但是在集体内部善于经营和管理的企业家数量有限,村委会往往难以胜任资产经营和管理的工作。在北京、上海等经济发达地区的股份合作社已经利用职业经理人市场聘用擅于资产经营的专业人才,实际效果良好。因而可以说,通过社会力量引入职业经理人无疑有助于提高资产运营效率和保值增值功能的发挥,但受限于当前的体制、观念等因素,仍然需要在股改试点过程中予以制度保障和规范,才能最大限度地发挥出农村产权制度的绩效。

其四,关于外嫁女和入赘婿的成员资格认定问题。如果其户口迁出并在其他集体经济组织生活,应当认定其不再具有原有成员资格,同时获得户口迁入地的成员资格并成为该集体成员的一分子。如果其结婚以后并未将户口迁出,但又长期在本集体经济组织之外工作生活,形成"人户分离"的情况,此时,一方面原集体经济组织会以不在本集体生活为由否认其成员资格,另一方面其生活居住的集体经济组织也会因其不具备户籍条件而将其排除在集体成员之外,从而造成了外嫁女和入赘婿无法对农村产权享有主体资格的"两头空"状态。可见,运用村民会议集体表决或者村规民约来否认外嫁女和入赘婿的成员资格,违反了平等原则和生存保障原则。有学者提出,对于这类特殊群体应当适用"户籍为主、实际生活居住为辅"的认定标准。[1] 无论是外嫁女还是入赘婿,如果户籍留在原集体经济组织内部,只是生活居住在其他集体经济组织,一般应认定为原集体经济组织成员。如此,不仅较为符合农村社会的风俗习惯,也能满足当前主要依据户籍认定集体经济组织成员和产权主体的法理要求,具有较强的可操作性。

其五,对于外出经商、务工以及上学、服兵役人员的成员资格认定问题。无论是由于城乡人口流动外出经商和务工,还是因为上学和服兵役而中止原户籍身份的大中专学生和现役军人,都具有长期不在集体经济组织生产生活的共同特点。从生存保障原则出发,对其身份的认定应以资产收益是否是其

---

〔1〕 参见王玉梅:《从农民到股民:农村社区股份合作社基本法律问题研究》,中国政法大学出版社2015年版,第148页。

主要生活保障来源为判定标准。如果外出经商、务工以及上学、服兵役人员尚未被纳入城市社会保障体系,其产权主体资格仍应被认可并享受集体成员身份和待遇,确保其不会丧失基本的生活保障。当然,如果这些人员已被纳入城市社会保障体系,由于不再缺乏生存保障,自然也就失去了农村产权的主体资格。同样,对于原来不具有本村户籍,为了特定目的而户口迁入的"空挂户",由于只见户口不见人,与该集体经济组织之间没有固定延续的联系,且不依赖集体的生活保障功能,一般不认定其具有农村产权的主体资格。[1] 但是从生存保障角度考虑,如果此类人员没有其他的社会保障基础,也可以通过成员会议讨论而被认定具有迁入地的集体经济组织成员资格。

二、农村产权主体登记制度

农村产权主体与一般产权主体没有本质的差别,所有受法律保护的产权,农村的组织和个人都可以依法成为其主体,但农村集体财产是农村特有的财产类型,法律对这类财产产权主体的登记做出了特别的规定:

(一)农村集体经济组织登记制度

尽管农村集体是农村集体产权的主体,但其主要依靠集体经济组织来确保集体所有权的有效实现。按照《宪法》和《农业法》等法律规定,村集体经济组织是农村集体经济制度的主要组织形式,作为农村资产管理主体依法代表全体成员行使集体资产所有权。但在实践中,很多地方主要由村委会代行集体经济组织职责,使集体资产确权制度的缺失成为清产核资制度的障碍。由于产权清晰的关键在于,通过集体经济组织来具体落实集体所有权制度,因此科学界定和依法规范集体经济组织功能,成为明晰农村产权归属的重要环节。然而,尽管《宪法》《民法典》《土地管理法》《农村土地承包法》《村民委员会组织法》等法律法规中都有农村集体经济组织的名称概念,却均未对其职责功能进行具体规范和调整。由此,应尽快制定农村集体经济组织法和修订《村民委员会组织法》,明确集体经济组织职责定位与村民委员会的职能转换,建立农

---

〔1〕 例如,重庆市高级人民法院《关于农村集体经济组织成员资格认定问题的会议纪要》规定,非因生活需要,出于利益驱动或其他原因,仅将户口挂在集体经济组织的,不应认定具有该集体经济组织成员资格。

村基本公共服务清单制度，科学界分农村集体经济组织与村民委员会的职能关系，使其各归其位、各司其职。唯此，才能实现村委会不再代行集体经济组织的资产经营管理职能，回归村民自我管理、自我教育、自我服务的功能定位。与此同时，依法赋予集体经济组织法人资格，保障其经营自主权，通过规范和调整产权保护法律关系，依法维护集体经济组织及其成员权益，平等保护其生产要素使用权和市场公平竞争权，为推进要素市场化配置提供制度前提和规范依据。在此基础上，应对集体资产范围进行科学的法律认定。在坚持集体所有制的前提下，兼顾"谁投资谁所有"和"尊重历史、兼顾现实"的利益考量，主要将集体资产范围界定为农村集体经营性建设用地及经营性房屋、建筑物和荒山、荒沟、荒丘、荒滩等土地集体经营性资产，以及农村集体企业及其持有的其他经济组织资产份额、经营性农业基础设施和其他经营性资产等非土地经营性资产。

（二）农村集体经济组织成员登记制度

集体成员资格的界定和管理具有重要意义，与其切身利益息息相关，既是其享有所在集体权益的重要依据〔1〕，也是影响集体资产管理、处置和收益的重点问题。虽然有些地方已出台了一些具体规定〔2〕，但根据最高人民法院《关于审理涉及农村土地承包纠纷案件适用法律问题的解释》第24条和《中华人民共和国立法法》（以下简称《立法法》）第45条的相关规定，事关农民的基本民事权利应由全国人大常委会作出相关规定或立法解释。同时，按照《村民委员会组织法》的规定，户籍不在本村但居住一年以上的村民，由本人申请并经村民会议或村民代表会议同意可以参加村委会选举。可见，由于村委会长期代行集体经济组织对集体资产的处分职能，外来人口与原住居民产生利益纠纷在所难免。因此，在明确定位集体经济组织功能的基础上，准确界定集体经济组织成员资格已成为当务之急。在此背景下，及时修订《村民委员会组织法》可为界定集体经济组织成员身份提供明确的法律依据和制度保障。同时，为尊重和体现当地农民群众意愿，建议地方加紧出台农村集体经济组织成员

---

〔1〕 参见江晓华：《农村集体经济组织成员资格的司法认定——基于372份裁判文书的整理与研究》，载《中国农村观察》2017年第6期。

〔2〕 参见四川省印发的《四川省农村集体经济组织成员资格界定指导意见》。

界定办法，在法律框架下规范集体成员的界定、登记、管理和变更，按照尊重历史、兼顾现实、程序规范和群众认可的原则，制定成员界定的具体办法。利用信息化管理建立成员数据库，完善成员登记备案机制。同时，在群众民主协商基础上，统筹考虑户籍、土地、贡献等因素，协调平衡多数人和少数人的利益，解决集体组织成员边界模糊的问题。其中，需要特别注意对妇女合法权益的保护，避免其正当权益被侵犯。在此基础上，注意发挥章程作用，鼓励成员家庭的新增人口通过分享家庭内集体资产权益获得集体资产份额和成员身份。

三、全面构建农村各类资产的确权制度

通过清产核资，明确各类资产的数量和权属关系，有利于农村土地等资产确权和量化。特别是在要素市场化配置过程中，产权的明晰化对于维护农民的生存权和保护发展权意义重大。当然，由于农村产权范围的广泛性和复杂性，对于土地、劳动力、资本、技术、数据等资产的确权，往往需要根据地方实际而采取不同的确权方法。例如，对于土地承包经营权的确权，原则上采取“确权、确股、确地”的方式，但是在考虑农民意愿和地方实际的基础上，也可以采取“确权、确股、不确地”的方式。

随着农村产权改革的推进，土地等资产确权法律问题日益增多。对农村集体产权的法律认定，就是在法律层面探索集体所有权有效实现形式，创新集体经济运行机制，保护农民集体资产权益。因此，农村产权的法律认定应以壮大农村集体经济为目标，以坚持集体所有制为原则，综合兼顾“谁投资谁所有”和“尊重历史、兼顾现实”的利益考量，推进集体资产认定法律制度建设。[1]

其一，“谁投资谁所有”的所有权认定方法。在坚持集体所有的前提下，对农村集体资产所有权的认定关键是如何处理好国家和集体之间的关系。农村改革实践证明，在对集体资产的存量、分布、结构和效益等情况开展全面清查的基础上，依据国家法律法规和有关政策，遵循从资产原始投资人界定所有权，才能实现对农村资产所有权关系的准确认定。因此，在对集体资产清产核资的过程中，遵循“谁投资、谁所有、谁受益”的所有权界定方法，能够最大限度

〔1〕 参见段浩：《农村集体经营性资产股份合作法律制度构建研究》，法律出版社2021年版，第134页。

地实现各方利益的均衡。具体表现为以下几种界定方法：首先，将农村集体资产和乡镇国有资产作为重点界定对象。如果可以明确资产形成中的投资主体，可以适用“谁投资谁所有”的原则界定其资产所有权。如果该资产主要由农村集体资金和财政资金共同投资形成，应当按照有关政策规定或约定进行界定。在没有政策规定或约定时，可以通过自愿协商由其中一方成为资产所有人，另外，通过债权方式实现对其投入资金的补偿，或者也可以直接按投资比例对各自产权比例进行界定。总体上，界定产权主体要体现对集体经济组织的倾斜，以利于促进集体经济发展壮大。以数据产权来说，应当通过法律赋予数据的实际控制者以数据使用权利。一方面可以确认数据控制者的权利，使其受到法律的保护；另一方面也可以划定数据控制者使用数据的合法范围，特别是要强化数据持有人与第三方机构在采集加工阶段的数据登记工作，以及在数据流转应用中的合规公证，确保数据权属流动。其次，在农村集体资产的认定过程中，注重区分集体经营性资产与资源性资产、非经营性资产。资源性资产主要是集体所有的土地、草原、荒地、滩涂、森林等，而非经营性资产则主要是运用于公共服务的教科文卫等方面的资产。前者主要以资产确权登记颁证为改革重点，后者则主要集中在建立健全集体公益设施的统一运行管护机制方面。需要提及的是，由于经营性资产具备保值增值功能，适合以股份形式量化到本集体成员，因此适宜作为参加收益分配的基本依据。最后，按照投资范围和产权因素来确定债务责任主体。在区分国有资产和集体资产的基础上，对集体资产进行分账管理、分类监管，实现保值增值管理。在乡镇集体资产公司向银行借贷形成债务的过程中，界定债务责任主体要根据债务性质和形成资产产权因素进行确认。按照债务资金使用情况进行区别对待，如果主要用于发展农村集体经济或者形成集体经济组织资产产权，那么集体经济组织应为债权责任主体。如果资产产权归地方政府或者资金主要用于公益项目建设，并且政府承担偿还责任时，政府应当作为债权主体来承担。如果由政府与集体经济组织共同出资，可以经过双方协商后，由一方作为产权所有人，并一次或分期归还另一方投入资金。值得一提的是，从促进集体经济发展的价值指引和政策考量出发，有条件的乡镇农村集体经济组织对与政府共同出资形成的资产进行回购的实际做法应当得到支持和鼓励。

其二，尊重历史、兼顾现实的认定因素。纵观农村制度的演进和发展，始终都要与国家经济社会发展条件相适应,符合生产关系,适应生产力发展的客观规律,适应资源禀赋条件、历史文化背景和经济社会发展水平。因此,集体资产的法律认定也要兼顾历史和现实的关系,即尊重农村集体经济组织发展与集体资产形成的历史过程,照顾到历史发展中由于政治、经济、政策等原因形成的资产认定标准。因而要以集体公共利益为出发点,努力做到既让多数人满意,又不侵犯少数人利益,积极稳妥地处理好各种利益关系。具体来说,对集体资产的法律认定要在综合考虑多种历史和现实因素的基础上,尽力做好资产管理和认定程序两个方面的工作:一方面,要做好集体资产的债权债务管理。由于历史演变和人员调整等因素,乡镇改制企业的债权债务关系非常复杂。一些资产应上缴而实际并未上缴,以及历史原因形成的债权债务等难以区分和鉴别,只有在认真考察债权债务形成的来龙去脉的基础上,才有可能进行追索或借助司法手段进行追收。即便如此,也将有很大一部分资产无法收回甚至已经毁损,此时应严格按照财务规定及程序,经乡镇农村集体资产管理委员会审核后予以核销,并做好账务调整。另一方面,在坚持法律认定原则的同时,也要严格遵守法律认定程序。在法律层面做出集体资产认定原则和程序基本规范的要求基础上,地方立法应当制定和完善集体资产认定的实施办法,基层乡镇要在法律法规前提下进一步细化和规范资产认定的具体操作规则,构建起较为完善的资产认定法律规范体系。在此基础上,乡镇农村集体资产监督管理委员会要全面清理核实集体资产存量、结构、分布和运行效益情况,明确资产权属关系,进行资产公开公示。公示复核无异议的,应由同级政府确认和上一级农业行政管理部门备案,及时对其进行分类登记造册和资产监管,做好资产认定资料汇总及后续档案管理工作。

农村资产产权保护法律制度是划分产权的规则,以及保护人们行使财产权利的行为准则,也是制约集体成员决策、参与和监督行为的约束条件。农村集体产权制度改革的实质就是按照现代产权制度要求,对于包括集体所有的公司、品牌、厂房设备、集体工商业用地及货币财产等资产,解决产权不明、家底不清、管理不严、资产流失、分配不公等问题。

农村集体资产的划定是按照一定原则和标准,界定和明确集体经济组织成员原来共有的资产范围,为集体成员内部明晰产权和实现要素市场化配置打下基础。农村集体资产是农村集体经济组织全体成员集体所有的资产,将农村产权进行明晰化,不仅易于管理操作,而且便于引入现代企业管理模式进行经营和监管,从根本上激发集体经济发展活力,盘活集体资产和保护农民财产权益。由于缺乏统一的划分原则和标准,加之各地对改革的认识不同,各地资产的划分范围存在差异。从制度改革的规律出发,应将资产首先进行量化,对于土地补偿费、资产置换、数据流转等要素资源产生的增值收益,在农村干部群众同意支持的基础上,可以尊重农民的选择逐步实现量化。当然,对于集体资产较少或者没有净资产的合作社,可以先将股权测算到人,在确定集体经济组织成员资格认定和股权数量的基础上,暂不确定每股的股值,待集体经济发展和实现集体经营性净资产存量以后,再行确定股值和拟定分红方案。

四、农村资产评估制度

资产评估,是指专门的评估机构或人员遵循法定的标准或程序,以货币作为计算权益尺度,科学评定和准确估算一定时间点上资产价值形态的行为。农村集体资产的评估,也应当包括资产评估要素、评估方法和评估程序。对农村集体资产评估的理解应当脱离字面意义,不仅包括土地,而且包括劳动力、资本、技术、数据信息等其他能带来经济利益的资源。评估要素的内容应包括评估的目的、时点、对象、方法以及程序等重要部分。其一,评估目的是决定评估条件和方式的决定性因素。在不同的评估目的下,很有可能造成评估行为的假设前提和评估结论都不尽相同。因此需要科学界定集体资产价值的评估目的,为准确划定集体资产范围奠定基础。其二,评估时点是影响资产价值的重要因素。对于资产价值对应时点的选择,必然对资产价值的大小具有重大的影响作用。其三,价值类型是资产评估的基本分类方法,一般的划分标准依据评估目的、分类视角来判定,以市场标准来区分市场价值和非市场价值。其四,假设前提是资产评估的前置条件。如果没有假设前提,资产评估将丧失意义。实践中一般采用技术性假设和使用性假设条件。其五,评估方法是实现评估目的的途径,主要采用成本核算法、收益还原法和市场比较法来得出评估结果。其六,评估范围是资产评估方法适用的边界,直接影响对资产评估对象采用的具体方法和手段的选取。其七,评估程序是评估规范化在程序上的具体表现,也是评估人员必须遵守的基本规范,是确保评估结果公正客观的程序性保障。其八,评估结果是资产评估最后的环节和结论,通常包括一定的数值和专业的评价意见等内容。其九,评估管理是评估机构管理和评估人员管理的统称,包括监管、考试、培训、注册、惩戒等内容,是确保评估规范性的配套制度设计。

当然,由于数据要素的特殊性,对于数据要素资源的评估应当建立在数据登记制度的基础上,保障数据要素使用合法合规。同时,通过健全数据要素的确权登记和信息披露机制,做好数据资源的确源和确权工作。政府可以建立数据要素资源确权登记平台,使数据来源和权益归属都能在符合公众利益的基础上进行价值评估。同时,为了确保评估的准确性和权威性,应当在数据要素登记阶段提供数据登记核准和校验服务,包括数据样例、数据字典、数据来源说明、数据授权书、风险告知书、承诺书等一系列数据登记材料,由数据公证机构对材料进行核查确认,并出具公证证明。在此基础上,通过出具法人准入证、数据准入证、数据真实性公证、数据泄露公证、模型安全性公证等,确保数据主体和数据来源合法真实,保障交易数据真实可靠以及数据要素所承载的数据主体的各项权益,为数据要素交易市场的稳定健康发展奠定基础。

现有的资产评估方法主要有市场比较法、收益还原法和成本核算法。市场比较法是在对农村资产进行价格评估时,根据替代原理将待评估资产与近期已经发生交易的类似交易实例的价格进行对照比较,在考虑时间、区域等差别因素的前提下,修正得出待评估资产价值的方法。一般来说,市场比较法对于评估价格的判断与市场价格最为吻合。但是,在当前农村集体资产交易市场尚未建立完善的情况下,运用市场比较法的基本条件尚不完全具备,只能暂时作为修正其他评估方法的配套手段。收益还原法是在估算农村资产未来每年预期纯收益的基础上,按照一定的还原率将评估对象未来每年的纯收益折算为评估基准日总收益的方法。这种方法一般适用于农村土地类资产,但是由于农地的质量与经济指标欠缺规范性,在纯收益和还原率方面尚待进一步研究。成本核算法是以开发和经营资产所耗费的各项费用为主要依据,不仅考虑经营性资产的开发成本,还要考虑收益能力、效用价值以及市场需求,重点是把握好资产的核心价值。

农村资产的评估工作程序主要包括评估对象的确定、评估方法的选用以及评估报告的提交和核实等内容。首先,农村清产核资的工作对象主要是集体成员共有的土地资产和劳动力、资本、技术和数据信息等资产。但是,由于农村资产存在的产权不清晰、管理不完善等问题，在对农村资产进行评估时，前提是要准确认定农村资产的范围。[1] 在此基础上，评估人员应当依据评估目的、对象和价值类型来选用合适的评估方法。一方面，评估机构要根据不同评估对象的特点和市场条件，选择最能客观反映资产价值的评估方法。另一方面，评估目的的实现过程需要评估人员的主观判断，基于评估结果直接影响和决定相关主体的经济利益，这会造成评估结论中极易出现人为操纵的影响因素。为了确保评估结果的公正性，在不断提升评估人员专业能力的基础上，资产评估机构和人员要坚持独立性和客观公正性原则，加强职业道德约束、内部控制和风险管理。当然，因为受评估对象的类型等因素制约，资产评估时，应当是根据评估对象的特性来选择采取成本核算法、收益还原法还是市场比较法。从评估结果的科学性来说，应当尽可能选取多种评估方法来验证评估结果的准确性和合理性，这有利于评估人员在评估过程中对于差异较大的结论进行反复验证，对于存在的问题进行及时整改，有利于对评估对象形成更加准确的价值认定。综上，评估报告作为资产评估的结论性意见，不仅要向有关部门提交，也要将评估结果向村民公开。资产评估报告的内容应当包括评估目的、评估对象、评估范围、价值类型、评估基准日、评估依据、评估方法、评估程序、评估假设、评估结论和特别事项说明等。

五、农村资产清产核资制度

农村资产的清产核资，是指资产监督管理机构根据国家或特定经济行为需要，按照规定的工作程序和方法，组织有关部门开展财务清理、财产清查，依法认定各项农村资产损益，从而真实反映和重新认定农村资产价值的活动。通过对集体经济组织及其下属经济实体所有资产和所有者权益进行全面清查核实，界定资产权属，明确产权关系，建立登记台账，核实农村资产的底数数额，全面清理村集体所有的资产状况，为要素市场化配置提供合法、准确的依据。在此基础上，才能实现资产的保值增值和维护农民的合法权益。清产核资的内容主要包括自我账务清理、全面资产清查、价值重估和损益认定等，在程序上主要有成立机构、制定方案、培训人员、准备账务、实地清查、出具报告

---

〔1〕 参见段浩：《农村集体经营性资产的法律认定》，载《西南政法大学学报》2019 年第 2 期。

和公布结果。在清产核资过程中,要求做到程序规范化、人员专业化和费用专项化。依据《关于稳步推进农村集体产权制度改革的意见》和农业农村部等九部委《关于全面开展农村集体资产清产核资工作的通知》的要求,按照时间服从质量原则逐步推进,先基本完成集体资产清产核资工作。

与土地、劳动力等传统要素主要在分配环节体现价值不同,数据要素的无形性、可复制性、易传播性决定了数据的价值在生产环节即可体现。因此,应针对数据、资本等不同特性的要素形成不同的清产核资办法。对于数据要素的核查,应当从数据权利的内涵出发,以提高行政效率和便捷使用为目标,建立有序的公共价值和经济价值衡量机制,处理好数据信息开放应用和隐私安全之间的关系。

资产清产核资对于当前的农村产权制度改革具有重要的现实意义。其一,明确界定资产范围是构建农村集体产权制度的重要基础。通过清产核资将经营性资产与资源性资产、非经营性资产区分开来,分类登记,台账管理,在摸清农村集体家底的基础上,有利于有效盘活各类农村资产,为农民增加财产性收入打下坚实的基础。其二,全面开展农村集体资产清产核资工作,是保护和发展农民财产性权益的客观要求。通过清产核资将集体资产所有权确权给不同层级的集体经济组织成员集体,为构建更加完善的要素市场化配置体制机制奠定基础,有利于坚持深化市场化改革、扩大高水平开放,破除阻碍要素自由流动的体制机制障碍,扩大要素市场化配置范围,健全要素市场体系,推进要素市场制度建设,实现要素价格市场决定、流动自主有序、配置高效公平,为推动高质量发展、建设现代化经济体系打下坚实制度基础。其三,农村资产清产核资是强化资产经营管理的有效举措。面对当前农村资产管理不规范、核算不准确、分配不公开、监督不到位等突出问题,农村资产存量、价值和使用现状亟待通过清产核资工作加以查实,进而完善资产登记、保管和处置等制度规则,保证账证相符和账实相符,有效防范农村资产被贪污、挪用、侵占等现象的发生,实现对资产经营管理的科学化、制度化和规范化,推进要素市场化配置改革,促进要素自主有序流动,提高要素配置效率,进一步激发全社会创造力和市场活力,推动经济发展质量变革、效率变革、动力变革。

由于农村集体资产长期担负着农村社会保障的作用,因此做好清产核资工作对于农村集体及其成员相当重要。就农村资产清产核资过程中产生的纠纷而言,主要有调解、仲裁、诉讼、信访等多种化解形式。农村资产清产核资纠纷事关农村集体经济成员的基本生存利益,应通过有效的法律制度规范集体资产清产核资工作,并针对不同的农村资产纠纷类型,对包括集体间的纠纷、集体与成员之间的纠纷、集体成员之间的纠纷以及与政府部门之间的纠纷在内的各类产权纠纷,设计高效、便利的纠纷化解机制。

第六章　要素产权流动性视角下农村产权制度的完善

第一节　要素市场化配置与农村要素产权的流动性

一、法治前提下要素资源市场化配置

法治，是有特定价值基础和价值目标的法律秩序，是有价值规定性的生活方式。[1]“法治应当包含两重意义：已成立的法律获得普遍的服从，而大家所服从的法律又应该是制定得良好的法律。”[2]法治化是在社会生活各方面实现法治状态的进程。就要素资源的市场化配置来说，法治化的基本内涵和要求包括在要素市场化配置方面具有良好完善的法律制度支撑；有规范健全的执法机制和对法律制度的严格执行；有公正合理的司法保障机制和对法律的公正适用；有对法律的普遍信仰和全面遵守。在我国，要素资源市场化配置，必须体现全面依法治国的基本要求，契合法律调整社会经济关系的基本理念。

要素市场化配置是通过要素产权交易而实现的，在支撑要素产权市场化配置的法律制度中，要素资源的基础产权制度是其中最为基础和核心的构成。而在关涉要素市场化配置的产权制度中，有关产权流动性的制度则是决定要素资源是否能够或在多大程度上进行市场化配置的关键。因为，如果要素产权制度禁止相关要素资源产权可以通过市场交易的方式进行流动，那么市场主体通过要素产权交易的行为就是违法行为，因而必然会被禁止和取缔，这样

---

〔1〕 参见张文显主编：《法理学》，高等教育出版社2004年版，第334页。

〔2〕 [古希腊]亚里士多德：《政治学》，吴寿彭译，商务印书馆1983年版，第199页。

不仅不能产生受法律保护的预期的交易结果，而且交易当事人还可能因此而受到法律的制裁。在法治社会，要素资源市场化配置必须在法律允许要素产权流动的前提下，依照法律规定进行。

二、要素产权流动性法律制度对市场配置要素资源的影响

要素产权流动性法律制度，是对要素资源产权能够作为交易标的在不同交易主体之间流转，以及如何进行流转的制度安排。要素产权流动性法律制度对要素资源市场化配置的影响可以归纳为三个方面：

1. 决定要素资源能否合法地进行市场化配置。要素市场化配置通过要素产权交易而实现，在法律制度禁止要素通过产权交易实现要素产权在不同主体之间转移的情况下，进行相应的要素产权交易就不具有合法性，通过要素产权交易实现要素资源配置就不能合法进行。因此，要素产权流动性法律制度决定了要素资源能否合法进行市场化配置。当然，禁止要素资源产权通过产权交易流动，只是在制度上不准许进行要素产权交易，从而在全面守法的情况下，要素资源市场化配置也就不可能发生，市场对要素资源配置便不能发挥任何作用。但是，这并不意味着要素资源的配置不能发生改变，在此种情形下，政府也可以根据需要对要素资源的权利主体转换作出安排。例如，在计划经济时代，我国土地资源普遍实行的划拨制度，就是通过公共权力对土地资源配置作出的安排，即便在今天，这种资源配置手段对特定的土地资源仍然适用。

2. 决定要素资源市场化配置的条件和程序。要素产权流动性法律制度不仅决定了要素资源能否进行市场化配置，而且即便在要素资源市场化配置可能并合法，即法律允许要素资源产权交易的前提下，要素资源市场化配置也要符合法律设置的交易条件和程序。在法律对要素产权交易提出条件和程序要求的情况下，当事人之间的交易只有符合法律规定的条件，履行法律规定的程序，才能产生受法律保护的预期交易结果，市场配置要素资源才能通过法律对产权交易合法性认可并赋予其效力而得到最终实现。否则，相应产权交易便可能因违反法律的强制性规定而被认定无效，或因不符合法律规定的程序或未履行法律要求的手续而被认定交易没有依法完成，不能产生受法律保护的效力。

3. 决定要素资源市场化配置的效率。产权制度的不同安排也决定了特定

要素资源市场化配置的范围、频度,并影响特定产权交易的成本。法律可以限制哪些条件下要素资源产权可进行交易,也对可进行合法交易的主体范围进行限制,可以对要素资源产权交易设置不同程度的程序约束……所有这些,都可能严重影响市场配置要素资源的范围、频度、难度,进而实质性地影响市场配置要素资源的作用和效率。

法治化前提下,要素资源的市场化配置必然要求有健全的要素资源产权交易的法律制度支撑,而相关产权制度如何安排,也决定了市场配置要素资源的作用范围和大小。法律制度对市场配置资源的这种影响决定,在完善农村要素产权法律制度时,可以通过产权制度的不同安排,体现立法者对一个社会要素资源配置施加的实质性影响,根据国情和要素资源配置的目标价值,对某类要素资源能否以及在多大程度上进行市场化配置作出相应的制度安排,体现国家对要素资源配置的基本理念和政策,以实现对要素资源配置进行法律调整的预期目的。

三、农村要素市场化配置下影响产权流动性的基本因素

基于要素产权流动性法律制度安排对要素市场化配置的影响,立法者可以从国家战略需求出发,通过不同的流动性制度安排对要素资源市场化配置进行调节。在法律允许通过产权交易实现要素资源市场化配置的前提下,立法者还可以通过对以下基本因素的把握,实现对要素资源市场化配置的有效调节。

1. 交易标的,即用于交易的要素产权。要素交易的产权覆盖的要素资源范围决定了市场配置要素资源的范围。但是,在很多情形下,同一要素上可能存在多个产权(如农村土地上就存在土地所有权、承包经营权、土地经营权、地役权等不同的产权类型)。市场通过产权交易实现对要素资源的配置,也可以针对不同的要素中的某一种或几种产权进行交易。立法者可根据需要赋予一资源上的某种产权以流动性,而禁止或限制其他产权的流动。例如,在我国,农村土地所有权禁止通过产权交易进行主体的转换,农户的承包经营权则可以通过互换或在集体经济组织内部转让的方式流动,而土地经营权则可以开放地在农户与各种有经营能力的农业经营者之间流动。我国现行法律之所以这样安排,是因为土地是最重要的生产和生活资料,而所有权是最重要、最根本

的土地产权。如果允许所有权不受限制地通过交易而流动，那么势必会造成土地资源在最根本的所有权层面上高度集中，从而造成土地资源绝对的私人垄断。而这与我国社会主义经济性质是不相容的。土地承包经营权是集体经济组织成员基于身份享有的权利，因此，如果允许承包经营权可超越集体经济组织进行流动，那么就会造成大量没有集体经济组织成员身份的人取得该组织集体所有的土地承包经营权，因而，也不符合承包经营权的性质。而土地经营权仅仅是一种单纯的土地经营利用的经济权利。在这一产权层面允许土地资源产权开放地流动，一方面不违背其权利性质，另一方面也可在利用层面实现农村土地资源的优化配置，提高农村土地的利用效率。

又如，劳动力产权分为劳动力所有权和劳动力使用权，劳动力与劳动者不可分离，因而在现代社会，其所有权只能由劳动者享有，不能进行交易（在奴隶制社会和人身依附关系严重的封建社会，奴隶和农奴被视为商品可由奴隶主和领主随意买卖，此时的劳动力交易可以是所有权交易）。劳动者与雇佣者或用人单位之间的劳动力产权交易，只能是劳动力使用权交易。现代法律之所以这样安排，是因为允许劳动力所有权交易违背了现代社会的基本理念（人不能作为商品）。科技成果的产权包括所有性质的权利，如专利权、商业秘密权，也包括专利技术、专有技术实施许可权。在现代各国法律中，这两种产权都可以作为交易标的进行交易。法律对产权的可流动性的安排往往要考虑各国的具体国情，在很多国家土地所有权、使用权均可以进行不受限制的交易。当然，可交易的产权类型越多，市场发挥资源配置的作用也越强。但是，当这一规则与更高的利益相冲突时，法律就只能选择能最大限度优化资源配置效果且产生负面效应最小的产权类型赋予其充分的流动性。

2. 交易主体。交易主体的范围大小是决定产权流动性大小的另一个重要因素。对不同的要素资源，法律可以允许其在任何主体之间进行某种产权交易，也可以将某些类型的产权交易限制在特定范围的主体之间。从理论上说，允许交易主体的范围越大，其优化资源配置的可能性也就很大。某些特殊情形下（如资源高度稀缺的情况下），为了优先保护特定群体的利益，防止相应的资源通过交易流入该群体以外的主体手中，此时，便可能对交易主体的范围进行限制。例如，在我国改革开放初期，尽管城市房屋已允许转让，但相关的政策不允许农村社员购买城市房屋。同样，目前，对农村土地承包经营权，现行法律也规定了只能在同一集体经济组织内部转让。在计划经济时代，农村劳动者在一般情况下也被排斥在城市招工的范围之外（特殊情况例外，如城市单位企业招收临时工、轮换工）；科技成果的实施统一由国家安排，除农业科技成果在全国农村推广外，其他科技成果的推广实施一般只能由国家统一安排在国营企业进行。就资本要素来说，在我国，计划经济以及改革开放后相当长的时间内，重要生产资料和设备都只能在特定的主体间流通；就资金而言，一般居民仅能将资金存入银行，而不能从银行获得借款用于生产和生活所需；等等。这说明法律可以根据需要通过相应的安排将特定要素产权的交易限制在特定的主体范围内，以满足特殊主体优先获得该资源，或防止要素资源流入按当时观念不应获得该资源的人手中。同理，当某种要素资源因社会供给能力的增强而稀缺性程度降低时，相应的法律制度也可逐渐扩大该要素资源产权交易的主体范围，增强资源产权的流动性，提升市场配置资源的力度。

3. 交易条件。为控制资源的流动性，法律还可对资源产权交易的条件设置限制。例如，为抑制房地产市场过热和房地产投机行为，各地近年来都出台了一系列政策，对房地产交易进行限制。有些地方规定购房后一定时间内不能转卖，只有经过该期限，才能转卖该房屋。我国《农村土地承包法》规定，县级以上地方人民政府应当建立工商企业等社会资本通过流转取得土地经营权的资格审查、项目审核和风险防范制度。这一规定表明，社会资本可以到农村进行土地使用权交易，取得农村土地经营权，但必须具备相应的资格，其流转土地所用于的项目必须符合相应的要求，并且应当具备相应的风险防范制度。对交易条件进行限制虽在一定程度上会影响市场配置资源的力度，但是，在某些情形下，也可以防范市场过热或市场失灵的可能风险。为保障市场配置要素资源的有效性，可在特定的情况下对要素产权的流动设置一定的条件，对其流动性进行限制。

4. 交易方式。交易方式是要素产权交易的形式。交易方式可根据不同的标准进行不同的分类。在某些情形下，交易方式也可能对要素资源的流动性产生一定的影响，如平台交易与非平台交易，其在交易效率上就会产生巨大的差异。平台交易通过设立要素产权交易平台，设置共同遵守的交易规则，履行相同的交易程序，办理相同的交易手续，共享与交易有关的相关信息，可以大量节约交易成本，提高交易效率。例如，通过股市、债市进行直接融资，通过土地产权交易中心进行土地产权交易,通过银行获得融资等,都属于平台交易的范围。交易当事人可以及时充分地获得交易相关信息,及时发现交易对象和交易机会,及时得到与交易相关的服务,因而更易于达成交易和完成交易,提升产权交易的效率。因此,为提高市场配置资源的效率,可通过交易平台建设增强要素产权的流动性。

5. 交易程序。交易程序是完成产权交易必须遵守的程序,有些要素资源交易当交易双方达成交易协议时,交易便告完成,有些交易则可能需要履行更多的程序,如批准、公证、鉴证、备案、产权过户登记等。交易程序的设置不同对交易成本会产生重大的影响,为了保障交易的合法性、确定性和交易安全,法律对某些交易程序提出更高的要求是完全必要的。如根据《农村土地承包法》第36条的规定,承包方可以自主决定依法采取出租(转包)、入股或者其他方式向他人流转土地经营权,并向发包方备案。此处的备案要求就是如此,因为发包方作为土地所有权人,需要掌握了解承包地经营状况,并对承包地使用、经营进行监督。通过备案可以让其知晓该承包地经营权变动的情况,从而可以对受让土地经营权的经营者及时行使相应的权利或履行相应的义务。但程序的繁简对交易成本有极大的影响,有时会使当事人厌烦之至而直接放弃交易。为提升要素产权交易的流动性,在交易程序设置上应减少不必要的繁文缛节,使要素产权交易尽可能地简化、便利。

6. 市场发育情况。成熟的生产要素产权市场,体系完备、定价机制成熟、交易规则和管理制度健全,程序规范,交易所需的市场服务专业且完善,从而可以大大降低要素产权交易的成本,提高产权交易的效率。相反,如果市场发育滞后,即便法律允许某种资源产权可通过市场进行流动,但由于没有发育良好的市场体系,发现交易机会的成本、达成交易的谈判成本和完成交易的手续成本等都会大幅增加,从而,交易发生的概率也会受到严重影响。因此,提高产权的流动性,除法律制度应作出适当的安排外,大力加强市场体系建设也极为重要。

第二节　我国农村要素产权流动性存在的制度问题

改革开放以来,我国结束了长期实行的计划经济体制,逐步建立了社会主义市场经济体系。随着我国市场经济的发展,农村要素资源产权制度也发生了重大的变化。但尽管如此,从农村要素产权的流动性来看,其与“市场在资源配置中发挥决定性作用”的要求还存在一定差距,在土地、劳动力、资本、科技及数据要素产权流动性方面,都存在不少问题,亟待通过相关法律制度的完善进一步改进。

一、农村土地要素产权流动性问题

我国经济体制改革首先从农村土地开始,农村家庭承包经营将集体所有、集体经营转换为集体所有、家庭承包经营,在农村土地产权制度中确立了承包经营权。最初的承包经营权不允许流转,因而市场机制对农村土地不能发挥任何配置作用。为适应经济的发展需要,我国开始探索承包经营权流转,并在一段时间将承包经营权流转作为引入市场机制对农村土地资源进行配置的制度形式。但由于承包经营权的身份属性,大规模承包经营权流转势必会使大量农民永久丧失与农村土地的利益联系,这种模式一方面不利于农村社会稳定,另一方面也容易受到农民的反对,通过这种方式难以充分发挥市场机制对农村土地要素配置的作用。为解决这一问题,我国又进行了农村土地“三权分置”改革,最终形成了以农民集体所有权、农户承包经营权和土地经营权为基本构成的农村土地产权结构,并通过《农村土地承包法》和《民法典》对“三权分置”的权利结构进行了确定。在现行的农村土地产权制度中,土地经营权被作为通过市场机制配置农村土地要素的主要产权形态,被赋予了高度的流动性,为实现农村土地资源的市场化配置提供了良好的制度支持。但是,从现行法律制度的状况来看,农村土地产权在流动性方面也存在一些问题,主要表现在:

1. 流动产权覆盖的土地资源范围仍不够广泛。“三权分置”改革及改革成果的法律确认仅解决了主要覆盖农村耕地资源产权的流动性问题,即通过赋予土地经营权较高程度的流动性,使农村耕地能够通过土地经营权交易而实现市场化配置。但是,对农村集体所有的其他土地的流动性问题,现行法律并未提供明确的规定。尽管在农村集体土地中保留一定公共用地是必要的,但是,从目前的情况来看,这种制度状况已经严重妨碍了农村土地的充分利用,甚至导致农村土地资源的巨大浪费。随着城市化的逐步推进,2020 年,我国户籍人口城镇化率为 45.4% ,与 1982 年的 20.3% 相比,增长了 25.1% ;从人口居住的情况来看,9亿多人居住在城镇,占63.89%;5亿多人居住在乡村,占36.11%。[1] 由此可以看出,改革开放以来,我国大部分人口已从农村转移至城市居住,农村房屋存量大量过剩。但由于没有形成规范的农村房屋流转机制,大量房屋处于闲置、毁损、凋敝之中,房屋占据的土地也因产权缺乏畅通的流转机制而处于闲置或实际闲置的状态,造成大量的宅基地资源无法充分被利用而浪费。除此以外,由于农村劳动力和非农产业的大量转移,以前存在的乡镇企业逐步萎缩,大量的乡镇企业用地处于闲置、废弃状态,也造成了农村土地资源的严重浪费。为解决这一问题,目前我国正在广大农村地区推行"两地入市"改革。[2] 随着《土地管理法》的修正实施,农村集体经营性建设用地入市的法律障碍已经破除,[3]但在交易要求和程序、权能完善、收益分配等方面还需进一步明确,实践中仍在积极探索实施农村集体经营性建设用地的入市制度。但农村宅基地"三权分置"改革目前仍处于探索当中,与宅基地产权流转相关的法律制度尚未形成。加强农村土地资源市场化配置,需要对市场配置农村土地资源的范围进一步拓展,期待通过土地产权制度改革,可通过产权交易实现市场化配置的农村土地范围越来越广。

2. 农村土地产权规则体系仍不健全。现行法律规定的可流动的农村土地资源产权主要包括土地经营权、经营性建设用地使用权和流动受严格限制的土地承包经营权。这三项可流动产权都是通过近年的法律修订而确立的。尽管法律规定这三项土地产权可以流动,但相关的交易规则并未健全。如土地经营权交易,按照《农村土地承包法》,土地经营权的受让方应当具有从事农业经营的能力和资质,但对如何确定受让方的相应能力和资质,并没有形成统一

---

〔1〕 参见国家统计局《第七次全国人口普查公报(第七号)——城乡人口和流动人口情况》。

〔2〕 2021年1月4日,2021年中央一号文件《关于全面推进乡村振兴加快农业农村现代化的意见》(以下简称2021年中央一号文件)正式发布,将探索实施农村集体经营性建设用地入市制度,作为深入推进农村改革,完善农村产权制度和要素市场化配置机制,充分激发农村发展内生动力的重要事项。

〔3〕 根据《土地管理法》第63条的规定,土地利用总体规划、城乡规划确定为工业、商业等经营性用途,并经依法登记的集体经营性建设用地,土地所有权人可以通过出让、出租等方式交由单位或者个人使用,并应当签订书面合同,载明土地界址、面积、动工期限、使用期限、土地用途、规划条件和双方其他权利义务。前款规定的集体经营性建设用地出让、出租等,应当经本集体经济组织成员的村民会议2/3以上成员或者2/3以上村民代表的同意。通过出让等方式取得的集体经营性建设用地使用权可以转让、互换、出资、赠与或者抵押,但法律、行政法规另有规定或者土地所有权人、土地使用权人签订的书面合同另有约定的除外。集体经营性建设用地的出租,集体建设用地使用权的出让及其最高年限、转让、互换、出资、赠与、抵押等,参照同类用途的国有建设用地执行。具体办法由国务院制定。

的规则。此外,进行土地经营权交易应向发包人备案,但对以何种方式进行有效备案、如何准备备案材料等具体细节性规则,也没有形成相应的制度。目前仅有《土地管理法》中的个别条文对集体经营性建设用地使用权交易有所规定,按照规定,可进行产权交易的建设用地使用权需要经过规划对其非农业性经营性用途进行确定,并经依法登记,土地所有权人才能通过出让、出租等方式交由单位或者个人使用(相当于一级市场);通过出让等方式取得的使用权可以转让、互换、出资、赠与或者抵押(相当于二级市场)。但对于集体经营性建设用地确定及登记程序规则和具体要求,二级市场具体交易规则,目前也没有具体的规定。至于宅基地产权流转问题,目前正处于改革探索当中,相应的交易规则体系更无从谈起。为推进农村土地资源的市场化配置,急需加快健全相应可流动产权交易规则体系。

3. 产权交易市场体系建设严重滞后。要提高市场配置农村土地要素资源的效率,必须加强可交易产权的市场体系建设。但从目前的情况来看,相关市场体系建设仍严重滞后。交易平台建设、信息共享机制以及中介和公共服务机制等仍处于起步阶段。尽管目前全国各地根据自身的情况建立了一些线上或线下土地流转集中交易市场(主要是土地经营权市场),但这些市场一般为相互分割的本地市场,各市场之间信息并未形成制度化的沟通和共享机制,第三方估价、鉴定、法律服务及登记、公证等中介和服务机制也严重欠缺。集体经营性建设用地的产权集中交易市场建设也刚起步。为充分发挥市场在优化农村土地资源配置中的作用,急需加快土地资源产权市场体系建设。

二、农村劳动力要素产权流动性问题

改革开放以后,农村劳动者逐渐摆脱了城乡分离、农村劳动力资源分属农村集体经济组织并严格限制流动的劳动力资源管理体制。劳动力资源在城乡之间、农村不同经济组织之间的流动障碍逐步消除。当前,农村劳动力市场主要存在两个方面的问题:一是农村劳动力受到区别对待的情形仍一定程度的存在;二是农村劳动力反向回流乏力,农业劳动者供给不足的现象非常突出。

(一)农民工歧视问题

根据国家统计局《第七次全国人口普查公报》,户籍人口城镇化率为45.4%,

而居住在城镇的人口为9亿多人,占63.89%。这表明,有总人口18.49%的人,即2.66亿人居住在城市而没有城市户籍,其中很大一部分均属于在城市打工而没有城市户籍的农民工。这些农民工长期生活在城市,但由于各地城市的社保、子女就学、医疗、就业等方面的福利均以户籍为本地居民为依据,因此,大量农民工身处城市却不能享受市民待遇,有的用人单位对农民工和城市就业的劳动者也区别对待,实行不同的工资标准、社会保险标准和福利标准。近年来,随着国家对农业转移人口落户城镇的重视,这一现象得到一定好转〔1〕,户籍城镇化率有较快速度的提升。〔2〕但尽管如此,农民工未得到平等对待的情况仍普遍存在于我国各个城市和用人单位之中。

此问题从某种意义上说,是劳动力市场中劳动力使用权的定价问题。城市劳动力使用权和农村劳动力使用权在劳动力市场中根据户籍等身份因素实行不同的定价标准。这表明,我国并未形成一个高度融合的统一市场,劳动力市场一定程度上仍然是一个分裂的市场。由于劳动力市场的二元化,使城市用人单位使用农村劳动力的成本较低,因而,也使城市对农村劳动力的容纳能力大大提升,导致劳动力单向流动成为长期趋势,农村劳动力数量和质量均快速降低。

(二)农村劳动力回流乏力问题

改革开放后,我国农村劳动力大量流入城市,农村劳动力数量越来越少。导致农村劳动力外流的背后原因是多元的,既有属于因农业的弱质性决定的相对收益过低引起大量劳动力为追求更高收益而放弃种地的一般原因,也有特殊的经济、地理、文化等因素决定的特殊原因。归纳起来,主要包括以下方面:

1. 种地收益过低是造成大量农村劳动力流出的基本原因。据我们2019年在重庆部分区县进行的调研,2017年、2018年,重庆市粮食种植亩现金收益(家庭用工未算成本)分别为812元和804元。若扣除家庭用工成本,这一收益还要大打折扣。垫江县政府的一项测算似乎更能说明问题:以种植水稻为例,该

---

〔1〕 2016年国务院下发的《关于实施支持农业转移人口市民化若干财政政策的通知》(国发〔2016〕44号)以及财政部印发的《中央财政农业转移人口市民化奖励资金管理办法》(财预〔2016〕162号,已失效)提出,强化地方政府特别是人口流入地政府主体责任,建立农业转移人口市民化财政政策体系。

〔2〕 2014年我国以户籍人口衡量的城镇化率仅为35.9%,而2019年为45.4%。

县农户种植1亩水稻,农资、劳力、机种机收的投入约合860元,按每亩水稻产量1000斤,市场价1.2元/斤计算,亩收入仅为1200元,扣除成本后,每亩净收入仅为340元;如果是旱地种植玉米,每亩的净收入则仅有200元。该市农民人均耕地为1.16亩,户均耕地面积不足5亩,农民靠种地的生存压力和对更高收益的追求,迫使大量承包耕地的农民放弃种地而进城谋生。垫江县高峰镇红星村9社全社有400余人,在家务农的仅有70～80人,而这其中,18～60岁的仅有7人,60岁以上的留村从事农业经营的劳动力占90%。种地收益低而引起农村劳动力流出是导致耕地撂荒的根本原因。

2. 小农经济下高强度农业劳动是农村劳动力外流的另一重要原因。如重庆市是典型的丘陵山区,“馒头山”“巴掌田”“鸡窝地”遍布全市农村。丘陵山区的地貌特征决定耕地:一是山地多,坡度15度以下的耕地仅占49%,坡度15度以上的耕地占51%;二是地块分散,单块耕地1亩以下的占80%,大面积成片的耕地非常少,农户耕地分散在3处以上的占60%。高坡度和零碎化大幅度提高了农业的经营成本,并严重制约了现代农业技术的使用,为发展规模农业带来了难以克服的障碍。这不仅使更多的农户因自己耕种不划算而放弃种地,而且也使欲从事农业规模经营的经营者不愿通过流转耕地经营权而对耕地进行集约化经营。其结果是农户自己不愿种地而又无法将耕地流转给其他人耕种,只能听任耕地撂荒。

农地流转不畅导致农户自己不种,他人也不能种。重庆市耕地流转率仅为44%,流转率偏低的主要原因除该市特殊的地貌特征影响外,另一个重要的原因是一些农户不种地而惜地的心理和对流转土地存在的各种担忧。一些农户认为,耕地在自己的手中,并没有给自己增加什么负担,而一旦流转出去,再想种地就可能无地可种,甚至因耕地改造,自己承包地在哪里都找不到了。因此,有些进城农民宁可让承包地荒废,也不愿意流转。一些耕地的撂荒是因为农户自己不种而其他人也无法通过流转而耕种造成的。

3. 农业经营风险大,经营收益无保障。农产品生产与市场脱节引发农业经营风险过大使农业经营者无力继续耕种。一些农户辛勤耕作一年,好不容易盼来了好收成,但由于市场价格大幅下跌,增产不增收,甚至血本无归,一些农户对来年继续耕种丧失信心,索性放弃耕种,另谋他计。特别是一些经营大户和农业企业,因农产品价格波动可能导致其经营严重亏损,导致其无力继续经营、债台高筑，一些经营者甚至不堪重负而逃之夭夭，留下大量流转来的耕地，任其荒废。

4. 长期形成的"厌农"意识导致人们尽可能远离种地。尽管党和政府一直高度重视"三农"问题，但由于长期存在的城乡二元格局，在我国社会中一些人逐渐形成了对农业、农民、农村的歧视，这种歧视对出生在农村的人口产生了极为深远的影响。对很多农村出生者来说，在家务农是一件不光彩的事情，是"无能""没出息""窝囊"的表现。这种"厌农"意识主导的农村亚文化生态，使留村务农者不得不承受难以忍受的心理压力，以致一些农村青壮年甚至在留村务农可以有更高的收益和更好的生活的情况下也会放弃留村务农。

5. 农业劳动力再生产严重不足。一些早期进城的农民工长期生活在城市，其子女也生于城市长在城市，从来也没有受到过经营农业技术训练。一些农民进城后不仅会尽一切努力改变自己农民形象，而且对自己的子女，从一出生就开始"非农"的人生设计和教育。因此，不仅大量成年人远离农业，而且农村的新生代中，也几乎没有人打算以耕地种田谋生，农村出生的"80""90""00"后青壮年中，很大一部分人不仅不愿种地，而且根本不会种地。

劳动力资源的单向流动，导致农村资源巨大浪费，农业发展也受到严重影响。重庆市农业农村委 2019 年 5 月对 27 个重点区县 228 条街镇进行入户调查，调查结果显示，5581 户农户拥有耕地面积 30,974.54 亩，撂荒 2 年以上的有 2764.97 亩，占耕地面积的 8.9%；撂荒 1～2 年的有 1228.81 亩，占 4.0%。此外，还有 2261.21 亩季节性休耕地，占耕地面积 7.3%。三项合计，撂荒耕地占比 20.2%。一些偏远山区的村社，耕地撂荒率甚至超过 50%。

农村劳动力的状况根本不能满足乡村振兴的要求。要全面实现乡村振兴，农村劳动力单向流动的现状必须彻底转变。

三、农村资本要素产权流动性问题

农村资本要素产权流动性存在的问题主要表现在两个方面：一是农村集体资产产权流动性制度仍不完善；二是农村资金市场运行不畅，农业投入问题仍未根本解决。

(一)现行集体资产产权制度严重制约了要素资源的流动性

农村集体资产是与农村有关的资本要素的主要组成,近年来,随着农村劳动力的大量流出,农村集体经济发展遭遇重大挫折。不少农村地区集体经济日益萎缩,甚至出现大量"空心村"现象。集体经济萎缩的重要原因之一是集体资产产权制度存在严重的问题,导致集体资产无法实现资本化,进而进行市场化配置。而其中最重要的是集体资产利益关系不确定,导致其产权流动受到严重的制约。

我国农村集体资产管理制度是随着集体经济的产生与发展而逐步确立和发展的。20 世纪 50 年代初级社阶段,集体资产管理制度处于萌芽期,没有形成统一的制度体系。到高级社阶段农村集体经济逐步形成,在人民公社时期,我国集体资产管理体制逐步确立。农村社会形成了"三级所有,队为基础"的集体经济组织形式,并根据集体经济三级所有体制建立了三级集体资产管理机构。改革开放后,农村集体资产管理体制得到了维持,但在实践中被逐渐弃置。改革开放后,尽管我国农村普遍实行了家庭联产承包责任制,但是,之前确立的农村经济组织体系并没有发生改变。由于农村经营体制由"集体所有,集体经营"向"集体所有,家庭经营"转化,集体经济在一些地区逐步萎缩,集体经济组织功能也日益削弱,但即便如此,我们并没有通过制定法律、法规或出台权威的政策,全面废止农村集体资产管理体制和管理制度。

集体资产产权制度中,农民集体、集体经济组织和集体经济组织成员享有的权利界限不清是其中最重要的问题,农民集体通过成员大会或成员代表大会的方式行使权利。但是,由于大量农村人口流出,通过这种方式行使所有权已越来越困难,不可能经常性地有效进行。集体经济组织作为资产的管理人不明确自己到底享有哪些权利,哪些资产可以处置、可以投资,同时,由于作为所有人的成员集体监督乏力,一些集体经济组织负责人将集体资产视为其自己的财产而大肆侵吞,而另一些负责人则因为担心犯错误而不敢大胆利用。由于现行制度没有确立其与集体资产经营的直接利益联系,因而,其对集体资产的利用和保值增值也漠不关心,在成员大部分人进城打工以后,关心集体资产经营的人越来越少。市场对集体资产要素的配置普遍不能发挥有效的作用。集体资产产权流动性因产权界定模糊而受到严重的影响。随着乡村振兴战略的推进,中央已经充分认识到发展农村集体经济对振兴乡村的重要意义,并从2015年开始，在广大农村掀起了集体产权制度改革的浪潮。相信随着改革的推进，农村集体资产产权制度将会在总结改革经验的基础上得到重塑。

（二）资金市场运行不畅，农村投入仍是制约农村发展的瓶颈

近年来，通过"三权分置"改革和农村经营性建设用地入市改革，土地经营权和经营性建设用地使用权成为可用于融资担保的财产，大大增强了农村要素资源产权的融资能力，农村与资金市场的长期绝缘关系被打破，农村与资金市场的渠道进一步拓宽。但在要素产权制度方面，资金要素的市场化配置还面临着三个重要的问题：

一是如何进一步拓宽要素资源产权融资范围的问题。对于包括宅基地资源产权以及农作物、牲畜、自然风光、农业经营者经营的产业项目以及整体资产等要素产权可否作为以及如何作为担保财产获得融资，还欠缺完善的制度支撑。

二是资金市场对农村要素产权融资的认可和普遍接受的问题。当前，尽管土地经营权和集体经营性建设用地使用权流动性问题已经通过法律得到确认，其作为担保财产进行融资也得到了法律的认可，但是，从实际情况来看，银行等金融机构甚至民间贷款人似乎普遍不愿接受其作为合格的担保财产而提供贷款。根本的原因在于，相关产权交易市场的发展仍严重滞后，这些要素资源产权难以便利地通过市场变现。随着农村要素产权市场培育和发展，相信这一问题会逐步得到解决。

三是如何建立面向农村的金融服务激励约束机制问题，即通过合理的产权制度设计吸引更多的金融服务机构面向农村开展金融服务，推动农业发展、农村社会建设和农民生活的改善，同时加强金融市场的监督管理，取缔非法金融，实现农村金融服务的规范化。

四、农村科技要素产权流动性问题

农业发展、农村社会进步和农民生活水平的提高离不开科技创新和科技成果在农村的推广应用。而要推进科技研发和科技成果的推广应用，需要建立合理的科技产权制度，并通过科技产权的流动，形成有效的科技产权激励机制。

当前,我国农村科技要素产权流动性方面的问题主要表现在以下方面:

一是产权利益关系不顺,有效的科技产权激励机制尚未形成,农村科技产权市场对科技研发和推广的推动作用有待加强。我国科技成果的研发主力是国有企业和国有科研单位,大量科技成果属于职务科技成果。使用权、处置权和收益权在归属、利用等方面存在多元主体的利益冲突(包括研发单位、科研人员、实施单位和人员、推广组织单位、推广人员等主体)。科技成果要转化为现实的生产力,必须通过实施和应用,而科技成果的实施和应用则需要通过科技产权市场的产权交易进行产权的转移。在多元利益主体并存的情况下,必须明确且合理地协调不同主体之间的利益关系,才能形成有效的产权激励机制,推动科技要素产权的流动,并通过市场获得各自应得的回报。当前,我国科技要素产权制度存在的一个严重的问题便是多元利益主体关系尚未理顺。尽管科技成果产权制度设计赋予了科技成果产权高度的流动性,但由于利益关系不顺,对为科技成果研发和推广直接贡献智慧的科研人员并未形成有效的激励,致使科技成果的研发创新缺乏强劲的动力,实现科技成果转化的产权交易市场(如专利权、专有技术权以及专利实施许可权交易,专有技术实施许可交易,科技成果推广、应用交易)仍缺乏活力。多元主体利益关系不顺在涉农科技研发和推广方面尤其严重,要强化科技要素产权市场流动性,并通过更繁荣、活跃的产权交易市场推动科技成果的研发和推广,必须理顺科技成果的产权归属、利用主体之间的利益关系,形成产权市场对科技研发和推广的有效激励。

二是科技产权市场中介服务机制不健全,科技成果产权市场体系建设有待加强。科技成果研发是高度集中的专业创新活动,而科技成果实施、推广和应用在通常情况下都是典型的经营活动。让从事科技研发的专业科技人员在研发者和经营者之间随时进行高频度的角色转化,其结果必然是两种角色都扮演不好。当前科技要素产权市场流动性不足的重要原因之一是媒介研发和转化、实施、推广的中介服务机制严重滞后,导致科研人员要么放弃以科技研发为重心而投身转化、实施、推广,要么坚持科技研发而放弃成果的转化、实施、推广。由此导致各类科技主体在两难中各有选择,其结果是一方面国家总体上研发动力不足,另一方面科技市场缺乏活力。

三是缺乏有效的科技成果产权投资风险控制机制,科技成果资本化程度不高。科技成果资本化,就是科技成果作为资本进行投资并参与投资收益分配的过程。只有通过科技成果资本化,将科技成果运用于社会生产过程,使科技要素与其他基本要素融合,才能形成现实生产力。科技成果资本化的普遍实现,有赖于对科技成果要素资本化过程中风险的合理控制,毕竟任何资本都以追求利润为唯一目标,如果科技要素实施效果的不确定性过高,必然会被大多数投资者拒绝。这也是影响科技成果流动性的重要因素之一,农业科技尤其如此。农业科技成果由于主要在农业产业中应用,而农业本身就处于弱质地位,农业产业的总体利润率水平与其他产业平均利润率相比存在一定差距,加上农业科技成果实施推广必须大范围内实施才能取得营利的结果,因而其实施、推广需要的前期投入成本也普遍偏高,如果科技成果实施、推广的风险过大,就不会对投资者形成有效的吸引力。这也给科技成果资本化带来巨大的阻力。因此,要推动科技要素市场化配置,提高产权交易市场活力,推进科技成果资本化,必须建立有效的资本化风险控制机制。而当前,在我国农村科技领域,这种风险控制机制仍不够健全。这是影响我国科技要素产权流动性、导致科技要素市场缺乏活力的重要问题之一。

五、农村数据要素产权流动性问题

农村数据产权流动性,是市场化配置数据资源的基本条件。要充分发挥数据要素在农业发展、农村社会进步和农民生活质量提升中的作用,应大力推进数据要素的市场化配置。

农村数据要素产权制度与其他领域的数据要素产权制度建设均处于起步阶段。在未来的数据要素产权制度建设中,需要特别重视农村数据要素产权制度建设,实现农村数据要素产权制度与数据要素产权基础制度及其他领域的产权制度建设同步推进;避免要素市场化配置方面农村普遍滞后的现象再度重演,使数据要素产权制度在推进农业发展、农村社会建设和农民生活水平提升方面,充分发挥作用。

从目前我国数据要素产权制度的具体情况出发,如何建设适应中国国情,具备中国特色,能够充分发挥市场配置数据要素资源作用的产权制度,是当前我国面临的制度建设方面的重要任务。笔者认为,在现代法治社会,要素市场化配置必须通过要素产权的交易实现,要充分发挥市场对数据要素资源的配置性作用，在相关产权制度安排方面，必须高度重视数据要素产权的流动性设计。当前数据要素产权流动性方面存在的问题是基础产权制度建设的系统性缺失问题。这需要我们加强对数据要素产权制度基本原理，市场机制发挥作用机理、条件和空间，涉及的相关主体利益、利益协调平衡机制等方面进行深入研究，为数据产权及其流动性制度设计提供充分的理论支撑。

第三节　要素市场化配置下农村要素产权流动性制度完善

一、提升农村要素产权流转的改革实践：基于农村“三变”改革的考察

（一）对农村“三变”改革的认识

从2016年开始，按照中央的统一部署，在我国农村开展了以股份合作制改革为中心的农村集体产权制度改革，集体产权制度改革开启了探索农村集体资产规范管理和有效利用的大门。正是在这一背景下，全国各地农村开始了盘活集体资产、实现集体资产高效利用的实践探索。农村“三变”改革正是在这一背景下进行的有益尝试。[1]

“三变”即“资源变资产”“资金变股金”“农民变股东”。所谓资源变资产，是指将集体土地、林地、林木、水域、湿地等资源的使用权，通过一定的形式入股到新型经营主体，并取得股权。所谓资金变股金，是指将可变的财政资金、村集体资金及村民自有资金，量化为村集体或农户持有的股金，集中投入各类经营主体，并由村集体或投资者取得股权。所谓农民变股东，是指农民自愿以耕地、林地的经营权，宅基地的使用权，以及资金（物）、技术等，投资入股经营主体，取得股权，成为经营主体的股东。

---

〔1〕 早在2013年我国贵州省六盘水市就首先启动了以实现“三变”为目标的一系列的改革尝试，取得了显著的成效。2015年习近平总书记在中央扶贫开发工作会议上首次提及“三变”改革指出，要通过改革创新，让贫困地区的土地、劳动力、资产、自然风光等要素活起来，让资源变资产、资金变股金、农民变股东。2017年，“三变”改革作为进一步深化农村集体产权制度改革的措施写进了当年的中央一号文件（中共中央、国务院《关于深入推进农业供给侧结构性改革　加快培育农业农村发展新动能的若干意见》），该文件指出，要“从实际出发探索发展集体经济有效途径，鼓励地方开展资源变资产、资金变股金、农民变股东等改革，增强集体经济发展活力和实力”。

农村"三变"改革不同于家庭承包和"三权分置"改革,它是在坚持现有基本制度框架的前提下,通过唤醒农村经济主体(农户、农村集体、农业经营者、投资者等)的权利意识,调动各方面行使权利的积极性,推动各类农村资源的市场化配置和充分利用,并使参与各方从农村资源利用中获得收益,以转变农业经营方式,促进现代农业产业发展,实现农民富裕。"三变"改革不涉及农村基本制度的变革,无须改变农村基本的经济制度。从法理上说,村集体、农户或农民个人将属于自己的资源、财产、技术和劳动力投资入股,本来就是其应有的权利。无论是"资源变资产""资金变股金",还是"农民变股东",都只是其以特定方式行使法律赋予的财产权而产生的必然结果,因此无须改变农村资源、资产和农民身份等方面的基本制度现状。"三变"改革的实质是充分动员改革参与者行使法律权利,参与资源流转,探索实现要素资源资本化,激活农村长期"沉睡"的要素资源,实现资源高效充分利用的改革。推动资源产权流动,实现资源的市场化配置,是"三变"改革的灵魂。这是因为:

首先,资源变资产不仅需要对资源进行明确的产权界定,而且需要其能够通过一定的机制进行评估、量化,并作为资产进行投资,当资源进行资本化处理时,它就不再仅仅是资源,也成为可通过产权交易(如入股)而进行市场化配置的资产。通过资源资本化,农村各类资源才能按照市场规律进行投资,从而运用于农业生产经营。

其次,资金变股金也是集体或农民货币资金的资本化过程,只有当资金作为资本投资时,资金变股金才能规范地实现。

最后,农民变股东的转变是要素资本化的结果。只有当集体资产管理制度上明确集体经济组织成员范围、成员加入与退出的规则、每一成员的股权份额及其享有的权益,或农民以自己的财产进行投资时,农民才能顺利地实现变股东的身份转换。

(二)"三变"改革的基本方面

从各地"三变"改革的实践来看,"三变"改革在推动要素产权流动性方面,主要进行了以下探索:

1. 探索农村可流动的农村集体资产范围。农村集体资产是指农村集体经济组织以各种形式的投资、投劳、接受馈赠拨款等形成和依法取得、认定的各种类型的财产及财产权利。[1] 一般而言,狭义的农村集体资产是指农村集体经济组织所拥有的资本及权益,仅指农村的经营性集体资产;广义的农村集体资产是指村集体经济组织所拥有的一切财产,包括资源性资产、经营性资产、非经营性资产。根据2016年12月26日的中共中央、国务院《关于稳步推进农村集体产权制度改革的意见》的规定,农村集体资产分别包括:第一,资源性资产。例如,农民集体所有的土地、森林、山岭、草原、荒地、滩涂等。第二,经营性资产。例如,用于经营的房屋、建筑物、机器设备、工具器具、农业基础设施、集体投资兴办的企业及其所持有的其他经济组织的资产份额、无形资产等。第三,非经营性资产。例如,用于公共服务的教育、科技、文化、卫生、体育等方面的非经营性资产。这三类资产是农村集体经济发展的重要物质基础。

农村集体资产管理是以产权为基础,对农村集体资产的经营和使用而进行的一系列管理活动,是以提高农村集体资产运营的经济效益和社会效益为目标的系统工程。[2] 农村集体资产的管理主体是农村集体经济组织,其归属权属于农村集体经济组织内的全部成员。[3] 农村集体资产管理本质上是农民集体将自己拥有的资源、财产和财产权益交由集体经济组织支配、利用和运营的一种资产管理形式,集体经济组织只能根据农民的利益对相关资产进行管理和运营。

随着我国改革开放的不断深入,一方面,农村主要资源的支配和利用权逐步转移到农户手中,农村集体经济组织直接管理和运营的资产逐渐萎缩;另一方面,随着城市建设的发展,大量农民进城打工,对于大多数的农民来说,农业经营收益不再是其主要的收入来源。他们对农村集体资产管理、运营的状况无法进行直接的监督。长期以来,我国农村集体资产的管理出现了一系列严重的问题,农村集体经济空心化、资产管理混乱,以及侵占、破坏集体资产的现象非常普遍,亟需加强集体资产管理制度的建设。

健全集体资产管理制度必须明确界定农村集体资产产权。为此,自2015

---

[1] 参见刘瑞雪:《农村集体经营性资产法律保护问题研究》,河北师范大学2013年硕士学位论文,第4页。

[2] 参见蒋利娟:《农村集体资产管理困境及对策研究——基于长三角地区的分析》,东华大学2017年硕士学位论文,第14页。

[3] 参见徐贵平:《重庆市江津区农村集体资产管理存在的问题及对策研究》,重庆大学2017年硕士学位论文,第9页。

年以来,在我国广大农村普遍掀起了一股集体资产产权制度改革的浪潮。通过清产核资、集体资产的折股量化、农村集体成员的身份认定以及股权分配机制等方面的改革,进一步明确了集体资产的范围、归属主体和管理主体,厘清了不同主体之间的关系,确立了集体资产管理中不同主体的权利、义务和责任,为我国农村集体资源、财产的资本化,创造了良好的条件。

摸清集体资产的家底是管理好农村集体资产的首要任务。[1] 在集体产权制度改革中,清产核资所涉及的集体资产包括经营性资产、非经营性资产与资源性资产。在摸清家底的前提下,各地农村进一步明确了集体财产的范围和归属,并通过登记的形式予以确定。如天津市宁河区在改革中要求各村社对其所有的农村集体资产进行登记、使用、清查、报告,使集体资产的范围和权属通过法律的形式得到确定。通过清产核资,不仅明确了产权客体的范围,而且明确了哪些产权可以进行交易,可以作为可流动的要素产权进行转让或投资。

"三变"改革的目标是在农村实现"资源变资产、资金变股金、农民变股东"的要素和主体的角色转变。通过"三变"改革鼓励和推动成员集体和成员个体利用其拥有的资源、财产通过产权交易,投资农业经营项目,自行组织或与其他企业、个人共同组织经济实体,从事农业生产经营,并享受经营收益。其核心就是尽可能地推动农村集体或农民个人能够将更多的资源、财产通过投资入股,实现财产的资本化。

2. 探索集体资产各类产权利益关系,明确产权流动的主体。"三变"目标的实现,有赖于集体资产产权关系的明晰。为此,必须理顺资产运营过程中的各种关系,其中包括资产所有者与资产管理者之间的关系、资产管理者与资产经营者之间的关系、资产投资者与资产经营者之间的关系以及资产所有者、管理者、经营者、投资者与政府之间的关系。只有这样才能有效推进资源、资金的资本化,为要素资源通过产权交易实现市场化配置创造条件。自 2016 年中共中央、国务院发布《关于稳步推进农村集体产权制度改革的意见》后,农村集体产权制度改革便在全国范围内普遍开展。广大农村地区全面开始了清产核资"摸家底"、确权确员确股"夯基础"、培育经营主体"搭平台"、推进合股联营

〔1〕 参见徐贵平:《重庆市江津区农村集体资产管理存在的问题及对策研究》,重庆大学 2017 年硕士学位论文,第 30 页。

"建机制"、规范收益分配"释红利"等各项集体资产管理制度改革方面的工作。

将清产核资的资源性资产、经营性资产等全部折股量化到集体经济组织及其成员,是农村集体资产产权制度改革的另一项重要内容。一些地区不仅将经营性资产进行了折股量化,而且对资源性资产也进行了折股量化。

关于股权设置方式,最大的争议焦点一直是成员股、集体股设置之争。成员股,顾名思义,是为农村集体经济组织成员个体设置的股权,是成员获得股权收益直接的依据;集体股带有公有经济的特征,属于集体经济组织享有,设置集体股的主要目的是给集体经济组织留存足够的预备资金来应对危机及进行集体设施建设,预防集体经济的"空壳化"危机。[1] 从目前的改革的情况来看,各地在折股量化的过程中普遍采用了将集体资产完全量化给集体经济组织成员的做法,但是有些地区保留了一定比例的集体股和扶贫股。在折股量化之后,集体经济组织还普遍建立了股东名册,并对股权进行了登记。

通过明晰产权利益关系的探索,明确了集体资产管理者的集体经济组织可代表集体进行集体资产产权交易的权利。

除此以外,"三变"改革还从农村集体资产市场化配置要求出发,对农村集体经济组织市场主体化进行了探索。长期以来,我国农村集体经济管理实践中存在政经不分、资产管理者与行政管理者身份重合的现象。这种状况不利于农村集体资产的有效管理和市场化运作。为此,根据《关于稳步推进农村集体产权制度改革的意见》的改革要求,在集体产权制度改革过程中,一些地区为了发挥好农村集体经济组织在管理集体资产、开发集体资源、发展集体经济、服务集体成员等方面的功能作用,可在基层党组织领导之下,探索明晰农村集体经济组织与村民委员会的职能关系。在有需要且条件许可的地方,可实行村民委员会事务与集体经济组织事务分离,由以村或村民小组为单位设立的农村集体经济股份合作社或者农村集体经济合作社,对本集体经济组织的各类资产进行统一管理,并以法人的名义进行登记。通过这些工作,农村集体资产管理者逐步成为真正的市场经济主体。

3. 探索成员资格的认定路径,明确集体资产资本化利用的收益主体。成员

---

〔1〕 参见陈晓枫、翁斯柳:《股权的设置与管理:农村集体经营性资产股份权能改革的关键》,载《经济研究参考》2018 年第 32 期。

资格确认是农村集体产权制度改革的重中之重，是清产核资、明晰产权、股权利益分配等的前提，关系集体经济组织成员的切身利益。根据《关于稳步推进农村集体产权制度改革的意见》的要求，成员身份的确认应依据有关法律法规，按照尊重历史、兼顾现实、程序规范、群众认可的原则，统筹考虑户籍关系、农村土地承包关系、对集体积累的贡献等因素进行。实践中，对于集体经济组织成员资格的认定标准并不统一，主要有：第一，“户籍＋特别身份”模式。此种模式以户籍为基础，同时考虑将与现有成员有特定身份关系的其他人员纳入成员资格确认的范围。所谓特定身份，是指与现在的集体经济组织成员具有特殊的身份关系[1]，如夫妻关系、自然或者拟定血亲关系。第二，“户籍＋常住”模式。在新疆维吾尔自治区，由于地广人稀，地理和交通条件较差，很多村民外出务工许多年都与原籍地没有联系，管理困难，所以在认定成员资格时只登记户籍在本村且常住本村的村民。第三，“户籍＋申请”模式。例如，广西壮族自治区北海市海城区规定除户口一直在本集体经济组织所在地或者通过出生、婚姻以及国家政策迁入本集体经济组织的成员以外，其他人员可以通过申请，按照民主议事程序，由本集体经济组织成员大会讨论通过，经公示无异议并报街道办事处备案后，取得成员身份。第四，“户籍＋土地承包”模式。例如，山西省沁县在确认成员身份时，将户籍与在本村享有以家庭承包方式取得承包资格作为确认集体经济组织成员身份的主要依据。第五，“户籍＋生产、生活＋基本生活保障”模式。如根据陕西省高级人民法院《关于审理农村集体经济组织收益分配纠纷案件讨论会纪要》第5条的规定，农民要成为集体成员，不仅应在集体（村或组）生活生产、在本集体有户口，而且应与所在集体具有权利义务关系。[2] 尽管各地标准不同，但对明晰集体资产的产权主体，都起到了重要作用。

4. 探索集体资产市场化利用的收益分配机制，保障农民收益分配权。《关于稳步推进农村集体产权制度改革的意见》规定，应当健全集体资产收益分配制度，明确公益金、公积金的提取比例，把农民集体资产股份收益分配权落到

---

[1] 参见肖新喜：《论农村集体经济组织成员身份的确认标准》，载《湖南师范大学社会科学学报》2020年第6期。

[2] 参见肖新喜：《论农村集体经济组织成员身份的确认标准》，载《湖南师范大学社会科学学报》2020年第6期。

实处。为落实该意见的要求,各地对农村集体资产收益分配制度也进行了系统的改革,确立了以股权分配制度为基础的农村集体资产分配制度。例如,2020 年 3 月中共山东省委组织部、山东省农业农村厅等联合发布了《关于引导农村集体经济组织进一步规范收益分配的通知》。按照该通知的规定,集体经济组织的收益分配按照“提取公积公益金—提取福利费—向投资者分配—向成员分配—其他分配”的顺序进行;在向股东进行分配时严格执行集体经济组织章程中有关收益分配的约定,按照股东享有的股份份额进行年度收益分配,实行同股同权、同股同利。重庆市石柱县中益乡华溪村以集体盈利收入的 60% 为全体社员分红,30% 作为村扶贫济困基金为困难家庭开发公益性岗位和临时救济,10% 作为村集体公益金,将“三变”与脱贫攻坚有机结合起来,实现产业发展与脱贫增收的有机衔接。除此以外,各地还在农村集体资产管理财务制度建设、监督机制建设以及资产流转、交易服务监督管理方面进行了卓有成效的探索。

(三)“三变”改革反映的农村集体资产产权流转制度问题

“三变”改革是推动农村集体资产按照市场规则进行投资、利用的改革。现行农村集体资产管理制度及其改革实践是否科学合理,能否适应农村经济发展的要求,必须经过实践的检验。从这个意义上来说,“三变”改革也是检验农村集体资产管理制度和改革实践的试验场。从目前“三变”改革的实践来看,我国农村集体资产管理制度仍然存在诸多问题。择其要者,主要包括以下几个方面:

1. 资源资产定价评估机制不够完善。“资源变资产”是“三变”改革一大创新。资源性资产包括山川、河流、森林、草地等构成的自然资源与自然风光。这些资源有一部分已被财产化,如林木,可以将其作为经营性资源、充当经营性资产,按照或者参照一般的市场价格标准进行价值评估。但是在这些资源当中,有一部分自然资源与自然风光却不具有传统意义上的财产属性。如由山川、河流、草地等因素而形成的自然风光,在传统的物权体系当中并没有以其为客体形成相应的用益物权制度。然而,这种自然资源在发展农村经济过程中是可以作为投资来利用的。例如,重庆市潼南区塘坝镇天印村充分挖掘“翻天印石”“印天湖畔”自然风光等自然资源,村集体以这些自然资源作为投资开发乡村旅游项目,与外部投资者合作经营,赋予长期“沉睡”的自然资源市场价值。但是,如何对这种没有注入人类劳动、几乎没有被当作商品和财产看待的资源资产进行定价,却成了较大的难题。“资源变资产”要求在农村集体资产管理中将资源资产作为一种能够进行市场化配置的经济要素,用于盘活农村经济,增加农民收入。“三变”改革的实践表明,如何对资源资产的价值进行衡量和评价并作为投资进行定价是普遍面临的难题。

由于缺少对于具有开发旅游项目的某些资源资产的定价制度,农村集体资产管理主体在“资源变资产”的过程中往往对此一筹莫展。虽然各试点村庄都在清产核资这一步摸清了家底,但无法真正完全对这些家底作为资产进行投资,物尽其用。从笔者收集的资料来看,一些地方在总结“三变”改革的成果时,往往对“资源变资产”的统计数据都是以亩为单位,例如,盘活集体林地、草地、水域、“四荒地”8.7 万亩;实现 10,210 亩土地资源变资产……并没有反映该资产的价值,也没有反映其在投资农业经营实体时是如何进行价值评估、价值比较及量化的。缺乏权威的价值评估体系和统一科学的评估标准,使集体经济组织在使用这类资产进行投资入股时难以判断其价值,并对投资收益作出合理的预期。这不仅会增加其投资风险,也不利于吸引社会资本。

2. 资产管理者市场主体化不足。农村集体经济组织是进行农村集体资产管理的主体。目前,农村集体经济组织与村民委员会的职能相互混同的情况相当普遍。农村股份合作社大多采取的是交叉任职,董事长多由村干部兼任,职能重叠。[1] 有的甚至出现了“一套人马,两个班子”的现象,农村集体经济组织直接由村民委员会成员构成,政商合一,集体资产管理带有强烈的行政色彩,严重限制了农村集体经济组织市场主体化。虽然某些涉及农村集体经济组织的行政法规、地方性法规、部门规章和其他规范性文件就二者的职能分工也作了一些规定,但实践中,为了“便宜行事”,加快改革进度,大部分地区并未真正设立具有独立地位的农村集体经济组织。在村民委员会代行农村集体经济组织职能的地区,更未明确对行政职能与集体资产管理职能进行区分,村民委员会同时承担公共服务者与资产管理者两种角色,这样可能出现管理者滥

---

〔1〕 参见黄志萍:《我国农村股份合作社法律问题研究》,载《黑河学刊》2013 年第 11 期。

用公共权力侵犯村民合法权益而不被追究责任的后果。[1]

3. 集体资产管理者与经营者不分。根据目前的法律规定,农村集体经济组织是农村集体资产的唯一管理者,享有对于农村集体资产的管理权与经营权。在“三变”改革中,农村集体经济组织对于集体资产的运作形式为:由成员集体决定农村集体经济组织利用其管理的资源、财产投资农业经营项目,独资成立或与农民个体、其他社会组织、其他个体共同出资成立经济实体,从事农业生产经营,并享受经营收益。农村集体经济组织对于集体资产整体享有独立管理权与经营权,农业经营项目的经营主体只享有对于已作为该项目投资的集体资产的经营权。

在“三变”改革试点中,农村集体资产管理者与经营者不分的情况也很常见。农村集体经济组织在利用集体资产投资农业经营项目与其他经营者合作时,往往将合作对方的投资与集体资产混同管理,并以资产经营者的身份从事经营项目的管理,或者直接将经营项目合作投资者的资产纳入集体经济的资产范围,对其进行统一管理。由于农村的集体项目合作经营者往往既是本集体经济组织的成员又是外部投资者,所以有的村社在对集体资产量化时出现了成员股权份额严重失衡,甚至不同的成员所享有的股权份额相差成百上千倍的现象。由于集体资产管理者与农业项目经营者身份混淆而产生的股份持有份额的严重失衡,会导致在股权分配的结果上出现严重的失衡。由此引起一些村民的不满。

4. 农民多重股东身份混同。在“三变”改革中,盘活农村经济、增加农民收入的方式是以农村集体经济组织为主体将集体资产投资到适合当地发展的农业项目中,包括以农村集体资产为资本自主经营的项目和与其他社会资本一起投资的合作项目。在自营项目中,由于投资资金只有集体资产,此时农户只有集体组织成员的身份,投资产生的收益只能以组织成员所占的集体资产股份进行核算和分配。在与其他社会资本共同投资的合作项目中,投入项目的资金比较复杂,通常是“集体投资 + 农户个体投资 + 其他外来投资”。所以,在合作项目中参与投资项目的农民往往具有多重身份——多个合作项目的投资

〔1〕 参见蒋利娟:《农村集体资产管理困境及对策研究——基于长三角地区的分析》,东华大学2017年硕士学位论文,第21页。

股东和农村集体经济组织股东(成员),其应获得的收益组成应包括合作项目中以个体投资者收取的收益+作为集体成员所取得的集体资产投资收益。农民股东身份的混同往往导致农户个体投资者的身份与其集体经济组织成员的身份不被严格区分,农户只能笼统地以集体成员的身份参加集体投资的分配,或者以个体投资的身份参加合作项目经营者的投资分配。

基于以上分析,混淆农民股东身份会导致两个严重的问题:第一,可能严重侵害农民投资者的利益。对农业经营项目作出直接投资的集体经济组织成员既可以参与经营项目的收益分配,也可以以集体经济组织成员的身份参与集体经济组织投资该项目的收益分配。然而,在混淆农民多重股东身份的情况下,农民往往只能获得其中的一种收益。第二,可能严重影响集体资产投资收益分配的公平性。集体资产是集体成员共同所有的,应当由集体成员平等共享。因此,将其他投资与集体资产混同,在成员股外另将其他投资者的出资作为集体资产进行折股量化,设立其他个体投资股,会导致集体成员所享有的股权份额差距过大,而使成员外的投资者与成员分享集体资产的收益,使成员的收益受到影响。

5.财政投入、补贴类资金折股量化与配置混乱。"三变"改革中,"资金变股金"中的资金,通常涵盖了各级财政投入农村村社的发展类、扶持类资金。在"三变"改革中,这类资金也要折股量化为村集体或农民持有的股份。[1] 但现行立法对于财政投入和补贴类资金如何具体量化到集体经济组织和农民,集体和农民如何分摊这类资金的折股,这类股权的计算和红利分配方式、行使方式等,都没有作出具体的规定。由于缺乏统一标准,各试点地区的做法不尽相同。

与其他资金股权划分方式一样,财政投入、补贴类资金折股量化时,也有集体股、成员股之争。当前一些试点地区既设集体股,也设成员股。而有些地区设置的集体股比例过大,成员股比例过小。"三变"改革的最终目的是盘活农村经济、增加农民的收入,集体股比例过大会严重影响集体成员所能获得的股权与利益。有些地区忽略了财政投入资金的补贴性、扶持性。补贴类资金

---

〔1〕 参见杨慧莲等:《"小、散、乱"的农村如何实现乡村振兴?——基于贵州省六盘水市舍烹村案例》,载《中国软科学》2018年第11期。

分为两类,分别是生活类补贴与生产类补贴。生活类补贴是为贫困人口准备的专项资金;生产类补贴是为发展多样农业项目、推进现代农业进程下拨的资金。所以,从理论上说,财政投入、补贴类资金在折股量化时要考虑向贫困人口倾斜。然而,在实践中一些试点地区并未考虑到这点。

"三变"改革中反映出的农村集体资产管理制度存在的上述种种问题,究其原因是多方面的。主要包括以下方面:时代对农村资源的利用提出了新要求,而农村集体资产管理制度几乎没有发生实质性的改变,导致现行农村集体资产管理制度与当下农村经济、社会的发展要求严重脱节。同时,原有的集体资产管理制度尽管在现实生活中因为社会的变化而逐渐被搁置或抛弃,没有被普遍地严格遵守,但是在法律制度上没有作出根本的调整或废止。

二、我国农村要素产权流动性的制度完善

(一)农村土地要素资源产权流动性制度完善

通过多年的改革,我国农村土地要素产权市场化配置体制已经基本形成,除宅基地要素资源外,覆盖农村土地要素的产权制度基本定型。为推动市场对农村土地要素资源配置发挥更大的作用,在增强土地资源产权流动性的制度建设方面,应高度重视以下制度和机制的建设:

1. 加快宅基地要素资源入市改革,进一步拓展可流转的土地要素产权范围。首先应明确宅基地产权中作为市场化配置资源手段的权利类型,并赋予其高度流动性。笔者认为,在宅基地产权类型设置上,一方面应考虑宅基地资源市场化配置需要,另一方面也应充分考虑现行宅基地使用权制度的现状。基于这个考虑,应维持宅基地所有权集体所有,农户基于成员身份享有宅基地使用权的基本格局,在此基础上,设立适用于农民以宅基地要素资源进行投资、融资或进行其他资本化运作或通过转移其部分权能获得财产性收入的宅基地租赁权。以宅基地租赁权作为市场化配置宅基地要素资源的基本产权形态,赋予其高度的流动性,允许以租赁权投资入股、融资担保、出让(以农户为出让方的一级市场)、转让(租赁权人为转让方的二级市场),并对受让主体、投资范围、融资担保的债权范围、出让条件、转让条件和对象不进行限制。但为防止宅基地租赁权滥用、资源垄断或市场炒作,可建立适当的宅基地租赁权市

场监管和宏观调控制度。

2. 完善土地经营权交易激励机制，鼓励农户流转土地经营权。针对大量农民进城打工，长期脱离所在集体经济组织的状况，应建立制度化的承包经营权代理行使机制，由农民授予集体经济组织或其他中介组织行使承包经营权，及时把握投资机会，流转土地经营权。同时，健全土地经营权中介服务机制，为土地经营权流转合同签订、价格评估、公证、鉴证、登记等提供专业化服务。

此外，根据一些地方的“确权、确股、不确地”改革实践，[1]可进一步探索承包经营权再度分离可能性，使农户承包经营权中的经营权在发包时便与承包权分离，由集体经济组织直接授予经营者从事农业生产经营活动的权力，以增强对规模化、产业化、现代化经营的支持力度。[2]

同时，推行土地经营权登记，加大经营权保护力度。按照《农村土地承包法》的规定，对流转期5年以上的经营权，都可以进行登记。通过经营权登记，使农地经营权获得对抗效力，不仅有利于权利的确认和维护，而且可以避免因第三人主张利益而使经营权人丧失经营权。此外，为加强经营权保护力度，对长期流转承包地的农地流转合同，鼓励当事人双方进行公证，以增强其权威性和严肃性，确保双方当事人严格履行。

3. 加强城乡统一用地市场建设，完善相关配套制度。农村集体经营性建设用地使用权是农村经营性建设用地要素市场化配置的权利类型。但目前，尽管该项产权的可流动性已经《土地管理法》的修正得到确定，但经营性建设用地使用权相关配套规则仍未建立。为此，应通过立法，完善以下配套规则：(1)政府通过规划确定可流动集体经营性建设用地的确定条件、程序规则、配置规则、登记规则；(2)土地所有权人出让、出租集体经营性建设用地的交易条件、交易规则、程序手续等“一级市场”交易规则；(3)集体经营性建设用地使用权转让、互换、出资、赠与或者抵押等“二级市场”交易规则；(4)集体经营性建设用地使用权市场监管规则，明确监管主体、监管职权职责、监管方式和手段、法律责任等。在集体经营性建设用地使用权市场建设方面，应高度重视城乡

---

〔1〕 2014年中央一号文件第17条指出，“充分依靠农民群众自主协商解决工作中遇到的矛盾和问题，可以确权确地，也可以确权确股不确地”。

〔2〕 参见高强、张琛：《确权确股不确地的理论内涵、制度约束与对策建议——基于广东省珠三角两区一市的案例分析》，载《经济学家》2016年第7期。

统一的用地市场建设,为实现城乡建设用地同权同价,应对农村集体经营性建设用地的使用期间、主体范围、交易规则、监管规则等方面建立高度统一的制度体系。

4. 加强农村土地产权交易市场体系建设,大力提升市场配置力度。主要应加强以下机制建设:(1)加强交易平台建设,建立统一开放、便利易行、运行高效的土地产权交易平台。(2)加强土地市场信息共享机制建设,建立信息加工、信息传递组织保障机制,畅通信息传递和共享渠道,建立制度化的信息沟通和共享机制,实现土地产权交易信息的充分共享。(3)加强中介服务和公共服务机制建设,完善第三方估价、鉴定、法律服务及登记、公证等服务机制。

(二)农村劳动力资源产权流动性制度完善

如前所述,农村劳动力资源流动性问题的基本方面包括农民工歧视问题和农村劳动力反向回流乏力的问题。针对这两个方面的基本问题,笔者认为,应着力做好以下工作。

1. 健全劳动力市场公平促进机制,着力消除用工(人)歧视

(1)加强户籍制度改革,着力推进农民市民化。"户籍"差异是导致农民工歧视的最重要因素,为推动统一劳动力市场建设,实现城乡劳动力交易公平,必须加大户籍制度改革力度。对于特大城市,可在探索居住年限、纳税贡献累积计算量化的基础上建立规范的入籍标准制度,逐步解决长期居住人口的户籍问题。同时,应全面放开中小城市的落户限制,建立以经常居住地登记户口制度,逐步消除户籍基础上的农民工待遇差别。

为有效推进农民市民化进程,应进一步探索建立"人地钱"挂钩制度,将农业转移人口市民化数量、建设用地指标、财政转移支付进行动态挂钩,实现进城农民、土地指标、财政补贴三者的有机衔接,通过规范人口、土地和资金等要素流动,优化城镇化成本分担机制,激励和引导地方政府加快农业转移人口市民化,推动城镇化和城乡统筹发展的一系列政策制度和实施机制的落实。[1]

(2)建立公共服务非身份化供给机制,推进公共服务均等化。探索在城市建立按常住人口落实教育、就业创业、医疗卫生、住房保障等待遇的机制,逐步

---

〔1〕 参见段浩、许偲炜:《新型城镇化中的"人地钱"挂钩制度:回应、困境与完善》,载《农村经济》2018年第10期。

清除公共服务供给中的城乡区分的供给机制，推进城市公共服务和公共资源的公平共享。

(3)完善统一用工(人)制度，有效规范用人单位歧视行为。取缔用人单位基于城乡差别的用工行为，严格禁止用人单位基于城乡户籍差别对招收劳动者实行劳动报酬、工作岗位、劳动条件、工作时间、劳动保护标准等方面的区别对待。

(4)完善政府考核机制，有效约束政府基于城乡区别的用工干预。在就业率统计、考核等方面，建立不受户籍身份限制的统计、考核机制，并将农民工公平就业纳入考核的范围，避免地方政府有关部门因考核机制而被迫干预用人单位优先招收城市户籍的劳动者。同时，促进政府部门推进企业用工(人)公平。

2. 加快农业劳动力市场双向流动机制建设，满足农村劳动力需求

(1)建立农村劳动力市场。建立开放、公平的农村劳动力市场，推进农村劳动力市场平台建设，提供农村劳动力需求信息和求职信息，促进劳动者与用人单位在用人和求职上的信息畅通；规范市场运行，加强市场中介服务机制建设，为劳动者和用人单位缔结劳动关系提供服务。

(2)农业劳动者职业培训。推进农业职业教育和农业经营人才的专业培养机构建设，根据现代农业发展需要和本地区特色优势农业发展对人才的需求，设置符合市场方向的专业，提高农业劳动者专业素质，加大符合农业产业要求的劳动力供应规模，为现代农业发展提供充分的专业化劳动者。

(3)对农业劳动力推行基本待遇保障制度。应鼓励各地政府建立与城市最低工资相同水平的农业劳动者最低工资制度，加强工资支付保障，参照城市标准建立农业劳动者社会保险制度，并纳入统一社会保障体系，严格监督、落实。

(4)建立农业劳动者激励制度。对从事特定农业劳动的职业劳动者，通过政府有关部门以财政资金给予一定的收入补贴，使其达到不低于本地城镇同类劳动者收入的水平。为激励大学生及农业专门人才从事农业职业，可通过县、乡、镇、村联合建立农业人才吸引机制，引导更多的人才下乡从事农业生产和农村工作。

(5)规范农业用人单位用工(人)制度。按照《中华人民共和国劳动法》和

《中华人民共和国劳动合同法》的有关规定，结合农业工作的特点，推行农业用人单位用工(人)规范化，在正常情况下实行法律规定的工作时间和休息时间、劳动报酬、加班加点工资、劳动保护等制度，使农业劳动者同样享受劳动法规定的各项权利。

(三)农村资本要素产权流动性制度完善

完善农村资本要素产权制度，加大资本要素产权流动性，推动市场在农村资本要素资源配置中发挥更大的作用，需要进行一系列的制度改革和创新。在当前，尤其要重视以下两个方面的制度完善。

1. 农村集体资产产权资本化推进制度

为推进农村集体资产资本化，应根据集体产权制度改革的成果，加强集体资产产权流动性相关制度和机制建设：

(1)明确集体资产经营主体地位，强化集体资产经营权保护。根据集体经济组织功能定位和市场主体性质，通过立法明确其经营农村集体资产的主体地位，合理界定集体经济组织与乡、镇、村基层组织的关系，保障集体经济组织依法行使集体资产经营权。规范集体经济组织利用集体资产进行投资的行为，同时加大对集体经济组织经营集体财产的权利保护，鼓励集体经济组织自主地利用集体资产进行投资，实现集体资产的资本化。

(2)加快农村集体经济组织市场主体化建设。在明确集体经济组织特别法人地位的基础上，厘定集体经济组织经营财产的范围；完善集体经济组织内部治理结构，以及集体经济组织的独立行使集体财产经营权的保障机制；赋予集体经济组织独立承担责任的能力，完善集体经济组织退出市场及善后处理机制；完善集体经济组织负责人报酬制度，根据经营绩效建立合理的报酬和奖罚机制。

(3)健全各层次农业项目规划和项目储备机制。加大农业生产项目的培育力度，农村基层政府应对本区域农业发展项目进行合理布局，指导村、组因地制宜制定本村组的发展规划，根据项目规划做好项目储备。有重点、有针对性地组织招商引资活动，加大社会资本的引入力度，提升农业经营规模和农业产业化、现代化水平，为集体资产投资农业经营项目创造更多的机会和条件。

2. 拓宽要素资源产权融资范围，畅通农村融资渠道

(1)拓宽要素资源产权融资范围。除已经确立的土地经营权、农村集体经

营性建设用地使用权以及一般动产和不动产外，探索宅基地资源产权以及农作物、牲畜、自然风光、农业经营者经营的产业项目以及整体资产等要素产权作为担保财产进行担保融资的可能性，并通过立法合理安排与之相应的产权制度，推进更多农村要素资源的可担保化。

(2)健全要素担保融资服务和配套机制，增强要素资源的融资能力。引入第三方估价、资产评估、法律服务、担保权登记等中介服务机制，推进农村要素资源担保融资的规范化和便利化，同时引入农村要素资源担保融资保险、政策性担保和第三方再担保等增信机制，提升要素资源担保融资的潜在能力。

(3)大力发展要素产权交易市场。加强市场交易平台建设，健全信息共享机制，完善市场服务，使用于担保的要素资源能够通过市场实现快速和公平的变现，提高金融机构对农村要素资源担保融资的接受度。

(4)健全面向农村的金融服务激励约束机制。加强农业发展银行、农村信用合作社、农村商业银行、村社银行等面向农村的金融服务机构建设，通过合理的资源产权制度设计吸引更多的金融服务机构面向农村开展金融服务，同时规范农村金融行为，加强对违法金融的监管，维护农村金融秩序。

(四)农村科技要素产权流动性制度的完善

强化市场配置农村科技要素的作用，在要素产权流动性方面，主要应做好以下工作：

一是理顺产权多元主体的利益关系，强化科技产权对研发、实施、应用和推广科技成果的激励机制。通过赋予直接研发者科技成果所有权或长期使用权，强化科技要素产权制度对涉农科技研发的激励，并增强其将科技成果转化、实施、应用和推广的积极性。

二是健全科技产权市场体系建设。培育发展技术转移机构，为实现科技成果从供给方向需求方的快速转移提供技术经纪、技术集成与经营、技术投融资服务，畅通科技成果的转化渠道。引入技术经纪人机制，培养专业的技术经纪人队伍，充分发挥技术经纪人在技术市场中通过居间、行纪或代理等经纪服务，促成技术交易、促进成果转化的作用。

三是建立有效的涉农科技成果产权投资风险控制机制，激励科技成果资本化。通过引入天使投资机制，合理分散具有巨大发展潜力的高风险科技成果转化、推广项目的风险；通过健全创业投资机制，鼓励创业企业进行股权投资,对处于种子期、起步期、扩张期、成熟过渡期等创建过程中和处于重建过程中的成长性科技型企业,提供资金支持,实行风险共担,利益分享。通过引入知识产权证券化机制,提升知识产权科技成果的融资能力,推进知识产权实施;通过引入科技保险机制,有效分散科技企业或研发机构在研发、生产、销售、售后等环节的各类风险。通过建立科技成果转化、实施、应用和推广的风险控制机制,增强科技成果的资本化的动力,有效推进农村科技要素通过产权交易及时转化、实施、应用和推广。

(五)农村数据要素产权流动性制度建构

鉴于数据要素基本产权制度建设尚处于起步阶段,因此,当前面临的主要任务是加强数据要素产权基本制度建设,通过法律制度明确数据要素产权主体、客体、内容以及基本形式。在数据产权制度构建过程中,应充分重视其作为生产要素产权应具有的流动性,在保障国家安全、尊重个人隐私的基础上,为数据资源市场化配置留下足够的空间。根据数据要素的特点,确立数据利用权作为市场化配置资源的基本产权形式,允许来源权利人通过许可或授权方式授予他人使用相关数据的权利。在涉农的数据要素产权流动性方面,从促进农业发展、农村社会进步和农民生活质量提升的价值目标出发,合理界定可流动数据产权客体范围、流动条件、交易主体范围、流动的形式、交易双方基本的权利义务。同时,在适当的时候,也应推动数据产权交易的市场体系建设,创建交易平台、完善交易规则和交易中介服务机制,充分发挥市场机制在优化涉农数据资源配置中的作用。

第七章　要素产权担保化视角下农村产权制度的完善

第一节　要素产权担保化视角下我国农村产权制度的现状分析

农村要素产权的担保化，是指根据市场配置资源的要求，使农村各类要素产权能够合法地作为担保财产为各类债权的实现提供担保。

投入问题一直是制约我国农村发展的“瓶颈”。造成我国农村发展投入长期不足的主要原因，是农业生产、农村建设和农民生活对资金的需求不能便利、有效地通过资金市场得到满足，农村资金需求与资金市场长期处于一种“绝缘”状态。尽管我国政府对解决农村资金需求问题一直给予高度重视，但农业发展、农村社会建设和农民生活对资金的需求不可能完全依赖政府投入来解决。造成农村资金需求与资金市场绝缘状态的根本原因，是农民和其他农村主体不能按照资金市场的基本规律向资金提供者提供可为其接受的财产担保，而之所以如此，是因为农村的大量资源因法律制度的障碍而不能作为合法的担保财产使用，使各类农村主体缺乏通过资金市场获得资金的融资能力。因此，通过农村资源产权的担保化，提高农村各类市场主体融资能力，是解决农村投入问题的根本途径。农村资源担保化是打通市场化融资渠道的基础和关键，对于盘活农村资源、解决农业投入问题、促进农业发展都有重要意义。

农村要素资源担保化的实现同样有赖于合理的要素产权制度安排。根据担保法原理，一项财产权是否可以作为担保财产来利用，主要取决于三个因素:一是该项财产权是否具有独立性;二是该项财产权是否具有价值;三是该项财产权依法是否具有流动性。财产权是否独立,取决于其是否可以不依附于其他权利而独立存在。独立的要素权利,表明其在权利主体、客体和内容上,都与其他相关的权利有明确的界限。财产权是否具有价值,是指财产权是否具有交换价值。就物的担保来说,担保权的本质是价值权,即在特定条件下,将担保物的交换价值交由担保权人支配,从而使其可以为实现所担保的债权而对担保物进行变价等处分。这里的价值,是指担保物的交换价值而非使用价值,交换价值是商品能同其他商品进行交换的属性,要实现农村要素资源的担保化,必须使农村要素资源取得相应的交换价值。财产权是否具有流动性,是指财产权依照法律规定能否以及在多大程度和多大范围内可以进行流通、转让。下文将从要素产权的独立性、价值性和流动性三个方面,对我国农村要素产权担保化的现状进行分析。

一、农村土地要素产权的担保化分析

(一)土地经营权的担保化

1. 土地经营权的独立性

一种权利是否独立,取决于其是否可以不依附于其他权利而独立存在或转让。于土地经营权而言,其独立性取决于其与土地承包经营权和集体土地所有权的关系。根据《农村土地承包法》和《民法典》的规定,土地经营权包括两种:一种是土地承包经营权流转产生的土地经营权,另一种是其他方式承包产生的土地经营权。这两种土地经营权基于权源和生成方式不同,独立性的表现和判断标准也不同。

对于土地承包经营权流转产生的土地经营权而言,其独立性表现在其独立于其权源——土地承包经营权。就此而言,表现在以下方面:第一,主体不同。根据《农村土地承包法》的规定,国家实行农村土地承包经营制度,并且承包方可以自主决定依法采取出租(转包)、入股或者其他方式向他人流转土地经营权。所以,土地承包经营权主体是承包集体土地的承包方,土地经营权主体是土地经营权流转受让主体。第二,权利内容不同。土地承包经营权人享有承包地使用、收益的权利和流转土地经营权的权利等;土地经营权人享有在合同约定的期限内占有农村土地，自主开展农业生产经营并取得收益的权利。本质上而言，土地承包经营权是限制土地所有权而支配土地的使用价值的权利，土地经营权是限制土地承包经营权而支配土地的使用价值的权利。质言之，在我国农村土地权利体系中，土地所有权、土地承包经营权和土地经营权是相互独立的土地权利，都有支配土地的内容，但支配的内容有区别，且不是同时对土地进行支配和使用。土地承包经营权和土地经营权都是有期限的土地使用权，如果土地承包经营权到期，那么土地所有权自动回复至圆满支配状态。同理，如果土地经营权到期，那么土地承包经营权自动回复至圆满支配状态。第三，可以由权利人自由处分和支配。从权利的支配程度看，在土地经营权的各种处分方式中，最能体现其支配程度的是转让和融资担保行为，如是否受土地承包经营权人的限制、是否可自由转让或设定担保给有土地经营能力的人而不论其是否具有集体经济组织成员身份等。在现行法规定中，土地经营权的支配性除受社会公共利益限制外，还要受“经承包方书面同意”的限制，但这一限制与土地承包经营权流转的限制规定一致，皆是出于保护集体成员身份属性的利益。除此之外，土地经营权人可以自由转让土地经营权，也可以土地经营权向金融机构融资担保。

其他方式承包产生的土地经营权独立与否取决于其是否独立于其权源——土地所有权。此种土地经营权是不宜采取家庭承包方式的荒山、荒沟、荒丘、荒滩等农村土地，采取招标、拍卖、公开协商等方式承包产生，在 2018 年《农村土地承包法》修正之前，其被称为“土地承包经营权”。2007 年通过并实施的《物权法》明确了土地承包经营权的物权属性，所以此种土地经营权的独立性已经明确。具体而言，此种土地经营权独立于土地所有权的特质主要表现在：第一，主体不同。土地所有权主体是农民集体，是土地经营权的发包方；土地经营权主体是通过招标、拍卖、公开协商等方式承包土地的承包方。第二，权利内容不同。根据《农村土地承包法》的规定，此种土地经营权人依法享有承包地使用、收益等权利，是对集体土地所有权的一种限制性物权，是为充分利用土地设置的一项权利。第三，可以由权利人自由处分和支配。相比较于土地承包经营权流转产生的土地经营权，其他方式承包产生的土地经营权的处分和转让更加自由，即除社会公共利益限制外，经依法登记取得权属证书的，可以依法采取出租、入股、抵押或者其他方式流转土地经营权。

综上,无论是分置于土地承包经营权还是直接产生于土地所有权,土地经营权都是一种独立的权利。

2. 土地经营权的价值性

担保物权区别于用益物权的本质属性在于价值性,即它是以担保财产的价值来确保债务清偿的物权。当债务到期不能清偿时,债权人可以通过担保财产的变价实现担保债权。土地经营权具有一定的价值,是金融机构接受其作为担保财产的前提条件。那么,土地经营权的价值性如何呢?

作为一种去除了身份性和社会保障性的土地权利,土地经营权具有纯粹的财产属性,其创设目标就是实现土地资源的优化配置,进而实现土地的规模化经营。故土地经营权的经济价值是毋庸置疑的。

至于土地经营权的价值大小,应取决于两个方面:一是客体土地本身的价值,二是权利本身的价值。作为土地经营权的客体,土地本身价值大小取决于土地的位置、面积大小、肥沃程度、交通便利程度、农业配套设施等综合因素。无论如何,土地价值大小与金融机构接受意愿程度成正比;土地价值达到一定程度,才会被金融机构所接受。从权利本身看,其价值大小取决于权利期限、流转范围及变现能力等因素。权利价值大小与权利期限、流转范围和变现能力成正比。土地经营权期限越长,土地经营权越稳定,反之,权利越不稳定。没有权利的长时间享有,很难说权利是稳定的。时间是决定权利性质的客观因素。权利性质会随着时间经过而变强或变弱。一定时间的经过,会导致法律的变化——法律正义的体现和要求;一定时间的经过,也会导致权利的变化——权利价值的呈现和规定。正如有学者指出的一样:"时间通常使权利衰减,达成惩罚或宽恕。"[1]土地经营权的变现能力,还取决于其流转范围的大小。土地经营权流转范围越大,土地经营权的处置变现越容易;反之,土地经营权处置变现越困难。故减少对土地经营权流通的限制,不仅扩大了土地经营权的流通范围,而且增强了土地经营权的变现能力,进而增加了土地经营权的价值。

3. 土地经营权的流动性

土地经营权作为融资担保财产的前提是其具有流动性,否则就不会被担

---

〔1〕 徐国栋:《民法哲学》,中国法制出版社 2021 年版,第 532 页。

保权人接受作为其债权的担保。而且土地经营权流动性的强弱也直接影响担保权人的接受意愿强弱,二者之间具有正相关性。从政策层面来看,"三权分置"改革的目标之一是"放活土地经营权",实质就是要把土地经营权塑造成一项真正具有财产属性的市场权利;从法律层面看,《农村土地承包法》和《民法典》物权编都允许土地经营权的流转;从事实层面看,土地经营权的流转也一直在不同程度上、不同范围内进行。所以,土地经营权具有流动性的结论是没有问题的。但土地经营权的流动性是有限制的,这主要基于两个方面:一方面是为确保农地农用、保护土地及土地生态环境而作出的限制。如受让人应具有农业经营资质;对社会资本从事农业生产经营的准入限制和持续监管等。另一方面是为稳定承包关系、坚持集体所有权而作出的限制。如受让方将土地经营权向金融机构融资担保,需要经承包方书面同意并向发包方备案的规定。如果说前者是为了农业生产发展和粮食安全等社会公共利益而作出的限制,因而无可厚非的话,那么后者为衡平土地经营权人、承包权人和所有权人之间的利益而作出的限制就值得商榷,因为这会影响甚至消除担保权人对土地经营权的接受意愿。另外,根据担保物权法原理,设立担保物权属于处分权的行使,是权利人对物的自由处分行为。同时,担保合同是担保人与担保权人双方之间约定的,不应受合同外第三方的限制或约束。但是《农村土地承包法》第44条明确规定,承包方流转土地经营权的,其与发包方的承包关系不变。这一规定无疑阻断了担保权人和发包人之间的法权联系,从而直接影响土地经营权人设定担保的经济动因,并在客观上限制担保物权的行使和实现,间接影响的是土地经营权融资担保法律制度的实施效果。

(二)集体经营性建设用地使用权的担保化

改革开放多年来,我国经济社会发展重要的经验之一,是以产权改革为核心推动产品和要素的市场化。但是,产品市场化和要素市场化极不均衡。相较于产品市场化改革,要素市场化改革相对滞后。在劳动力、资本和土地等传统三种生产要素中,土地要素市场化最为滞后。2019年《土地管理法》为集体经营性建设用地使用权的流转扫除了法律上的障碍。

1. 集体经营性建设用地与集体经营性建设用地使用权

目前,集体经营性建设用地并无确定的内涵和外延。"集体经营性建设用地"这一用语,最早是在2008年党的十七届三中全会通过的《关于推进农村改革发展若干重大问题的决定》中提出的。据此,“逐步建立城乡统一的建设用地市场,对依法取得的农村集体经营性建设用地,必须通过统一有形的土地市场、以公开规范的方式转让土地使用权,在符合规划的前提下与国有土地享有平等权益”。在此之前,有关集体建设用地流转制度的改革用语往往是“集体建设用地”“集体建设用地使用权流转”。相对比较明晰的界定出现在2014年的中共中央办公厅、国务院办公厅部署集体经营性建设用地入市改革的文件——《关于农村土地征收、集体经营性建设用地入市、宅基地制度改革试点工作的意见》中,其中,将集体经营性建设用地明确为“存量农村集体建设用地中,土地利用总体规划和城乡规划确定为工矿仓储、商服等经营性用途的土地”。随后2015年原中国银监会、原国土资源部联合发布的《农村集体经营性建设用地使用权抵押贷款管理暂行办法》(已失效)也沿用了这一概念界定。2019年《土地管理法》第一次在法律上使用了“集体经营性建设用地”和“集体经营性建设用地使用权”概念,但并未明确予以界定。根据2019年《土地管理法》第63条第1款的规定,集体经营性建设用地是指土地利用总体规划、城乡规划确定为工业、商业等经营性用途,并经依法登记的集体建设用地。相较于之前的界定,没有限定集体经营性建设用地为存量的农村建设用地。

结合政策文件和法律规定及集体经营性建设用地入市改革目的,集体经营性建设用地的概念界定,关键是如何认识“经营性”。那么,什么性质的集体建设用地是经营性的?工业、商业等是使用土地的用途,经营性则是指以营利为目的使用土地行为的性质,两者属于不同的维度。从文义上看,集体经营性建设用地是相对于集体公益性建设用地的概念,是以营利为目的使用的集体建设用地。再结合土地利用管理和城市规划管理的要求,集体经营性建设用地应符合土地利用总体规划和城乡规划的要求。综上,集体经营性建设用地是指以营利为目的且符合土地利用总体规划和城市规划管理而使用的集体建设用地。相应地,集体经营性建设用地使用权是指依法对集体所有的经营性建设用地享有占有、使用和收益的权利。对于经营性建设用地使用权的取得可以采用出让、出租等有偿使用方式。总之,从最早提出集体经营性建设用地概念,到如今推动集体经营性建设用地入市,改革的目的和方向都是一致的,即实现入市集体经营性建设用地与国有土地资本市场上“同权同价”。

2. 集体经营性建设用地使用权可担保化

作为不动产用益物权,集体经营性建设用地使用权担保的形式只能是抵押。实践中,集体经营性建设用地使用权的抵押往往是集体经营性建设用地使用权人将使用权向金融机构进行抵押融资,这属于建设用地二级市场的交易行为。2019 年《土地管理法》第 63 条第 3 款规定,"通过出让等方式取得的集体经营性建设用地使用权可以转让、互换、出资、赠与或者抵押……"此种抵押即是集体经营性建设用地使用权人用集体经营性建设用地使用权抵押的行为。集体经营性建设用地所有权人可否用集体经营性建设用地使用权进行抵押呢? 对此,理论上没有障碍,实践中也有需求。

(1) 集体经营性建设用地使用权的独立性

成为一种独立的不动产用益物权,是集体经营性建设用地使用权具有可担保性的前提。能否成为一种独立的不动产用益物权,取决于集体经营性建设用地使用权设立方式。根据《民法典》和《土地管理法》的规定,集体经营性建设用地流转的方式包括出让、出租、入股等。其中,出让方式设立的集体经营性建设用地使用权具有独立的用益物权属性是没有争议的,出租和作价出资(入股)能否设立用益物权属性的集体经营性建设用地使用权是有争议的。

关于集体经营性建设用地作价出资(入股),是指集体经营性建设用地的所有人将集体经营性建设用地使用权作价出资企业,以取得被出资企业的出资份额或股权。可见,集体经营性建设用地作价出资(入股)实质是集体经营性建设用地所有人将集体经营性建设用地使用权转移给企业的行为,这一行为本身内含了集体经营性建设用地使用权出让,只不过所有人获取的不是出让金而是出资企业的出资份额或股权。因此,笔者认为作价出资(入股)设立的是具有用益物权属性的集体经营性建设用地使用权。

关于集体经营性建设用地出租,产生的是债权性的租赁权还是物权性的集体经营性建设用地使用权? 在国有土地使用权领域,长期存在所谓的"物权性租赁权"问题。1999 年原国土资源部印发的《规范国有土地租赁若干意见》明确,对于建设后需要长期使用土地的,应长期租赁,且最长租赁期限不得超过法律规定的同类用途土地出让的最高年限。同时,承租人按规定支付土地租金并完成开发建设后,还可将承租土地使用权转租、转让或抵押。可否据此类推,集体经营性建设用地出租也可产生物权性的集体经营性建设用地使用权？对此，有学者持否定态度，认为“具有物权创设属性的‘国有土地租赁’这一怪胎实在没有继续存在的必要，更不宜将其适用领域扩展至集体建设用地”[1]。但是，笔者认为，分期支付出让金的出让行为和分期支付租金的租赁行为并没有本质的不同，目的都是转移建设用地的占有、使用和收益权，所以，受让人获得建设用地使用性质的权利也不应有本质的区别。在2016年《农村集体经营性建设用地使用权抵押贷款管理暂行办法》（已失效）中，已经明确将租赁与出让、作价出资（入股）并列为设立农村集体经营性建设用地使用权方式。在实践中，也存在相当数量的认可出租形成的物权性的集体经营性建设用地使用权的地方政府规章，如《佛山南海区农村集体经营性建设用地入市管理试行办法》和《德清县农村集体经营性建设用地入市管理办法（试行）》等。而且《土地管理法》第63条第3款的表述并未排除出租方式形成建设用地使用权。总之，笔者认为，集体经营性建设用地出租可以与出让一样形成物权性的建设用地使用权。

（2）集体经营性建设用地使用权的价值性

物的价值包括使用价值和交换价值。作为担保财产，集体经营性建设用地使用权的价值性主要指其交换价值。只有集体经营性建设用地使用权具有一定的价值，才能对所担保的债权发挥担保作用。集体经营性建设用地使用权是否具有价值及价值大小，取决于现行法的规定。从2008年致力于建立农村集体经营性建设用地与国有建设用地“同权同价”的建设用地市场起，我国农村集体经营性建设用地使用权的经济价值已逐步被市场认可和接受，不过，其价值大小仍然极大影响着金融机构接受其作为担保财产的意愿程度。

集体经营性建设用地使用权价值大小，应取决于两个方面：一是客体本身的价值；二是权利本身的价值。作为建设用地使用权的客体，建设用地本身价值取决于建设用地的地理位置、面积、城市规划、交通便利程度、周边配套设施及环境等综合因素。从权利本身看，集体经营性建设用地使用权价值取决于权利期限、权利流通范围及变现能力等因素。如前文所述，集体经营性建设用地使用权价值大小与其权利期限长短、权利流通范围大小和变现能力强弱成

[1] 宋志红：《集体建设用地使用权设立的难点问题探讨　兼析〈民法典〉和〈土地管理法〉有关规则的理解与适用》，载《中外法学》2020年第4期。

正相关关系。集体经营性建设用地使用权期限在不超过同类用途的国有建设用地最高年限的前提下，可以由所有权人和使用权人协商确定。集体经营性建设用地使用权的流通范围，直接取决于法律的规定。目前来看，使用权主体范围并没有限制，既可以是个人也可以是组织，既可以是国内的市场主体也可以是国外的市场主体；同时，对使用权主体的资质和能力也没有明确的要求，只要能对建设用地进行合理的开发和利用即可。集体经营性建设用地使用权的变现能力，不仅与其客体本身价值密切相关，而且与其流动性呈正相关关系。但并非客体价值越大，变现能力越强。因为这涉及能开发和利用建设用地的市场主体的能力。综上所述，集体经营性建设用地使用权客体价值和使用权本身价值决定了其价值大小，而其价值大小直接影响着集体经营性建设用地使用权担保制度实践效果。

(3)集体经营性建设用地使用权的流动性

作为一种土地产权，集体经营性建设用地使用权是使用权人对建设用地资源的占有、使用、收益及对使用权本身的处分。其中，对使用权本身的处分最为重要，它是建设用地市场自由交易、建设用地资源有效配置的基础。从理论上看，只有保障了使用权人的处分权，使用权人方可有效实现对土地的占有、使用和收益；而使用权人对土地的有效占有、使用和收益，却不能推断出可以对使用权进行自由处分。因此，从某种意义上说，使用权人对建设用地的处分权是建设用地资源市场化和能否有效配置的关键。简言之，使用权人享有自由处分权，建设用地资源要素可以自由流动，土地资源配置效率就可不断提升。

在使用权人对使用权的各种处分方式中，最能彰显其自由程度的是转让和融资担保受外部限制的程度，如是否受到所有权人的限制、是否可以自由转让或设定担保给任何有能力进行开发和利用建设用地的主体。在现行法的规定中，集体经营性建设用地使用权的设立尽管有“本集体经济组织成员的村民会议三分之二以上成员或者三分之二以上村民代表的同意”这一条件的限制，但设立后的流动性除因社会公共利益而受规划和用途管制的约束之外，法律上没有其他的限制。因此，集体经营性建设用地使用权的流动性在法律层面是没有问题的。从事实层面看，集体经营性建设用地使用权流通的限制主要是当事人的特别约定，即土地所有权人、土地使用权人书面合同另有约定的，应遵守其约定。遵守当事人的特别约定,是当事人自由意志的体现,也是维护当事人利益的必要。同时,考虑到集体经营性建设用地本身往往地块较小且分散,尤其是中共中央、国务院2019年发布的《关于建立健全城乡融合发展体制机制和政策体系的意见》规定,"允许村集体在农民自愿前提下,依法把有偿收回的闲置宅基地、废弃的集体公益性建设用地转变为集体经营性建设用地……"所以,集体经营性建设用地很难整合形成规模用地的事实,必然极大影响或限制其使用权的流动性。尽管如此,法律层面赋予的集体经营性建设用地使用权的流动性仍然为获得集体经营性建设用地使用权的小微企业进行抵押贷款提供了可能性。

二、农村资本要素的担保化分析

农村资本要素从表现形式上看,主要包括实物资本和货币资本等形式。农村的实物资本主要是指除土地使用权之外的农业设施、大型农机具、活体畜禽等;农村的货币资本主要是指货币资金和非货币资金形式的资本,如集体资产股份、收费凭证、金融有价证券等。农村资本要素的可担保化问题主要涉及的是农村实物资本的可担保化,货币资本的可担保化自然仅限于非货币资金形式资本。

(一)农村实物资本要素

农村资本要素可担保化的前提是其可以不依附于其他要素而独立存在或转让。对于实物资本要素而言,其独立性表现为实物资本的所有权可以不依赖于其他要素而独立转让或租赁。对于大型农机具、活体畜禽等实物资本而言,其独立性不言而喻。对于农业设施这类实物资本,其是否具有独立性,学界看法不尽相同。农业生产设施往往是为农业生产中作物种植和畜禽水产养殖投资建造的设施,这种设施必须建造于一定的土地或水面之上,而且其价值必须是为实现一定区域内的农业生产。故本书认为,农业生产设施不能独立于设施用地,应与设施用地一起设定担保。从担保财产的独立性看,除农业生产设施以外的其他实物资本要素,都可以单独作为债权清偿的担保财产。

担保物权是以担保财产的价值来确保债务清偿的物权,所以农村实物资本要素的可担保化的另一个重要因素是农村实物资本价值问题。农村实物资本皆具有一定的价值,但价值大小也是影响其是否可以成为担保财产的关键因素。质言之,农村实物资本必须具有相当的价值,足以确保债务清偿方可为担保权人接受作为担保财产。对于大型农机具而言,其经济价值往往比较大,易被担保权人接受。但对于活体畜禽而言,若其具有一定的数量或规模,担保权人尚能接受。那么,无论是对于大型农机具还是活体畜禽,都需要公正的价值评估。这就为农村资源要素配置市场化提出了相应的要求。农村实物资产的价值评估主要涉及独立权威的评估机构、合理的评估费用、高效的评估程序等问题,而这些问题的改善或解决都不可能一蹴而就。

农村实物资本顺利成为担保财产的另一个关键因素是其流动性,即农村实物资本要素市场化的问题。是否具有流动性是农村实物资本能否成为担保财产的必要条件,流动性的强弱直接决定了担保权人接受其作为担保财产的意愿的程度。农村实物资本作为农民的重要财产,其价值是被普遍认可的,流动性亦不存在障碍。但是,农村实物资本的流动性强弱确实是需要特别关注的问题,对于活体畜禽而言,直接变卖或折现相对容易,而大型农机具的流通显然有一定范围和条件的限制,因为能接受和使用大型农机具的主体范围有一定限制,再加上农村生产要素市场发展程度较低,其流动性更要受到限制。相较农村货币形式资本要素,农村实物资本要素的流动性要弱一些,但随着农村生产要素市场化的发展和完善,农村实物要素资源的担保的数量和规模也必然会稳步增长。

(二)农村货币资本要素

农村生产要素的担保是为解决农业生产资金的投入问题,故农村货币资本要素仅限于非货币资金形式资本的担保。对于非货币资金形式资本要素而言,其独立性表现为非货币资金形式资本的所有权可以不依赖于其他要素独立转让。在农村所有非货币形式资本要素中,收费凭证、金融有价证券等没什么特殊性,其独立性、价值性和流动性的要求一致。但是,在农村集体经济组织政治功能逐渐弱化、经济功能不断强化的背景下,农民成员财产权意识日益苏醒,探讨集体资产股份融资担保功能的实现更加重要。但是由于投资性和设立合意的缺失,集体资产股份并不属于投资性股权,所以集体资产股份的融资担保规则有其特殊性。集体资产股份这一有价证券,是农民持有的特有的有价证券,而且是一种很重要的财产,其独立性、价值性和流动性又如何呢?

1. 集体资产股份的独立性

集体资产股份是将农村集体公有制财产折股量化给本集体成员的结果。集体资产股份虽然呈现持股农民行使集体所有权的资格属性，但同时具有分享集体所有权收益权能的请求权属性。所以，集体资产股份本质属性仍是农民的一项重要财产，独立于农民的其他财产。

2. 集体资产股份的价值性

集体资产股份的财产价值体现为其作为财产的收益性。如前文所述，集体资产股份具有分享集体收益权能的财产权属性，能够为权利人带来预期收益。简言之，集体资产股份的价值体现在为权利人带来的预期收益，所以，集体资产股份作为财产的实质性利益是收益权。因此，即便集体资产股份不能作为担保财产，但基于集体资产股份而享有的收益权，则可以成为合格的担保财产，农户可以集体资产股份收益权作为担保财产设定收益权质押。

3. 集体资产股份的流动性

根据大陆法系国家的立法通例，权利具有价值性并且具有可让与性才能成为权利质押的适格客体，即权利应具有流动性。在农村集体资产股份化改革实践中，集体资产股权的可让与性争议最大。基于集体资产股份的资格属性，其转让的限制性和封闭性自然是逻辑推理的结果，但毋庸置疑，其具有分享集体收益的财产权属性决定其应具有可让与性。集体资产股份量化的组织载体是农村集体经济组织，集体资产股份的主体是本集体经济组织成员，故集体资产股份转让要受制于集体经济成员身份的限制和集体经济组织内部范围的约束。一项产权转让越自由，在主债权到期不能获得清偿时越容易变现，所以越容易为担保权人接受作为担保财产。集体资产股份基于其资格属性和集体经济组织的特殊功能属性而存在固有缺陷，其转让必然受到限制，从而导致集体资产股份质权实现困难的问题，这样不仅会降低金融机构等接受集体资产股份出质的意愿，而且还会影响集体资产股份出质的价值，甚至还需要为集体资产股份质押设定特殊的风险防范规则，从而增加了集体资产质押的成本。

三、其他农村要素产权的担保化分析

（一）农村劳动力要素

农村经济的健康发展有赖于农村各种生产要素的合理配置。在农村资源要素中，农村劳动力要素是最灵活的，也是决定农村经济发展水平的最重要的要素。劳动者是自己劳动力的所有者，虽然劳动者可以为自己劳动，也可以为他人劳动，但劳动力一定是与劳动者个人密不可分的生产要素。作为担保财产的要素不仅要具有一定的财产价值，还要独立于其他要素存在，并具有可让与性。劳动力要素不能独立于劳动者而独立存在，更不具有自由转让的特性，所以，本书认为，农村劳动力要素不宜成为担保财产。

（二）技术要素、数据要素

技术要素在生产力诸要素中起着第一位的作用。作为人类的智力成果，技术可直接用于生产领域。农业技术与其他技术在相关的产权形式上并无本质不同，专利权等技术成果权一般都具备作为担保财产所具有的独立性、价值性和流动性，因而一般都可以作为担保财产使用。关于专利权质押问题，《担保法》（已失效）、《民法典》等法律已作出了相应的规定，除此以外，2010年国家知识产权局还专门出台了《专利权质押登记办法》，对专利权质押的要求和登记程序作出了具体规定。农业技术专利权和其他相关权利在作为担保财产使用时，完全可以适用关于非农技术产权担保的一般规定，无须作出特别的制度安排。

随着现代信息技术的发展，数据资源作为生产要素的重要性日益凸显，中共中央、国务院《关于构建更加完善的要素市场化配置体制机制的意见》更将其作为五大要素之一。目前，尽管《民法典》已规定数据可作为一种财产而获得法律的保护，但现行法律对数据财产权并未进行明确的界定，数据产权的基本形式、权利结构、权利内容、数据财产上的不同权利界限等涉及数据产权基础制度的问题至今都没有明确的立法依据。因此，对于数据产权的担保化问题，目前仍无法作出合理的分析。但是，数据作为一种新型的基本生产要素，在农业发展和农村经济建设中也必将发挥日益重要的作用，市场也必将成为配置数据要素的基本方式。从这一前提出发，尽管对数据财产权的担保化目前仍无法根据现行法律制度的现状进行分析，但有一点是可以肯定的，即随着数据产权制度的完善，数据财产权中必然会有一种或几种权利成为可作为担保财产利用的财产权，相应的涉农数据财产权也必将会作为一种担保财产在促进农业发展和农村社会建设中发挥日益重要的融资功能。

第二节 我国农村要素产权担保化存在的制度问题

一、农村要素产权担保范围受限

农村资源要素产权担保，是指农民和农业经营主体等资源要素产权主体以其所拥有的资源资产及其相关权利作为担保，向金融机构申请贷款的行为。农村资源要素及相关权利包括土地承包经营权、土地经营权、农民住房财产权、宅基地使用权、林权、农业设施、集体建设用地使用权、集体资产股份等。其中，法律明确可以向金融机构融资担保的主要有土地经营权、农民住房财产权、集体经营性建设用地使用权、林权、农业设施等。其中，土地承包经营权、宅基地使用权、集体非经营性建设用地使用权都是禁止向金融机构设定担保的。而且在允许设定担保的农村资源要素产权中，农民住房财产权的抵押也存在诸多困难，以至于其几乎不可能实施，土地经营权和集体经营性建设用地使用权的融资担保推进存在诸多问题。毋庸置疑，作为一种特殊的融资，农村资源要素产权担保是盘活农村要素资源的重要手段，也是解决农民和农业经营主体等资源要素主体融资困难的必要途径，更是促进农业现代化和乡村振兴的重要举措。

为推动农村资源要素产权担保，我国先后颁布实施《农村承包土地的经营权抵押贷款试点暂行办法》、《农民住房财产权抵押贷款试点暂行办法》、《农村集体经营性建设用地使用权抵押贷款管理暂行办法》（已失效），大力扶持农村资源要素产权担保业务的开展。但是农村资源要素产权抵押往往围绕着土地承包经营权开展，农民住房财产权和集体经营性建设用地使用权的抵押数量并不多。法律制度约束太多是原因之一，下文将予以详述。于农村资源要素产权担保现状而言，最大的问题是可用以设定担保的农村资源要素产权范围受到较大限制。于农民而言，首要的财产就是土地承包经营权、宅基地使用权和住房。依现行法看，土地承包经营权是兼具身份性和财产性的土地权利，仍然承担着农民的社会保障功能，所以其财产功能和市场属性必然受到限制，不允许市场化流转，当然也不允许设定担保。关于宅基地使用权，2007 年《物权法》（已失效）和《担保法》（已失效）都明确禁止宅基地使用权对外转让、抵押，《民法典》第 399 条依然坚持将宅基地使用权列入不得抵押财产的范围之内，《土地管理法》也通过“一户一宅”的规定阐明禁止宅基地使用权抵押的立法意旨。关于农民住房的抵押,在2016年颁布的《农民住房财产权抵押贷款试点暂行办法》中允许农民在不改变宅基地所有权性质的前提下,以其住房所有权及所占宅基地使用权作为抵押向银行业金融机构申请贷款。但是在试点地区2018年12月31日试点结束之后,相关法律就不再继续调整实施,即要恢复施行现有法律规定。所以,从理论上看,作为农民的重要私人财产,农民住房可以设定抵押,但是基于我国"房地一体"的惯例,在实践中农民住房抵押面临着不可克服的困难。综上所述,在解决农业投入以促进农业现代化和乡村振兴的目标上,农村资源要素产权担保范围有限是目前我们面临的突出问题。

二、农村要素产权担保存在不合理限制

农村资源要素产权担保并非不可限制。那么,对农村资源要素产权什么性质的限制是合理的,什么性质的限制又是不合理的呢?

基于社会公共利益对农村资源要素产权担保的限制是必要的,当然也是合理的。以土地经营权融资担保为例,作为市场交易行为的一种,土地经营权融资担保首先应遵守意思自治、契约平等与自由等商事交易基本准则。土地经营权融资担保法律制度的设计必须遵守市场规律,按照融资担保的基本原理进行。唯有如此,方可充分发挥担保融资的功能,在最大限度上满足农民对农业资金的需求。如果不遵守市场规律,不仅会限制融资担保功能的发挥进而影响农业投入问题的解决,而且长此以往也必将导致土地经营权融资市场的萎缩,对农业生产的持续性发展极为不利。"一切道德和人的行为法则,都是达成一些确定的目的的手段。这些法律规则只能从它们能否达成我们所选择的目的来评判它们的好坏,此外没有其他的方法可用以评判。"[1]市场自治是土地经营权融资担保制度的基础,但土地经营权作为土地权利制度从"两权分离"到"三权分置"改革中新设的权利,除赋予其真正的财产权利属性之外,还具有一定的特殊性:第一,农业用地主要是用于农作物种植的土地。为保障农业生产的持续性和粮食供给的稳定性,在担保权实现时应当坚持不改变土地的农业用途,并且对继受主体的农业生产经营资质进行审查,以防范因担保权的实现影响农用地的经济功能的实现。第二,土地经营权作为融资担保的

〔1〕[奥]路德维希·冯·米塞斯:《人的行为》,上海社会科学院出版社2015年版,第666~667页。

客体,其价值大小决定了金融机构接受其作为融资担保物的意愿大小。土地经营权的价值取决于土地产出能力,然而农业本身是弱质性产业,极易受到气候等自然条件的影响,所以政府应建立土地经营权融资担保风险补偿和分散机制,对融资担保人和融资担保权人予以补偿或者分散他们的风险。第三,土地经营权融资担保的许可突破了我国农地法权的封闭性和内部性。但土地作为农户的重要生产资料,仍然是农民财产性权益的重要组成部分,所以应确保土地经营权融资担保的安全性,如农村土地承包法限制融资担保权主体只能是金融机构、不得强制土地的集中转让等。正是基于以上土地经营权的特殊性,土地经营权融资担保法律制度安排必须在市场自治的基础上坚持适度的政府干预。一方面,对于市场自治能够解决的问题,应当交由市场;另一方面,对于市场自治不能解决的问题,如果有其他途径可以应对或者不适宜政府介入,政府不宜介入。申言之,只有市场自治不能解决,并且适宜由政府介入的问题方可由政府予以解决。唯有如此,方能借助于土地经营权融资担保有效打通农业与资金的融合道路,实现土地、劳动力与资金三大资本的有机融合,确保“三权分置”改革“落实集体所有权”“稳定土地承包经营权”“放活土地经营权”目标的实现。

同时,基于当事人的约定的限制也是合理的。《土地管理法》第63条第3款规定,通过出让等方式取得的集体经营性建设用地使用权可以转让、互换、出资、赠与或者抵押,但法律、行政法规另有规定或者土地所有权人、土地使用权人签订的书面合同另有约定的除外。此规定明确了集体经营性建设用地使用权的抵押要遵守土地所有权人、土地使用权人签订的书面合同的约定,这是尊重当事人意志的体现。毕竟,作为集体经营性建设用地所有权主体,集体土地所有人最了解如何维护和实现自身最佳利益,所以其在流转集体经营性建设用地时载入书面合同的约定应予以尊重。

那么,除因为社会公共利益和当事人的约定对农村资源要素产权担保作出的限制外,其他的限制都应是不合理的限制,都会影响农村资源要素产权担保的推进,并限制农村资源要素产权担保功能的发挥。这种不合理限制的表现形式往往是强制性的,且可能为不同效力层次的约束性文件或法律。

三、农村资源要素产权担保规则不健全

已经形成的农村资源要素产权担保规则存在很多不健全的规则,如土地经营权的融资担保、农村集体资产股份质押等。以集体资产股份质押来说,早在党的十八届三中全会发布的《中共中央关于全面深化改革若干重大问题的决定》就提出"赋予农民对集体资产股份占有、收益、有偿退出及抵押、担保、继承权"。继而在2018年中共中央、国务院发布的《乡村振兴战略规划(2018—2022年)》中进一步明确"完善农民对集体资产股份的占有、收益、有偿退出及抵押、担保、继承等权能和管理办法"。随后2019年中央一号文件《关于坚持农业农村优先发展做好"三农"工作的若干意见》(以下简称2019年中央一号文件)提出"完善农村集体产权权能,积极探索集体资产股权质押贷款办法。研究制定农村集体经济组织法"。由此,集体资产股权担保明确为集体资产股权质押,与公司股权质押在担保方式表述上完全一致。但是集体资产股份(或股权)质押显然不能直接适用公司股权质押规则,在农村集体经济组织法正式通过之前,各地关于集体资产股份质押实践的规则处于欠缺状态,如集体资产股份质押设立是否需要农村集体经济组织同意、集体经营性资产股份和集体资源性资产股份质押规则是否区别设计、集体资产股份质押如何公示和债权到期如何有效实现质权等。

四、农村资源要素产权担保实现方式僵化单一

根据《民法典》第410条第1款的规定,债务人不履行到期债务或者发生当事人约定的实现抵押权的情形,抵押权人可以与抵押人协议以抵押财产折价或者以拍卖、变卖该抵押财产所得的价款优先受偿。由此可以看出,抵押权的实现方式有折价、拍卖、变卖三种。对于农村资源要素产权担保而言,其担保权的实现方式也不外乎这三种。但是基于集体所有权或者农村土地权利所承担的社会保障功能的限制,农村土地资源要素产权的处置具有特殊性,并不具备其他市场化的担保物处置的自由。

正是由于认识到农村资源要素产权处置的特殊性,所以国务院2015年发布的《关于开展农村承包土地的经营权和农民住房财产权抵押贷款试点的指

导意见》就特别指出，允许金融机构在保证农户承包权和基本住房权利前提下，依法采取多种方式处置抵押物。为确保承贷银行顺利实现抵押权，就需要完善抵押物的处置措施，做好风险保障，制定与商品住房差别化的规定，积极探索农民住房财产权抵押担保中宅基地权益的实现方式和途径。

对于实践中土地经营权的融资担保、集体经营性建设用地使用权的抵押及农民住房财产权的抵押，融资担保权的实现方式都不宜采用协议折价的方式。因为这些资源要素产权的担保是向金融机构设定的，而基于担保权主体金融机构设立目的的限制，金融机构不应行使土地经营权，拥有集体经营性建设用地使用权或者农民住房所有权。排除了协议折价融资担保权的实现方式，那么就只能协议拍卖、变卖该担保物并以变价款优先受偿。不能达成协议的，担保权人可以申请人民法院强制拍卖、变卖担保物，由人民法院依实现的担保物权案件的特别程序做出许可拍卖、变卖担保物的裁定。不能达成协议时，担保权人也可以直接向人民法院提起民事诉讼，人民法院依普通民事诉讼程序作出民事判决或裁定。但是，通过拍卖、变卖方式实现担保权，也需要有比较成熟的担保物变价市场，而目前农村相应的市场却并未得到充分的发展。

实践中担保物处置困难是银行业金融机构惜贷的主要原因。为此，《农村承包土地的经营权抵押贷款试点暂行办法》作出了一定的努力，其中第15条明确规定："因借款人不履行到期债务，或者按借贷双方约定的情形需要依法行使抵押权的，贷款人可依法采取贷款重组、按序清偿、协议转让、交易平台挂牌再流转等多种方式处置抵押物，抵押物处置收益应由贷款人优先受偿。"但是，其中的"协议转让"、"交易平台挂牌再流转"与《民法典》第410条规定的协议拍卖、变卖在本质上是一致的，拍卖、变卖只不过是协议转让的形式而已。问题是在实践中如果出现"协议转让""交易平台再流转""强制拍卖、变卖"后仍然无人受让的情形，该如何处置？这就是目前法律规定的担保物权实现方式所不能解决的问题。

第三节　要素市场化配置下农村要素产权可担保化制度重塑

一、扩大农村资源要素产权担保范围

在农村资源要素产权担保制度的设计中，适度范围的农村资源要素产权是有效发挥农村要素产权担保功能的前提。

（一）应完善农民住房财产权的抵押制度，逐步取消宅基地使用权抵押的限制

应在强化用途管制的前提下逐步放开农民住房财产和宅基地使用权的流转，为农民住房财产权的抵押提供法律保障，促进农民住房财产权的价值最大化。一方面，要适时废除《民法典》和《土地管理法》关于宅基地使用权禁止抵押的规定。一般来说，对产权的限制越多，产权的稳定性越差，对产权的投资激励就越差。另一方面，要适度拓宽农民住房财产权处置范围。不应将农民住房处置范围限于本集体经济组织成员，应允许本集体经济组织以外的成员甚至是城市居民购买。只有提升农民住房的流动性，才能增强其变现能力，从而使银行业金融机构更愿意接受农民住房作为抵押物。

（二）拓展地域性特色抵押物

实践中，为了打破农村产权融资抵押物相对单一的局面，一些地区对抵押物的选择进行了适度的创新，如云南省大理白族自治州宾川县创设的“水果权证”等。宾川县利用本地农业特色，选择葡萄、柑橘等经济效益好、经营周期较长的经济性树木，将土地使用权、林果所有权和经营权进行“三权合一”，由县政府颁发“水果权证”，然后以“水果权证”向银行等金融机构抵押申请获得所需要的经营资金。再如，隆安县的农业生产经营企业，以土地租金和地上农作物的价值一起评估向金融机构抵押申请贷款。不可否认的是，此类地域性特色抵押物的创新需要地方政府的支持，比如，确权颁证、搭建农民或农业生产企业与金融机构之间的沟通平台等。从宾川县和隆安县地域性特色抵押物的创新来看，结合本地农业特色或其他经营特色，综合选定抵押物是拓宽农村资源要素产权担保范围的可行路径。

二、减少或取消对农村要素产权担保的不合理限制

在法律允许的有限的农村资源要素产权的担保中，农村资源要素产权的担保制度实施并不顺畅，原因是法律仍然对这些农村资源要素产权的担保作出了很多限制。这些限制使可以设定担保的农村资源要素产权在市场上的可接受度降低，影响了金融机构接受抵押的意愿。如果不能减少或取消这些限制，农村资源要素产权的担保作用将大打折扣。

（一）减少土地经营权融资担保的限制

“三权分置”后的土地经营权，是去除了身份属性和社会保障功能的土地权利，自由转让和设定担保是彰显其财产属性的最重要的两种处分方式。《农村土地承包法》虽然明确了无论是承包方还是受让方，都可以土地经营权向金融机构融资担保，但是仍然规定了“向发包方备案”的条件，而且土地经营权受让方向金融机构设定担保时也需要“经承包方书面同意”。此处“向发包方备案”应属于管理性规定，而非效力性规定。换句话说，“向发包方备案”是为了集体土地所有权人及时掌握了解土地流转状况，并对土地利用进行实时的、必要的监督和管理；如果没有“向发包方备案”，并不会影响土地经营权担保合同的效力。虽然要求土地承包经营权人流转土地经营权需要向发包方备案具有一定的合理性，但是，要求受让土地经营权的经营权人在以土地经营权为担保财产进行抵押融资时，需“经承包方书面同意”，则没有充分的理论依据。承包经营权人流转土地之时，已经就土地经营权的流转问题进行了备案，发包人对于土地流转的知情权和监督权通过备案已经得到了尊重和体现，且经营权人将土地经营权用于担保，并不导致发包人相应权利的丧失。因此，笔者认为，应删除经营权人以土地经营权设定抵押时需“经承包方书面同意”的限制，赋予土地经营权受让人自由设定担保的权利。

（二）放宽集体经营性建设用地使用权抵押的限制

《土地管理法》第63条第3款规定，通过出让等方式取得的集体经营性建设用地使用权可以转让、互换、出资、赠与或者抵押，但法律、行政法规另有规定或者土地所有权人、土地使用权人签订的书面合同另有约定的除外。如前文所述，不仅出让方式可以设定具有物权属性的集体经营性建设用地使用权，而且出租和出资作价（入股）方式也可以设定具有物权属性的集体经营性建设用地使用权。所以，可以在《土地管理法》第63条第3款明确“通过出让、出租、出资作价（入股）等方式取得的集体经营性建设用地使用权可以转让、互换、出资、赠与或者抵押，但法律、行政法规另有规定或者土地所有权人、土地使用权人签订的书面合同另有约定的除外”。如此一来，便明确了出租、出资作价（入股）方式设立的集体经营性建设用地使用权也可以设定抵押。

三、完善农村资源要素产权担保规则

农村资源要素产权担保规则的合理设计,对于促进农业生产的发展至关重要。当前,尤其应重视集体资产股份质押规则的完善。首先,集体资产股份质押应经农村集体经济组织同意。集体资产股份的组织载体是农村集体经济组织。集体资产股份主体身份的限制及集体资产股份设立的目的决定了集体资产股份转让的限制性和封闭性。债权到期未获清偿实现质权时,需要农村集体经济组织对受让主体资格及受让比例进行审查。所以,为顺利实现质权,集体资产质押应经农村集体经济组织同意方可设立。其次,集体经营性资产股份质押规则和集体资源性股份质押规则应进行差别设计。中共中央、国务院《关于稳步推进农村集体产权制度改革的意见》主要要求对集体经营性资产折股量化,但在实践中部分地区对集体统一经营或未分包到户的资源性资产也进行了折股量化。[1] 集体经营性资产股份通常与农民生存与身份没有关联,而集体资源性股份往往关系农民的基本生存与社会公平,所以两类集体资产股份规则应进行差别设计。再次,集体资产股份质押应采取更严格的公示方式。作为一种权利质权,集体资产股份质权必须对外公示,以使质押关系以外的第三人知晓其权利内容而合理安排自己的行为。在农村集体经济组织法缺失的背景下,集体资产股份质押存在极高的市场风险和法律风险,为促进集体资产股份质押的开展,必须充分保护质权人的合法权益。故集体资产股份质押应采取比其他权利质押更严格的公示方式。最后,完善集体资产股份质权实现制度。集体资产股份质权的实现方式主要包括:集体赎回、收储和转让。为促进集体资产股份质权的实现,应完善集体资产股份赎回制度、健全集体资产股份收储制度和审慎探索集体资产股份转让制度。集体资产股份转让,是指集体资产股份向非集体成员转让。必须明确,在集体资产股份转让中,本集体成员享有优先受让权,但基于农村集体经济组织范围的限制,股份质权价值可能无法充分实现,甚至股份质权也可能无法实现。因此,农户以其享有的集体资产股份质押设定担保对实现集体资产的融资功能的作用是十分有限的。但是,农户享有股份意味着农户可以据此不断地参与集体资产的经

[1] 参见高海、朱婷:《集体资产股份质押的特别性与制度完善》,载《河北法学》2022年第5期。

营收益分配,即从集体资产的经营中获得收益。此项收益权更适合作为担保财产而进行利用,农户在以集体资产股份收益权质押设定担保时,无须受到其以集体资产股份质押时必须接受的各种限制。

四、创新农村资源要素产权担保物权实现方式

推进我国农村资源要素产权担保化利用会受到众多因素的限制。其中,法律制度的完善程度决定了农村资源要素产权担保能否解决农业投入问题、能对农业现代化及乡村振兴发挥多大的作用。农村资源要素产权担保存在复杂的利益关系,农民、农村集体经济组织、农业生产经营主体等都可能利用农村资源要素争取利益。

根据《民法典》的规定,担保物权的基本实现方式有三种,即协议折价、拍卖和变卖。但是协议折价方式并不适宜农村资源要素产权的担保,所以只有拍卖和变卖两种担保物权实现方式可以采用。基于农村资源要素的价值性和流动性限制,可能出现无人受让农村资源要素产权的情形,此时就需要创新农村资源要素产权担保权的实现方式,如很多学者提出的强制管理就不失为一种有效的担保权实现方式。所谓强制管理,是指通过委托他人管理担保财产并以其所得收益优先受偿的制度。强制管理是以不动产或不动产权利的使用价值及其收益为执行对象,其实施并不触及担保物的原有归属。不宜变价或不能变价的担保物在担保物权的实现方式上具有独特的优势。我国《农村土地承包法》和《民法典》等法律以及政策性文件都没有对强制管理作出规定,但在实践中已经出现此种做法。如《铜陵市农村土地承包经营权抵押融资管理办法》第23条规定,抵押权人可以采取入股、出租等非转让方式实现抵押权,受让方并不取得承包土地的经营权,而只是以取得的入股收益或出租收益优先受偿。究其实质,强制管理是委托他人管理经营担保财产,担保人暂时丧失对担保财产的控制,管理人以担保财产的经营收益来满足强制执行权,在担保权完满实现后,担保人仍旧获得完整的担保财产权利。强制管理的具体运用涉及管理委托人和管理受托人、管理的权利和义务以及管理委托的程序等问题,可通过法律对以上问题作出合理的规定,以推进强制管理作为担保权实现方式的普遍运用。

第八章　要素市场化配置下农村要素产权交易市场制度体系建设

第一节　要素市场化配置与农村要素产权交易市场

一、农村要素产权交易市场与要素市场化配置的关系

农村要素产权交易市场与要素市场化配置具有密切关系,农村要素产权交易市场是农村要素资源市场化配置的重要载体,实现要素资源市场化是农村要素产权交易市场体系建设的目的。

(一)农村要素产权交易市场是实现要素市场化配置的重要载体

市场化配置要素资源形式上是通过产权交易来实现的,要素资源的市场化配置以产权交易市场为重要载体。

要素市场化配置是指在经济运行过程中,通过市场机制反映的需求与供给变动引起价格变动从而实现对资源进行分配、组合及再分配与再组合。要素市场化配置需要借助平台得以实现。农村要素资源市场化配置也需要借助产权交易平台实现,农村要素产权交易市场即农村各类要素资源市场化配置的重要载体。国务院办公厅《关于引导农村产权流转交易市场健康发展的意见》对农村要素产权交易市场作出了定义。据此,农村要素产权交易市场是为各类农村产权依法流转交易提供服务的平台,包括现有的农村土地承包经营权流转服务中心、农村集体资产管理交易中心、林权管理服务中心和林业产权

交易所,以及各地探索建立的其他形式农村产权流转交易市场。[1] 就其构成而言,农村要素产权交易市场包括各类要素交易和交易流转服务平台。要素流转服务平台是现阶段农村产权流转交易市场的主要形式和重要组成部分。[2] 就其产生及作用而言,农村要素产权交易市场是随着市场发展到一定程度而自然产生的,其为市场交易主体构建了一座信息交流的桥梁,并提供相关交易等服务。[3] 通过农村要素产权交易市场,各种要素资源以商品的形式为不同的主体所获得,用于生产经营,实现了资源根据需求按照市场交易的一般规律而在不同的主体间进行分配、组合和再组合。农村要素产权交易市场为实现农村要素资源的自由流动搭建了平台,借助农村要素产权交易市场,农村土地、劳动力、资本、技术、数据等要素得以通过交易实现自由流动。以农地资源的市场化配置为例,土地经营权是市场化配置农地资源的基本形式[4],但农村土地要素的市场化配置则需要通过土地经营权交易来实现。概言之,依托农村要素产权交易市场,农村各类要素资源才能实现市场化配置,农村要素产权交易市场实际上充当了农村要素市场化配置载体的角色。

(二)实现要素市场化配置是农村要素产权交易市场建设的目的

通过农村要素产权交易市场进行农村要素资源的市场化配置,其目的是通过市场机制使农村各类要素资源在不同主体之间流转,使要素和主体之间进行恰当的匹配,实现各类要素的合理组合利用,达到要素利用效益的最大化。农村要素产权交易市场体系建设主要就是为农村要素资源实现市场化配置提供高效、便利的平台。

在加快完善社会主义市场经济体制方面,党的十九大报告明确提出,经济体制改革必须以完善产权制度和要素市场化配置为重点,实现产权有效激励、要素自由流动、价格反应灵活、竞争公平有序、企业优胜劣汰。[5] 这表明,实现

---

〔1〕 参见国务院办公厅《关于引导农村产权流转交易市场健康发展的意见》(国办发〔2014〕71 号)。

〔2〕 参见国务院办公厅《关于引导农村产权流转交易市场健康发展的意见》(国办发〔2014〕71 号)。

〔3〕 参见神州土地研究院编著:《中国农村产权流转交易市场发展报告(2017)》,中国农业大学出版社 2017 年版,第 25 页。

〔4〕 体现“三权分置”改革精神的《农村土地承包法》赋予土地经营权以独立性和高度流动性,在此基础上土地经营权市场成为市场化配置农地资源的基本形式。参见许明月:《论农村土地经营权市场的法律规制》,载《法学评论》2021 年第 1 期。

〔5〕 参见《决胜全面建成小康社会　夺取新时代中国特色社会主义伟大胜利——在中国共产党第十九次全国代表大会上的报告》。

要素自由流动是要素市场化配置的目标之一。中共中央、国务院《关于构建更加完善的要素市场化配置体制机制的意见》进一步厘清了要素资源市场化配置和产权交易市场的关系,即二者是目的和手段的关系。健全要素交易市场体系,对促进要素自主有序流动,提高要素配置效率,进一步激发全社会创造力和市场活力,推动经济发展质量变革、效率变革、动力变革,均具有重要的意义。只有以市场决定、有序流动为基本原则,健全要素产权交易市场体系,才能畅通要素流动渠道,保障不同市场主体平等获取生产要素,推动要素配置依据市场规则、市场价格、市场竞争实现效益最大化和效率最优化。[1] 通过农村要素产权交易市场体系建设,可以实现农村各类要素资源充分流转,使市场配置农村要素资源的作用得到充分发挥。

二、我国发展农村要素产权交易市场的政策演变

在我国,农村要素产权交易市场是在改革开放后逐渐发展起来的。农村要素产权交易市场的产生缘于改革开放后农村劳动力、土地、资本等要素管理的逐步放开。农村土地承包,一方面使农村劳动力摆脱了农业集体经济组织、农村土地和农业劳动的束缚,从而使劳动力使用权成为可进行交易的市场标的;另一方面使承包经营权从土地所有权中分离出来,获得独立的经济价值和交换价值,成为可进行市场交易的商品。这为农村劳动力要素和土地要素的市场化配置创造了前提,使农村劳动力和土地要素市场化配置至少具备了理论的可能性。

最初的农村要素产权市场是民间自发的交易市场,产权交易主要以民间私下进行的交易形式存在。要素市场的发展并没有得到政府政策支撑和扶持,甚至在早期还受到来自政府的严格限制。改革开放初期,对农村土地转包、代耕、转租等行为,国家的基本政策都是否定的;对农村劳动力进城打工,参与城市劳动力市场竞争,国家也基本持否定态度。这充分反映了政府对开

---

〔1〕 参见中共中央、国务院《关于构建更加完善的要素市场化配置体制机制的意见》。

放农村土地、劳动力等要素市场的谨慎和顾虑。[1]

从20世纪80年代中期开始，国家对发展农村要素市场的态度发生了从禁止到认可的明显转变。其重要的标志是1984年中央一号文件。此后，通过《宪法》和《土地管理法》的修改，农村土地严格的承包户经营制度在法律上也出现了松动，通过转包、转让等方式将农地交由其他人经营，获得了正式立法的认可。

从20世纪90年代中期开始，国家对发展农村要素产权市场的基本立场又发生了从被动认可到积极肯定的变化。1995年国务院批转原农业部《关于稳定和完善土地承包关系的意见》(已失效)，要求"建立土地承包经营权流转机制"。2002年全国人大常委会通过《农村土地承包法》，该法在统一的"承包经营权流转"名义下对承包经营权流转制度进行了系统的安排。在劳动力要素市场化配置方面，国家要求通过改革小城镇的户籍管理制度，促进农村剩余劳动力的转移，并明确取消对农民进城务工就业的不合理限制，要求对农民工和城镇居民一视同仁。2008年，党的十七届三中全会通过《关于推进农村改革发展若干重大问题的决定》，进一步提出要统筹城乡劳动就业，加快建立城乡统一的人力资源市场。至此，我国农村劳动力市场化配置改革取得重大的进展，农村劳动力进一步摆脱了农村土地、组织和农业产业的束缚，全国范围内的统一劳动力市场开始形成。这一时期，农村要素产权市场逐步从隐形的民间市场走向前台，成为公开合法存在的市场，并在充分的法律保障下得到了一定程度的发展。

进入21世纪10年代中期，国家对发展农村要素市场的基本立场又发生了从积极肯定到大力推进的转变。2013年党的十八届三中全会通过《关于全面深化改革若干重大问题的决定》，将市场配置资源的基础性作用改为决定性作用，发展农村要素产权市场成为发展现代农业、促进农村进步、实现农民全面发展的重要抓手。2014年中央一号文件揭开了"三权分置"改革的序幕。2016年10月，中共中央办公厅、国务院办公厅印发《关于完善农村土地所有权承包

---

〔1〕 1982年中央一号文件规定："社员承包的土地，不准买卖，不准出租，不准转让，不准荒废，否则，集体有权收回；社员无力经营或转营他业时应退还集体。"1982年《宪法》(第10条第2款)、1986年《土地管理法》(第2条第2款)和《民法通则》(第80条第3款)都明确规定，不得侵占、买卖、出租或者以其他形式非法转让土地。

权经营权分置办法的意见》，对“三权分置”格局的基本内容、保障“三权分置”改革的基本措施等作出全面安排。2018 年通过《农村土地承包法》的修改，确立了土地经营权的独立地位，按照市场配置农地资源的要求，设计了完整的土地经营权流转规则，为农村土地要素市场的发展开辟了更广阔的前景。与此同时，2016 年 12 月 26 日，中共中央、国务院发布《关于稳步推进农村集体产权制度改革的意见》，拉开了农村集体产权制度改革的序幕；通过清产核资，进一步明确了集体资产的范围和集体资产产权，以及农民（或农户）对集体资产享有的股份权利；为农村集体资产的市场化利用创造了更好的制度条件，使集体资产资本化、市场化有了坚实的制度保障。

伴随国家对发展农村要素产权交易市场基本立场的变化，我国农村产权集中交易市场也逐步得到了稳步、健康的发展，各种农村要素产权集中交易市场在全国各地如雨后春笋般地建立起来，尤其是电子化农村要素产权交易平台建设更显现出强劲的发展活力。农村土地经营权流转服务中心、农村集体资产管理交易中心、林权管理服务中心和林业产权交易所等不同名目和性质的线上交易平台和线下集中交易场所层出不穷，显示出欣欣向荣的发展局面。从交易主体来看，农村要素产权交易市场中的流转交易主体包括农户、农民合作社、农村集体经济组织、涉农企业和其他投资者；从交易的要素种类来看，土地、劳动力、资本、技术、数据等各类农村生产要素均可进入市场进行交易，交易品种具体涵盖了农户承包土地经营权、林权、“四荒”使用权、农村集体经营性资产、农业生产设备、小型水利设施使用权、农业类知识产权等各个门类。截至 2015 年年底，以重庆、湖北、天津、北京、山东、安徽、江苏、上海、广东、山西、浙江、河北、广西、云南等 14 家省级或省会级为代表的一批综合性农村产权交易所相继成立，覆盖了全国约 43% 的县级行政区划单位。[1] 农村要素产权交易市场的蓬勃发展使各类要素资源在不同主体之间得以实现更为充分的流转，有效地发挥了其促进要素合理组合利用、盘活农村闲置资源、促进农业农村发展的重要作用。

为进一步推进市场配置资源的决定性作用，2020 年中共中央、国务院发布

---

〔1〕 参见神州土地研究院编著：《中国农村产权流转交易市场发展报告（2017）》，中国农业大学出版社 2017 年版，第 113 页。

《关于构建更加完善的要素市场化配置体制机制的意见》,对农村要素产权市场建设提出了"构建更加完善的要素市场化配置机制体制"的更高要求,相信在"市场决定、有序流动"原则的指引下,我国农村要素产权市场必将迎来更快、更高质量的发展。

三、加强农村要素产权交易市场体系建设的重要意义

中共中央、国务院《关于构建更加完善的要素市场化配置体制机制的意见》对产权交易市场体系建设提出了更高的要求。要素市场化配置下农村要素产权交易市场体系建设,应立足于要素资源市场化配置的要求,将实现要素市场化配置作为农村要素产权交易市场体系建设的目标。具体而言,根据要素市场化配置的要求进行农村要素产权交易市场体系建设的意义,主要体现在以下方面。

(一)增强市场配置资源的充分性,发挥市场配置农村要素的决定性作用

农村要素产权交易市场体系建设有利于提升农村要素产权交易市场的综合性,促进农村要素资源的充分流转。农村要素产权交易市场体系建设,有助于增强要素市场的活力,通过构建涵盖土地、劳动力、资本、技术、数据等各种要素的综合性产权交易市场体系,将农村土地、劳动力、资本、技术、数据等要素资源纳入农村产权交易范围,拓展进入农村要素产权交易市场的要素资源范围,并确保各类要素资源的充分流转。同时,农村要素产权交易市场体系建设,包括健全的要素产权体系、完善的交易规则体系、配套的交易服务体系。降低要素资源交易成本、简化要素资源交易流程,使交易过程更加顺畅,这会大大增加要素交易量,提高要素交易的发生频率,加大市场配置资源的力度,使市场在农村要素资源配置中发挥更大的作用,确保市场对农村要素资源配置的决定性作用能够真正实现。

(二)促进农村要素产权交易市场的规范化,实现要素资源的有序流转

市场作为一种有效的资源配置方式,能够有效促进市场主体间信息共享,优化资源配置,提高要素利用效率,从而将整个社会的有限资源予以有效地分配和使用。[1] 但是市场不是万能的,其会面临市场失灵等问题。农村要素产

---

〔1〕 参见李昌麒主编:《经济法学》(第3版),法律出版社2016年版,第26页。

权交易市场同样会存在由市场的不完全、不充分、垄断、信息不对称、外部性等导致的市场失灵问题。与此同时，农村产权交易也会因市场的无序性而产生交易迟滞，交易数量减损，从而导致资源运用和分配的低效率。[1] 产权交易市场体系建设，通过健全完善各项市场交易制度，保障农村要素产权交易市场的交易秩序，以及对农村要素产权交易市场环境的规制，规范农村要素产权交易市场的竞争秩序，克服要素资源市场化配置的无序性问题。加强要素市场化配置下农村要素产权交易市场体系建设，有利于增强农村要素产权交易市场的规范化，促进要素资源的有序流转。

（三）增强市场统一性，提高市场配置要素资源效率

统一的农村要素产权交易市场对于提高要素配置效率、保障农村各类要素资源高效流转具有重要意义。市场统一性不足，则市场发挥作用的条件不完全具备，市场机制难以发挥作用，市场配置资源的效率就会降低。[2] 农村要素产权交易市场的统一性不足也势必会降低其配置农村各类要素资源的效率。从我国农村要素产权交易市场建设的现状来看，虽然我国农村要素产权交易市场较多，但统一性不足，区域内产权交易不统一，限制了要素资源的流转效率。农村要素产权交易市场普遍存在“一村一市场”的现象[3]，处于“小流转”的困局，流转链条不完善，仅限于当地小规模私下流转，缺乏“请进来、走出去”的大流转媒介[4]，因此限制了农村各类要素资源在更大的范围和更多的主体之间进行高效流转。农村要素产权交易市场体系建设，通过构建统一的市场体系、开放的产权交易平台、规范的交易流程，改变产权交易的分散性，搭建线上线下相结合的产权交易平台，扩展产权交易的范围，共享产权交易信息，能够更好地配置要素资源，解决区域内产权交易统一性问题。[5] 通过农村要素产权交易市场体系建设，可以进一步增强农村要素产权交易市场的统一

[1] 参见李昌麒主编：《经济法学》（第 3 版），法律出版社 2016 年版，第 26 页。

[2] 参见李昌麒主编：《经济法学》（第 3 版），法律出版社 2016 年版，第 26 页。

[3] 参见何俊玲：《中国土地法制与乡村振兴战略会议联盟第六届学术研讨会“农村要素市场化配置改革的法治保障学术研讨会”暨第十二届中国农村法治论坛综述》，载 https://illss.gdufs.edu.cn/info/1098/10835.htm，2021 年 7 月 29 日访问。

[4] 参见神州土地研究院编著：《中国农村产权流转交易市场发展报告（2017）》，中国农业大学出版社 2017 年版，第 124 页。

[5] 参见朱丰：《建设农村产权交易市场的实践与探索》，载《招标与投标》2018 年第 6 期。

性，有利于保障要素资源的高效流转。

第二节 我国农村要素产权交易市场体系建设现状与待完善方面

一、我国农村要素产权交易市场体系建设的现状

近年来，随着农村劳动力持续转移和农村改革不断深化，各类农村产权流转交易的需求明显增长，全国许多地方建立了多种形式的农村要素产权交易市场。[1] 当前，我国农村要素产权交易市场在政策及法律的支持下，平台建设及市场交易状况呈现良好的发展态势。

（一）政策及法律环境

农村要素产权交易市场体系建设，在国家和地方层面都存在较多的政策及法律支持。

改革开放以来，培育农村要素产权交易市场已成为农村综合改革的重要方向。党的十七届三中全会提出“加强土地承包经营权流转管理和服务，建立健全土地承包经营权流转市场”的重大战略决策[2]，为土地承包经营权的流转提供了良好的政策支持。党的十八届三中全会提出赋予农民更多财产权利，推进城乡要素平等交换和公共资源均衡配置。建立健全农村产权制度，积极培育农村要素产权交易市场，鼓励开展农村产权交易，运用市场机制合理配置农村产权资源，已成为中国产权管理的基本政策。[3] 运用市场机制合理配置农村产权资源，开展农村产权交易得到了进一步支持。党的十八届三中全会作出的《中共中央关于全面深化改革若干重大问题的决定》明确提出，要“建立农村产权流转交易市场，推动农村产权流转交易公开、公正、规范运行”[4]。2014 年国务院办公厅发布《关于引导农村产权流转交易市场健康发展的意见》，从总体要求、定位和形式、运行和监管、保障措施等方面，对农村要素产权

---

〔1〕 参见国务院办公厅《关于引导农村产权流转交易市场健康发展的意见》（国办发〔2014〕71号）。

〔2〕 参见陆剑、彭真明：《农村产权交易的制度建构——基于成都、武汉农村产权交易所的实证研究》，载《农村经济》2010 年第 9 期。

〔3〕 参见兰玲、李清、王金娟：《农村土地产权交易市场现状与对策——基于吉林省的研究》，经济管理出版社 2018 年版，第 73 页。

〔4〕 参见《中共中央关于全面深化改革若干重大问题的决定》。

交易市场建设提出了系统的指导意见,引导农村产权流转交易市场健康发展。[1] 除中央之外,各地也陆续出台了诸多关于农村要素产权交易市场建设的规定,目前,与农村产权交易相关的地方法规有200余部[2],极大地促进了农村要素产权交易市场的发展。

此外,2018年12月29日,第十三届全国人大常务委员会第七次会议通过《关于修改〈中华人民共和国农村土地承包法〉的决定》,对《农村土地承包法》进行了第二次修改,通过赋予土地经营权以独立性和高度流动性,为农地资源的市场化配置提供了有力的制度支撑,使土地经营权市场成为市场化配置农地资源的基本形式。[3] 《农村土地承包法》修改以落实农村土地"三权分置"为改革的基本理念,其初衷是在保护农民对农村土地既得利益的前提下,强化农村资源市场化配置,保障农地资源的充分利用,推动现代化农业的发展[4],这为土地经营权的流动提供了充分的法律依据。2020年中共中央、国务院《关于构建更加完善的要素市场化配置体制机制的意见》提出,要深化要素市场化配置改革,促进要素自主有序流动,提高要素配置效率,进一步激发全社会创造力和市场活力,推动经济发展质量变革、效率变革、动力变革,构建更加完善的要素市场化配置体制机制[5],因此对农村要素产权交易市场提出了更高的要求。此外,《中华人民共和国国民经济和社会发展第十四个五年规划和2035年远景目标纲要》指出,"十四五"时期应坚持农业农村优先发展,全面推进乡村振兴,健全农村产权交易,依法保障进城落户农民农村土地承包权、宅基地使用权、集体收益分配权,建立农村产权流转市场体系,健全农户"三权"市场化退出机制和配套政策[6],为农村要素产权交易市场体系建设指明了方向。

在乡村振兴战略和要素市场化配置的背景下,农村产权流转交易不仅是现实需要,更有充分的政策及法律支持。农村要素产权交易市场体系建设获

---

[1] 参见国务院办公厅《关于引导农村产权流转交易市场健康发展的意见》(国办发〔2014〕71号)。

[2] 截至2021年8月16日,北大法宝数据库法律法规搜索"农村产权""交易",可查询到地方法规215部。

[3] 参见许明月:《论农村土地经营权市场的法律规制》,载《法学评论》2021年第1期。

[4] 参见许明月:《论农村土地经营权市场的法律规制》,载《法学评论》2021年第1期。

[5] 参见中共中央、国务院《关于构建更加完善的要素市场化配置体制机制的意见》。

[6] 参见《中华人民共和国国民经济和社会发展第十四个五年规划和2035年远景目标纲要》。

得了充分的现实基础及良好的政策与法律环境。

(二)平台建设及交易情况

截至2015年年底,全国已有1231个县(市)、17,826个乡镇建立了多种形式的农村产权集中流转交易市场和服务平台,以重庆、湖北、天津、北京等14家省级或省会级为代表的一批综合性农村产权交易所相继成立,覆盖了全国约43%的县级行政区划单位。[1] 从建立时间上来看,成都、重庆、武汉等地成立农村要素产权交易市场的时间较早,多数成立于2008年以后。[2] 下面对成立较早、比较具有代表性的农村土地交易市场进行简要介绍。

成都农村产权交易所于2008年10月13日成立,是全国首家综合性农村产权交易所,流转范围包括林权、土地承包经营权、农村房屋产权、集体建设用地使用权、农业类知识产权、农村经济组织股权等。此外,该交易所还提供农业产业化项目投融资专业服务。[3] 重庆农村土地交易所于2008年12月4日挂牌成立,是全国首家农村土地交易所,主要交易城乡建设用地挂钩指标(俗称“地票”),农村宅基地及其附属设施用地、乡镇企业用地、农村公共设施和农村公益事业用地等农村集体建设用地,经过复垦为耕地,并经土地管理部门严格验收后,可用于建设的用地指标。[4] 武汉农村综合产权交易所于2009年4月30日成立,是中部地区第一家综合性农村产权交易机构,交易产品涉及十大类。[5] 天津农村产权交易所于2011年5月成立,作为配套天津市农村产权制度改革的重要载体,2016年天津农村产权交易所在全国省级层面率先完成了“市—区—镇(街)”三位一体的农村产权流转交易市场服务体系,成为国内第一个建立标准化、系统化、规范化市场网络和交易系统的农村产权交易所。[6]

---

〔1〕 参见神州土地研究院编著:《中国农村产权流转交易市场发展报告(2017)》,中国农业大学出版社2017年版,第113页。

〔2〕 参见神州土地研究院编著:《中国农村产权流转交易市场发展报告(2017)》,中国农业大学出版社2017年版,第113页。

〔3〕 参见陆剑:《农村产权交易市场建设的私法议题与创新路径——基于武汉农交所的实证研究》,载《私法研究》2016年第2期。

〔4〕 参见陆剑:《农村产权交易市场建设的私法议题与创新路径——基于武汉农交所的实证研究》,载《私法研究》2016年第2期。

〔5〕 参见神州土地研究院编著:《中国农村产权流转交易市场发展报告(2017)》,中国农业大学出版社2017年版,第209~210页。

〔6〕 参见神州土地研究院编著:《中国农村产权流转交易市场发展报告(2017)》,中国农业大学出版社2017年版,第193~194页。

黑龙江方正县农村产权交易服务中心于 2014 年 4 月成立，是东北三省首家农村产权交易中心，发挥了规范农村产权交易行为，确保农村产权交易公平、公正、公开，实现农村资产资本化、农村资源市场化、农民增收多元化目标的作用。[1]

从市场交易情况来看，目前我国农村要素产权交易市场的交易范围较广，实际经营状况良好，但实际交易仍以土地流转为主。现阶段，农村要素产权交易市场主要对农村建设用地（包括宅基地、耕地、林地、荒地）等农村土地进行流转。[2] 从实际经营情况来看，当前农村要素产权交易市场的总体交易状况良好，但存在地区发展不平衡的问题。

在农村产权交易的现实需求以及政策、法律的支持之下，我国农村产权交易平台正逐步建立健全。农村产权交易平台在规范农村产权流转交易行为，服务农村改革，盘活农村闲置资源，保障农民和农村集体经济组织的财产权益方面发挥了重要作用。然而，当前农村要素产权交易市场仍存在一些不足，参与流转的要素资源种类较为局限，产权交易市场综合性不足、区域发展不平衡，仍然是目前比较突出的问题。

二、我国农村要素产权交易市场体系建设待完善的方面

继武汉、成都、杭州等地初步建立了市、区、乡镇分级交易平台之后，越来越多的城市开始探索农村产权进入交易市场，我国农村要素产权交易市场逐步发展，整体处于稳步上升态势。[3] 然而，农村要素产权交易市场仍待完善，下面从平台建设、市场交易、中介服务机制建设、配套服务机制等方面分别进行考察。

---

[1] 参见《东北三省首家农村产权交易中心成立》，载中国土地法制研究网，https://illss.gdufs.edu.cn/info/1023/6704.htm，2021 年 8 月 1 日访问。

[2] 参见《宁夏平罗首家农村土地产权交易中心挂牌》，载中国土地法制研究网，https://illss.gdufs.edu.cn/info/1023/6717.htm，2021 年 8 月 1 日访问；《东北三省首家农村产权交易中心成立》，载中国土地法制研究网，https://illss.gdufs.edu.cn/info/1023/6704.htm，2021 年 8 月 1 日访问；《南昌两年内将建立三级农村土地流转交易市场》，载中国土地法制研究网，https://illss.gdufs.edu.cn/info/1023/6721.htm，2021 年 8 月 1 日访问；《实行“一站式”服务　搭建土地使用产权公平交易平台》，载中国土地法制研究网，https://illss.gdufs.edu.cn/info/1023/6845.htm，2021 年 8 月 1 日访问；《重庆农村土地交易将转正》，载中国土地法制研究网，https://illss.gdufs.edu.cn/info/1023/6874.htm，2021 年 8 月 1 日访问。

[3] 参见刘颖：《农村产权流转交易市场体系建设与配套制度研究——以四川省为例》，载《湖北农业科学》2014 年第 17 期。

(一)平台建设方面

农村产权交易平台实质上是农村要素产权交易市场的存在形式及载体,其不仅包括物理平台,还包括虚拟的线上平台。虽然目前我国在较多地区建立了农村要素产权交易市场,然而当前农村要素产权交易市场在平台建设方面仍然存在一些待完善的方面。

从数量以及覆盖范围上来看,农村产权交易平台建设取得了较大进展[1],为农村要素资源的流转提供了场所。但是,从目前农村要素产权交易市场的发展状况来看,平台建设依然不足。首先,从平台规模来看,虽然目前全国各地存在各种形式的农村要素产权交易市场且数量多,但各地农村要素产权交易市场的发展状况存在较大差异,农村要素产权交易市场相对分散,区域不平衡现象突出。欲实现要素资源的充分流动,最大化实现要素资源配置效率,不仅需要建立产权交易市场,也需要保证产权交易市场具备一定的规模。然而,现阶段我国农村要素产权交易市场依然存在规模较小、市场相对分散的问题,产权流转的效率也因而受到影响。当前的农村产权交易平台建设割裂了地区之间的联系,使农村要素产权交易市场处于小范围流通的困境,限制了交易主体充分、自由地进行产权交易,不能保证农村要素资源充分高效流转,难以实现农村要素充分的市场化配置。

其次,从平台交易种类来看,目前农村要素产权交易市场虽然涵盖较多要素资源类型,包括但不限于与土地相关的权利、农业类知识产权等,但实际交易仍主要以土地流转为主,涵盖各类要素资源的产权交易市场体系尚未建立。农村要素产权交易市场受限于可供交易的要素资源不足而难以获得充分的发展。受制于参与流转的要素资源种类的局限性,当前的交易规则也不够完善。农村产权交易平台未能充分发挥保障各类要素资源市场化配置的实际作用。要素资源市场化配置要求各类要素资源的充分配置,中共中央、国务院《关于构建更加完善的要素市场化配置体制机制的意见》,针对土地、劳动力、资本、技术、数据五类要素的市场化配置均提出了要求,农村产权交易平台建设应当

---

〔1〕 据统计,截至2015年年底,全国已有1231个县(市)、17,826个乡镇建立了多种形式的农村产权集中流转交易市场和服务平台,覆盖了全国约43%的县级行政区划单位。参见神州土地研究院编著:《中国农村产权流转交易市场发展报告(2017)》,中国农业大学出版社2017年版,第113页。

实现这五类要素的充分流转,而非仅仅针对某一类或某几类要素资源的流转。平台作为要素资源市场化配置的重要载体,应当肩负实现各类要素资源充分流转的责任。而当前农村产权交易平台以土地流转为主的形式,难以为其余各类要素充分、高效流转提供保障。

最后,从平台的性质来看,当前农村产权交易平台主要为以土地流转为主的综合性交易平台,未能针对各类要素资源的不同性质、市场化程度差异以及流转中各类要素资源可能出现的不同问题,有针对性地进行分类建设。这种平台形式导致农村产权交易平台在实际运行中,存在流转效率不高、流转不规范的情况,与要素资源市场化配置的实际需求存在一定的张力。这与《关于构建更加完善的要素市场化配置体制机制的意见》中对要素市场化配置的要求也存在一定的距离。该意见针对市场决定要素配置范围有限、要素流动存在体制机制障碍等问题,提出根据不同要素属性、市场化程度差异和经济社会发展需要,分类完善要素市场化配置体制机制的要求。农村产权交易平台按照要素属性分类建设,针对不同要素属性更有针对性地进行平台建设、作出相应制度安排,更有利于各类要素资源的充分、有序、高效配置。目前农村要素产权交易市场普遍采取的综合性交易平台形式,实际上限制了农村要素市场化配置的效果。

(二)市场交易方面

农村要素产权交易市场的实际交易情况,是农村要素资源市场化配置状况的真实写照,也是衡量农村要素产权交易市场建设情况的重要指标。通过对市场交易状况的考察,发现当前农村要素产权交易市场在交易方面存在如下问题。

1. 实际参与交易的要素资源种类较为局限。农村产权流转交易市场,现阶段主要包括农户承包土地经营权、林权、“四荒”使用权、农村集体经营性资产、农业生产设施设备、小型水利设施使用权、农业类知识产权等交易标的。[1] 我国农村要素产权交易市场虽然涵盖了较多的交易品种,但在实际交易中仍然以土地流转为主,主要对农村土地(包括宅基地、耕地、林地、荒地)等

〔1〕 参见国务院办公厅《关于引导农村产权流转交易市场健康发展的意见》(国办发〔2014〕71号)。

进行流转[1]，对于其余要素资源的交易较少。在2015年的一项针对某市农村要素产权交易市场的实证调研中，有学者发现，虽然该市产权交易市场涵盖的交易项目范围广，但实际交易项目大多是土地承包经营权流转。[2] 这并非个别现象，四川、重庆、武汉、天津等地的农村产权交易都在不同程度上存在这种情况。截至2011年年底，四川省农村要素产权交易市场的交易主要集中于集体建设用地交易、农村土地承包经营权交易、林权交易、资产处置，其他种类的农村产权很少出现在交易市场中，即便农村产权交易品种随着农村产权认可度的提高而日益增多，但真正能够实现进场交易的项目却屈指可数。[3] 武汉农村综合产权交易所、重庆农村土地交易所的交易品种也多与土地相关。[4] 另外，天津农村产权交易所交易品种也主要集中在农户承包土地经营权和集体资源性资产。[5] 从农村要素产权交易市场目前的实际交易情况来看，当前农村产权交易多集中于土地流转，其余要素资源的市场化配置程度较低。因劳动力、资本、技术、数据等其他要素资源流转不足，农业、农村的发展也出现了诸多问题，如农村劳动力短缺以及随之而来的耕地撂荒问题，农村资本短缺导致的农业发展受限问题，农业技术推广受限带来的农业生产力水平不高问题，以及农业数据资源不足导致新型农业化建设乏力问题等。农村要素产权交易市场中，实际交易的要素资源种类的局限性制约了农村经济社会的进一步发展。

2. 交易不够活跃，各地交易情况存在较大差异。从农村要素产权交易市场的实际交易情况来看，地区之间不平衡现象较为突出。对比成都、天津等地农

---

〔1〕 参见《宁夏平罗首家农村土地产权交易中心挂牌》，载 https://illss. gdufs. edu. cn/info/1023/6717. htm，2021年8月1日访问；《东北三省首家农村产权交易中心成立》，载 https://illss. gdufs. edu. cn/info/1023/6704. htm，2021年8月1日访问；《南昌两年内将建立三级农村土地流转交易市场》，载 https://illss. gdufs. edu. cn/info/1023/6721. htm，2021年8月1日访问；《实行"一站式"服务　搭建土地使用产权公平交易平台》，载 https://illss. gdufs. edu. cn/info/1023/6845. htm，2021年8月1日访问；《重庆农村土地交易将转正》，载 https://illss. gdufs. edu. cn/info/1023/6874. htm，2021年8月1日访问。

〔2〕 参见王德福：《农村产权交易市场的运行困境与完善路径》，载《中州学刊》2015年第11期。

〔3〕 参见刘颖：《农村产权流转交易市场体系建设与配套制度研究——以四川省为例》，载《湖北农业科学》2014年第17期。

〔4〕 参见陆剑：《农村产权交易市场建设的私法议题与创新路径——基于武汉农交所的实证研究》，载《私法研究》2016年第2期。

〔5〕 参见神州土地研究院编著：《中国农村产权流转交易市场发展报告（2017）》，中国农业大学出版社2017年版，第193～195页。

村要素产权交易市场的交易情况可以发现，各地区之间农村产权交易状况差异较大。成都农村产权交易所截至2011年年底合计成交金额52.93亿元，而部分地区农村要素产权交易市场中几乎没有真正的交易业务，一些地方的农村产权交易机构进行交易的项目还不到50宗。[1] 天津农村产权交易所市场运营也存在各区之间发展不平衡的情况，虽然天津市各区推进农村产权流转交易入场工作进展顺利，但由于经济发展程度的原因，各区发展不均衡的现象较为突出。[2] 从以上数据来看，虽然部分地区农村产权交易情况较好，但农村产权交易各地区不平衡的情况并非个例，依然有较多地区的农村要素产权交易市场实际交易较少。

3. 产权交易中未能充分保障交易主体的实际权益，交易积极性不高。以土地流转为例，在土地流转中农民的自主权未能得到充分保障，农民得到的利益与土地的使用价值不成比例，通过土地流转没有对生活产生较大的改善；未能通过流转，将土地资源的价值进行充分利用，耕地撂荒现象依然十分严重。要素市场化配置的目的是通过市场机制使要素在不同主体之间流转，使要素和主体恰当地匹配，各要素能合理组合利用，实现要素利用效益最大化。农村产权交易若不能真正保障农民权益，则农村要素产权交易市场建设的目的难以实现，其对于要素市场化配置的作用也难以发挥。使要素在各主体之间流转的直接动力是通过资源配置为自己带来利益，对于一个理性的交易者而言，只有通过要素流通能为自己带来更大利益，才愿意进行流通。只有在产权交易中切实保障交易主体的权益，才会激励其进行产权交易，进而促进要素资源的有效配置。因此，能否在产权交易中保障农民权益，不仅是产权交易市场建设需要关注和实现的重要目的，也是检验产权交易市场交易是否充分的关键指标。在农村要素资源市场化配置中，切实保障交易主体权益应当作为农村要素产权交易市场体系建设的出发点和落脚点。

（三）中介服务机制建设方面

中介服务机构主要发挥提供交易信息，发现交易机会，促成交易，保障交

[1] 参见刘颖：《农村产权流转交易市场体系建设与配套制度研究——以四川省为例》，载《湖北农业科学》2014年第17期。

[2] 参见神州土地研究院编著：《中国农村产权流转交易市场发展报告（2017）》，中国农业大学出版社2017年版，第197页。

易规范,规避交易风险,保障交易双方利益的重要功能。在城市中,房屋中介等各类中介机构较为成熟,在各个领域的市场交易中发挥着重要作用。然而,在农村产权交易中,专业的中介服务机构较为缺乏,中介机制建设仍存在明显不足。

中介服务在农村产权交易中的作用非常重要。当前以资产评估、政策法律咨询、农村产权抵押融资为代表的中介机构较少,并不能满足农村产权交易的实际需求,影响了农村产权交易的及时有效完成。[1] 在中介服务不足的情况下,农村要素产权交易市场的效率难以保证,其不仅无法推动农村要素资源的市场化,也无法实现要素资源的自由流动。在农村要素产权交易市场中,中介服务机制存在的不足已严重影响了要素资源配置效果。比如,在农村劳动力交易市场中,中介的缺乏导致劳动力市场化配置存在盲目性、分散性、自发性;在农村技术交易市场中,中介的缺乏导致农业技术的推广受到限制。此外,中介服务的缺乏催生了对其角色定位不清晰的问题。中介服务的不足,使农村要素产权交易市场普遍存在分饰多重角色的情形,产生了较多集信息发布、产权评估、办理交易、调解仲裁纠纷、流转凭证管理于一体的产权交易平台。中介服务机构如何提供市场服务,如何对农村要素产权交易市场进行定位,农村要素产权交易市场与中介服务机构的角色如何划分,都有待进一步考虑。[2]

(四)配套服务机制方面

配套制度是农村产权交易顺利进行的重要保障之一,也是农村要素产权交易市场体系建设的重要内容。当前,农村要素产权交易市场体系建设正处于探索之中,相应的配套制度也不够完善,难以对农村产权交易形成有效激励及保障。

国务院办公厅《关于引导农村产权流转交易市场健康发展的意见》对配套服务制度提出了总体要求,提出农村流转交易市场应适应交易主体、目的、方式多样化的需求,不断拓展服务功能,逐步发展成集信息发布、产权交易、法律

---

〔1〕 参见兰玲、李清、王金娟:《农村土地产权交易市场现状与对策——基于吉林省的研究》,经济管理出版社 2018 年版,第 107 页。

〔2〕 参见刘颖:《农村产权流转交易市场体系建设与配套制度研究——以四川省为例》,载《湖北农业科学》2014 年第 17 期。

咨询、资产评估、抵押融资等于一体的为农服务综合平台。在配套服务机制方面,充分的金融服务对于农村产权交易的充分、有效进行极为重要,然而,金融配套服务欠缺却恰恰是当前农村要素产权交易市场配套服务的短板。融资不足已成为影响农村产权交易的主要因素。与农村产权交易相配套的金融服务不足,不能有效支撑农村产权抵押和交易,使农村产权交易不活跃。[1] 农村资金的匮乏,使农民参与产权交易的积极性不高。此外,缺乏有效的农村产权交易咨询服务机制,也限制了农村产权交易的进行。

第三节 农村要素产权交易市场法律制度建设的价值及路径

一、要素市场化配置下农村要素产权交易市场法律制度建设的价值取向

加强要素市场化配置下农村要素产权交易市场法律制度建设,必须首先明确要素市场化配置下农村产权交易法律制度应当着力保护和增进的基本价值。基于要素市场化配置下农村要素产权交易市场建设的目的,农村产权的特殊性,农村产权交易的特殊要求,以及农业在我国的特殊重要性,农村产权交易法律制度应当确立如下基本价值。

(一)交易安全

要素市场化配置下农村要素产权交易市场法律制度的完善,应当以保护交易安全为根本准则。交易安全是交易当事人交易预期目的实现的基本保障,如果交易安全得不到保障,大量交易中当事人对交易的合理预期不能实现,那么通过交易就无法对要素产权覆盖的农村资源进行市场化配置。此外,当交易安全得不到充分保障时,交易主体不能对交易结果作出合理预期,因而,也会引发越来越多的市场主体放弃进行相关交易。在这种情形下,相关市场便不可能得到充分发展。因此,保障交易安全是对建设农村要素产权交易市场法律制度体系的第一要求。

(二)交易秩序

“市场机制要发挥作用,必须依赖良好的秩序,缺乏良好的市场秩序,人们

---

[1] 参见李昌平:《武汉等农村产权交易平台上的产权交易为什么不活跃? 兼答应》,载中国土地法制研究网,https://illss.gdufs.edu.cn/info/1235/10488.htm,2021年8月1日访问。

所追求的资源优化配置目标将很难实现。”[1]若要使市场机制更好地发挥作用，实现资源优化配置的目标，必须使市场有序。要素市场化配置下的农村要素产权交易市场的主要目的是通过市场机制使要素在不同主体之间流转，使要素和主体之间恰当地匹配，各要素能合理组合利用，实现要素利用效益最大化。缺乏良好的市场秩序，市场交易便难以顺利进行，因此，农村要素产权交易市场法律制度完善需以保障市场秩序为价值目标，通过健全准入制度、完善交易规则等方式，保证农村要素产权交易市场的开放竞争、公平有序。

（三）交易效率

完善要素市场化配置下农村产权交易法律制度，还应当以交易效率为基本的价值取向，着力确保农村要素资源的流转高效。交易效率不仅能够衡量农村要素产权交易市场是否有效，同时在很大程度上影响农村要素产权交易市场的交易量及活跃度。市场化配置农村要素资源，只有在市场交易充分、交易发生频率高的情况下，其资源配置效果才能充分发挥。因而，交易效率是提升市场资源配置效果、最大化要素利用效率的基本保障。为此，在相应制度设计时，应当通过畅通交易信息，简化交易程序，提供便利化交易服务，缩短审核时间，完善交易配套机制等方式，尽可能降低交易成本，提高交易效率，保障农村要素产权交易市场的高效率运行。

二、要素市场化配置下农村要素产权交易市场法律制度建设的路径

要素市场化配置下的农村要素产权交易市场，应当在基本价值的指引下，按照要素资源的种类进行分类建设。

一方面，由于劳动力、土地、资金、技术、数据等要素资源的性质不同，存于其上的产权类型和特征也不相同，产权流转方式不同，流转中面临的问题不同，采用分类建设的方式更有利于建立与各类产权要素资源市场化配置相适应的制度体系，最大化发挥市场在要素资源配置中的作用。中共中央、国务院《关于构建更加完善的要素市场化配置体制机制的意见》指出，应当根据不同要素属性、市场化程度差异及经济社会发展需要，分类完善要素市场化配置体制机制。农村要素产权交易市场建设是要素市场化配置体制机制完善的重要

---

[1] 李昌麒主编：《经济法学》（第3版），法律出版社2016年版，第79页。

组成部分,也应当根据不同要素的具体情况进行分类建设,使每一种可交易的要素资源都有与之适应的要素交易市场,以确保各类要素资源都能通过相应的市场进行高效、有序的交易。为此,农村要素产权市场体系建设应当根据要素资源的基本形式,建立与劳动力、土地、资金、技术、数据信息等要素资源相对应的市场体系;农村产权市场法律制度建设也应分类建设与农村劳动力交易市场、土地产权交易市场、资本交易市场、技术交易市场、数据信息交易市场相适应的法律制度体系,针对每一类要素资源的特殊性及流转需求,分别对各类要素产权交易市场作出不同的制度安排。

另一方面,尽管各类要素资源的性质不同,但建立相应的市场法律制度,都是为了使市场在农村要素资源配置中发挥更好的作用。因此,无论是适用哪一市场的法律制度,都必须以交易安全、交易秩序和交易效率作为相关市场建设的基本价值遵循,同时,必须符合市场配置农村要素资源所遵循的基本价值目标——保障农业发展、农村社会进步以及农民生活质量提升。也就是说,农村要素产权交易市场法律制度建设的重要目的是实现农村要素资源规范、高效的市场化配置。因此,应当遵循农村要素产权交易市场对交易安全、交易秩序和交易效率的基本要求,通过完善市场培育、交易平台、交易规则、交易信息共享、交易中介服务和公共服务等方面的制度和机制,减少交易风险,提高交易安全性,打击违法交易行为,维护交易秩序,降低当事人发现交易机会的成本、对交易标的了解的成本、交易谈判成本、完成交易手续的成本,提升要素产权交易效率。

总之,要素市场化配置下的农村要素产权交易市场法律制度建设,应当在基本价值的指引下,根据分类规制的要求,分别健全农村劳动力交易市场、农村土地交易市场、农村资金交易市场、农村技术交易市场、农村数据交易市场等各类要素产权市场法律制度体系。应从各类产权交易市场当前的发展现状及存在的问题出发,对其相关制度的完善提出建设方案,从市场培育制度、交易规则、信息共享机制、中介服务机制、公共服务机制等方面着手,对要素市场化配置下的各类农村要素资源交易市场法律制度进行系统的建构。

第四节　要素市场化配置下农村要素产权交易市场法律制度的完善

一、完善农村要素产权交易市场法律制度的几个基本理论问题

(一)农村要素产权交易市场的功能定位

农村要素产权交易市场有广义和狭义之分,广义的农村要素产权交易市场是指所有农村要素产权交易的总和。而狭义的农村要素产权交易市场则是指为农村要素产权交易提供的集中交易场所,它既包括以物理形态出现的农村要素产权交易场所,也包括以虚拟形态存在的线上农村要素产权交易平台。通常在我们说"市场化配置农村要素资源"时,其所指的市场是广义的农村要素产权交易市场;而在我们说"加强农村要素产权市场建设"时,其中的市场一般是指狭义的农村要素产权集中交易市场。完善农村要素产权交易法律制度,需要首先明确农村要素产权交易市场的功能定位。对此,本书认为,应主要从以下几个方面来把握。

首先,发展农村要素产权交易市场并非终极目的。建设农村要素产权交易市场是为各类农村产权依法流转提供交易服务平台,促进各类要素产权交易。农村要素产权交易市场是为发挥市场配置农村要素资源的作用,为农业要素资源产权交易提供高效、便利交易场所的市场。农村要素产权交易市场建设应以促进产权交易为目标,因而,应通过制度建设尽可能地促进市场主体通过农村要素产权交易市场达成交易。但发展市场本身并不是最终的目的,发展农村要素产权市场的最终目的是通过市场优化农村要素资源配置,提高要素资源的利用效率,服务农业发展、农村进步和农民生活质量的提升。因此,应当按照要素市场化配置的基本价值目标,建立符合农业、农村发展需要的农村要素产权交易市场,确定产权交易的范围,制定科学合理的交易规则,使农村要素产权交易市场有序、高效地配置农村各类要素资源。

其次,要素市场作为一种手段,其基本的功能是优化要素资源配置,提高资源利用效率。农村要素产权交易市场要以实现要素资源优化配置为主要目标,通过要素市场化配置,实现各要素合理组合利用,发挥效用最大化,进而促进农业农村发展。当前,农村要素资源的利用程度不足,要素资源的优化配置效果不明显,表明市场配置资源的效果仍未得到充分发挥。以土地流转为例,

在土地资源配置处于最佳的状态下，土地利益的享有者必须能够自由地按照自己的意愿，在其享有的土地利益范围内决定土地利用的一切问题。否则，土地资源配置即便有效，对于土地效用的发挥也不会有直接的积极作用。[1] 虽然当前可以通过土地流转进行土地要素资源的市场化配置，然而土地撂荒等要素资源效用得不到有效利用的问题依然较为严重。如何在交易中保障要素资源效用的发挥，不仅关涉要素资源配置的效果，也关乎农民及其他主体参与要素资源配置的积极性，在完善要素市场化配置下农村产权交易法律制度时，仍需强化市场配置资源的作用，保障其要素资源优化配置目标的实现。

最后，农村要素产权交易市场应当以促进农业、农村和农民的发展为根本方向。农村要素产权交易市场是市场化配置农村要素资源的载体，通过农村要素产权交易市场，实现要素资源的合理组合利用，盘活闲置要素资源，提高农村要素资源配置和利用效率，使农村各类要素资源能够更为充分地投入农业农村经济建设。其最终目的是促进农业发展、农村进步和农民的生活水平的普遍提升。农村要素产权交易市场法律制度的完善，应当以保障农村要素产权交易市场实现这一根本目标为方向，将能否促进该价值目标的实现作为衡量制度优劣的重要依据和进行制度安排的指导标准。

（二）农村要素产权交易市场配置农村要素资源的作用定位

完善要素市场化配置下农村要素产权交易市场法律制度，应当处理好要素市场化配置与农村要素产权交易市场的关系，从让市场发挥在农村要素资源配置中的决定性作用出发，建立健全与要素交易市场相关的法律制度。

首先，要充分体现农村要素产权交易市场在农村要素资源配置中的决定性作用。发挥市场在促进生产要素资源合理流动与优化配置中的决定性作用，是市场经济的核心要义。[2] 处理好政府和市场的关系，充分发挥市场在促进农村生产要素资源合理流动与优化配置中的决定性作用，是发展农村要素产权交易市场的基本要求和目标。

其次，要实现市场配置资源的决定性作用，必须认真解决好农村要素产权

---

〔1〕 参见许明月：《市场经济下我国土地权利的独立性研究》，载《现代法学》1999 年第 1 期。

〔2〕 参见刘俊海：《论要素市场化配置的法治保障体系》，载《兰州大学学报（社会科学版）》2020 年第 5 期。

交易市场的不充分及不均衡问题。生产要素市场化配置的不充分和不均衡是我国经济体制改革中的难题，在土地、劳动力、资本、技术等诸多生产要素市场中，都不同程度地存在发育不均衡、不充分、不统一的碎片化、孤岛化现象。[1]这些问题在农村要素产权交易市场也同样存在。要素市场化配置下的农村要素产权交易市场体系建设，是为农业要素资源实现市场化配置提供充分、高效、便利的市场平台，以此实现农村要素资源的合理配置。因此，应当着力推进各类农村要素市场的全面发展，克服市场不均衡、不充分难题，为市场化配置农村各类要素资源提供充分的制度保障。

最后，要保证农村要素产权交易市场的开放性，保证市场对各类要素资源的充分配置。要素市场化配置改革旨在实现要素市场自主流动、高效公平配置，构建更加完善的社会主义市场经济体制。要素市场化配置下的农村要素产权交易市场法律制度，应当确保市场对农村要素资源的充分配置，通过市场机制使农村各类要素资源在不同主体之间流转，实现要素和主体之间恰当的匹配。

(三)农村要素产权交易市场配置资源的特殊性

农村要素产权交易市场建设需要考虑农村产权的特殊性。农村产权不同于一般物上之权利，其产权具有特殊性，往往涵盖多重意义，兼有私益与公益。以土地为例，土地兼具财产和资源双重属性，其承载的不仅有私益，更涵盖粮食安全、生产保障、经济发展等诸多公益，土地上的权利(力)天然具有复合交融性，呈现兼具公权与私权的双重法权结构。[2]

农村要素产权交易市场法律制度的完善，必须充分认识农村要素产权的特殊性，对其蕴含的特殊利益进行充分考量。比如，针对土地经营权市场而言，由于土地经营权市场承担着重要的社会功能，关涉重大社会利益，权利的享有和行使关系农地资源的利用效率，在很大程度上决定了我国的农业生产能力和农产品供给能力，直接影响粮食安全，甚至影响整个国民经济运行的安全，因此产权交易市场配置农地资源不能违背土地用途管制、不能放任耕地撂

---

〔1〕 参见刘俊海：《论要素市场化配置的法治保障体系》，载《兰州大学学报(社会科学版)》2020年第5期。

〔2〕 参见李蕊：《农地转用领域土地要素市场化配置的制度逻辑》，载《安徽师范大学学报(人文社会科学版)》2021年第2期。

荒,应促进现代农业持续、稳定、高效发展。[1] 例如,《农村土地承包法》中就有针对土地要素资源的特殊性的相关规定,通过设置承包方义务的方式对土地之上承载的公共利益进行保护,如规定了承包方维持土地的农业用途,未经依法批准不得用于非农建设,以及依法保护和合理利用土地,不得给土地造成永久性损害等。

在要素市场化配置下完善农村产权交易法律制度时,应当充分认识农村要素产权的特殊性,对农村产权承载的特殊利益进行充分考量和保护,如针对土地产权交易,规定"在经营权流转合同签订环节,贯彻耕地保护的法律要求,建立有效的预防机制,防止耕地转用、破坏、闲置、荒置现象发生"[2],通过给交易主体设置义务等方式,保护农地安全及其他特殊利益。

二、完善要素市场化配置下农村产权交易法律制度的总体思路

要素市场化配置是通过要素产权市场交易来实现的,健全的农村要素产权交易市场是实现农村要素市场化配置的前提,完善的农村产权交易法律制度是产权交易市场良好运行的保障。应当按照要素市场化配置的要求,系统建构、完善农村要素产权交易市场交易主体制度、交易范围制度、交易平台建设、交易程序规则以及配套服务制度。

(一)明确交易主体范围

交易主体规则的完善,对于保障各类要素资源的权利人规范、有序进入市场进行交易,保护作为交易主体的要素产权权利人的合法权益,取缔和打击违法交易,维护市场秩序,均具有重要作用。

完善交易主体规则,首先应当确保符合要求的各类要素资源权利人能够规范、有序进入市场进行交易。农村要素资源市场化配置旨在通过市场机制,使农村各类要素资源在不同主体之间流转,使要素和主体之间恰当地匹配,实现各类要素的合理组合利用。而要素资源权利人能否进入市场进行交易,在很大程度上决定了要素资源市场是否健全,以及要素资源流转是否充分。因此,交易主体规则的制定应当确保符合要求的各类要素资源权利人能够充分

[1] 参见许明月:《论农村土地经营权市场的法律规制》,载《法学评论》2021 年第 1 期。
[2] 许明月:《论农村土地经营权市场的法律规制》,载《法学评论》2021 年第 1 期。

进入市场，规范、有序地进行市场交易。根据国务院办公厅《关于引导农村产权流转交易市场健康发展的意见》的规定，凡是法律、法规和政策没有限制的法人和自然人均可以进入市场参与流转交易。现阶段市场流转交易主体主要有农户、农民合作社、农村集体经济组织、涉农企业和其他投资者。[1] 因此，交易主体规则的完善应当确保以上各类主体充分参与市场交易，保证各类主体对资源产权享有的权益。

另外，针对当前农村产权交易中基层组织未能很好地发挥作用这一现实问题，在交易主体规则中应当明确基层组织特别是集体经济组织的作用。当前，农村要素产权交易市场在交易主体方面存在的主要问题是忽视基层组织的作用，这给农村产权交易带来了一系列负面影响。缺乏强有力的基层组织，导致其无力巩固以集体所有制为基石的农村产权制度体系，无法理顺内部产权关系，无法整合村社内资产、促进资源资产等升值。在农村集体资产的增值空间无法保障、农民投资意愿较低的情况下，难以实现真正意义上的产权货币化、金融化、资本化，从而使农村难以实现现代意义上的市场经济，要素资源市场化配置的目标也难以实现。[2] 在农村集体经济组织参与不足的情形下，农村要素资源交易往往呈现分散化、盲目性、自发性，资金使用效率低，公共服务配置效果不理想，从而导致农村要素产权交易市场不活跃，难以充分发挥农村要素产权交易市场高效配置农村要素资源的作用。完善农村要素产权交易市场的主体规则，应当对基层组织特别是农村集体经济组织的作用进一步明确，规定其在理顺产权关系、确认交易结果、保障交易顺利进行以及组织协调方面的作用。[3]

（二）明确可交易要素产权的范围

明确可交易要素产权的范围，即明确要素产权交易标的物的范围。产权交易的标的物，即在产权市场进行交易的要素产权。标的物不同于权利客体，权利客体是权利作用的对象。例如，土地所有权的客体即所有权所涉及的土

---

〔1〕 参见国务院办公厅《关于引导农村产权流转交易市场健康发展的意见》（国办发〔2014〕71号）。

〔2〕 参见李昌平：《武汉等农村产权交易平台上的产权交易为什么不活跃？兼答应》，载中国土地法制研究网，https://illss.gdufs.edu.cn/info/1235/10488.htm，2021 年 8 月 1 日访问。

〔3〕 参见凌斌：《土地流转的中国模式：组织基础与运行机制》，载《法学研究》2014 年第 6 期。

地;知识产权的客体即各类知识产权作用的智力成果。标的物是交易双方所交易的利益载体,在要素产权市场中,各类要素产权就是交易双方的交易利益载体。完善的交易规则体系,应当对作为交易标的物的各类产权作出明确规定。法律允许流动是资源产权进入市场进行交易的前提,对于哪些资源产权可以进行交易,则必须由法律作出明确的规定。要素市场化配置下农村要素产权交易市场交易标的物的设定,应当符合法律的规定,法律规定可交易的产权都可以进入市场进行交易。相反,法律禁止交易的产权(如农村土地所有权),则不能进入市场进行交易。

要素市场化配置下的农村要素产权交易市场,应当具备健全的要素产权市场体系。健全的要素产权市场体系,首先要求要素产权市场对各种要素资源尽可能广地覆盖。随着我国农村经济体制改革的不断推进和相关法律制度及时跟进,可交易农村要素的产权范围越来越广。现阶段,可交易的要素产权主要包括农户承包土地的经营权、林权、“四荒”使用权、农村集体经营性资产、农业生产设施设备、小型水利设施使用权、农业类知识产权等。[1] 然而,尽管我国农村要素产权交易市场涵盖了较多的交易品种,但实践中各类产权交易市场仍然以土地流转为主,对于其余要素资源的交易较少,农村要素产权交易市场的实际交易范围较窄。按照国务院办公厅《关于引导农村产权流转交易市场健康发展的意见》的规定,法律没有限制的品种均可入市流转交易。因此,在农村要素产权交易市场建设中,应努力确保农村各类要素资源都能通过市场进行配置,尽可能多地将法律规定可交易的农村劳动力、土地、数据、技术、资本各类要素资源之上的可流动权利都纳入交易标的物范围。此外,应当与时俱进,适时对交易标的物范围进行调整,如随着我国《土地管理法》的修订,农村集体经营性建设用地使用权可以依法流转。因此,应及时将农村集体经营性建设用地使用权纳入产权交易市场的范围。随着数字经济的发展,尽管我国目前仍未出台规范数据产权的完整法律制度,但《民法典》已将数据作为一类财产而对其进行保护,产权交易市场也可以对有关数据资源的产权交易进行探索,在相关法律正式出台后,再按法律规定的要求对数据市场进行规范。

---

〔1〕 参见国务院办公厅《关于引导农村产权流转交易市场健康发展的意见》(国办发〔2014〕71号)。

（三）加强交易平台建设

产权交易平台是要素市场化配置下农村要素产权交易市场的主要形式，平台的搭建对于产权交易的达成发挥着重要作用，通过平台，具有交易意愿的买卖双方或潜在的买卖双方得以聚集，从而及时发现交易机会，节约交易成本，极大地确保产权交易的高效、便捷。农村要素产权交易市场应当主要通过产权交易平台化的形式实现。为促进平台对于农村要素资源市场化配置持续发力，应当着力从以下方面对农村产权交易平台加以完善。

1. 完善线上线下相结合的平台形式

在农村产权交易平台建设中，应当对平台进行广义理解。农村产权交易平台旨在为农村要素资源流转而搭建的便捷交易场所，其不仅包括线上交易平台，也包括物理平台。实践中的农村产权交易平台也包含了线上、线下两种形式。线上线下相结合的平台形式进一步拓展了产权交易的范围和边界。由于数字信息成本低，在线平台的蓬勃发展使许多以前在线下市场中因高额信息成本无法实现的交易变得可行。[1] 线下线上相结合的平台形式，既能依托传统的线下平台，又能通过线上平台带来更高的信息收集能力，进一步提高产权交易效率。应当继续完善线上线下相结合的平台形式，在继续完善线下平台的同时，重点培育发展线上平台。

2. 增强平台的统一性、开放性

在农村要素产权交易市场建设的实践中，农村要素产权交易市场统一性、开放性不足。这不仅使产权交易处于低效状态，也加剧了产权交易市场区域发展不平衡的问题。故应当进一步增强农村要素产权交易市场的统一性及开放性。

其一，逐步增强平台的统一性。首先，应完善统一的内部运营管理，通过统一的交易平台及交易流程，统一信息发布及运作模式，为农村要素产权交易市场建设提供统一的平台。其次，应实现各平台之间的合作，推进平台间跨区域交易。鼓励建立跨行政辖区的区域性交易平台，以现有要素交易中心、产权交易所等相关机构为基础，允许跨行政区域进行交易，整合建立区域性要素交

[1] 参见韩伟：《迈向智能时代的反垄断法演化》，法律出版社 2019 年版，第 94 页。

易市场[1],在此基础上,逐步构建全国性要素交易市场,形成统一的公共资源交易平台体系。其二,应增强平台的开放性。健全的要素市场体系要求要素产权市场具有开放性。农村产权交易平台应当对要素产权出让人、要素产权受让人全面开放,以保证各类主体能够自由进入市场。此外,在各类主体自由进入市场的前提下,应促使要素产权市场能够吸引更多的要素资源进入市场进行交易,各类要素产权能够在要素产权市场中进行充分流动,从而使市场在配置资源中的作用得到充分发挥。

3. 加强平台的体系性建设

从平台交易种类来看,虽然目前农村产权交易平台包括了较多要素资源类型的流转,但实际交易仍以土地流转为主,涵盖各类要素资源的产权交易市场体系尚未建立。应当在中共中央、国务院《关于构建更加完善的要素市场化配置体制机制的意见》的指引下,针对土地、劳动力、资本、技术、数据五类要素的市场化配置要求,分别构建各类农村产权交易平台,加强平台的体系性建设。

交易平台建设是要素市场化配置下农村要素产权交易市场体系建设的重要内容,对农村产权交易的达成,以及市场化配置农村要素资源目标的实现具有重要意义。完善要素市场化配置下农村产权交易法律制度,应当加强农村要素产权交易市场的交易平台的制度建设,使农村要素产权交易市场充分发挥高效、便利、有序配置农村要素资源的作用。

(四)完善交易程序规则

交易程序规则是产权交易规则体系中不可或缺的重要部分。交易程序规则即规定按照何种程序进行交易,是交易规范化的保障。

在农村要素产权交易市场建设中,通过简化产权交易程序,能够缩短产权交易过程,提高产权交易效率,保障要素市场化配置的充分、高效。因而,应当主要基于降低交易成本、简化交易程序的基本理念,来完善农村产权交易程序规则。在明确产权交易主体规则、交易范围规则的基础上,简化产权交易程序,采用标准化的农村产权交易合同,进一步精简、优化业务办理流程,提高产权交易效率;减少审批环节,提高要素产权交易审批许可、产权登记、产权过户

[1] 参见郭兆晖:《以要素市场化配置改革推进供给侧结构性改革——基于机制设计理论分析浙江省海宁市实践》,载《学习与探索》2020年第6期。

等公共服务水平。为保证农村产权交易的规范性，通过确定的农村产权流转交易管理办法和流转交易规则，明确进场交易原则、价格管理规定、交易凭证的合法性和规范性、权证变更的法定手续等，可以进一步规范交易行为，提高交易规范性，促进农村各类产权依法、有序、稳定流转。[1]

（五）健全配套制度

市场有序、规范运行，离不开相关配套制度的支持。农村要素产权交易市场体系的建设不仅需要规范的交易制度，还要依靠配套制度的完善。目前，在与农村产权交易相关的配套制度中，中介服务机制及抵押融资机制两方面较欠缺，应着重从这两方面加以完善。

1. 加强中介服务机制建设。相较农村而言，城市中的房产等各项交易服务中介对于达成交易发挥着更重要的作用，而农村产权交易中的中介服务则相对欠缺。大多数农民对进场交易流程缺乏全面认识，更需要专业的第三方中介服务进行有效补充与完善。[2] 因此，在农村产权交易中，应当健全农村产权交易中介服务机制，为农村产权交易提供包括信息发布、产权评估、交易服务在内的完善的市场中介服务，使其更好地服务于农村产权交易，发挥中介服务机构在达成交易、规范交易过程中的作用，进一步提高农民及其他主体进行农村产权交易的积极性和主动性。

2. 完善农村产权抵押融资风险分担机制。农村产权抵押融资风险是导致投资农村意愿较低、制约资本投资农业生产的重要因素。要使更多的资金投入农业生产，使资本要素充分流入农村市场，则需要完善的风险分担机制。应当进一步推动农村产权抵押融资，完善金融相关政策及管理办法，鼓励各地积极开展土地经营权抵押贷款、入股以及有偿退出等试点，推动金融等相关制度、政策的优化，加快制定统一土地经营权抵押贷款、入股及有偿退出的指导意见。[3] 同时，设立涉农金融资产处置市场，将各类农村金融资产进行整合，推动农村资本市场的建立，为各类农村金融产品交易提供平台，为农村产权的

---

〔1〕 参见神州土地研究院编著：《中国农村产权流转交易市场发展报告（2017）》，中国农业大学出版社 2017 年版，第 126 页。

〔2〕 参见神州土地研究院编著：《中国农村产权流转交易市场发展报告（2017）》，中国农业大学出版社 2017 年版，第 124 页。

〔3〕 参见刘灿等：《中国农村土地产权制度改革的理论与实践研究》，经济科学出版社 2021 年版，第 143 页。

流转以及各类资金、企业产权提供资本和产权融通。[1]

三、完善各类农村要素产权交易市场法律制度的构想

要素市场化配置下农村产权交易法律制度，应当根据不同要素属性、市场化程度差异及经济社会发展需要，充分考虑各类要素资源在市场化配置中存在的问题，有针对性地进行完善。

（一）要素市场化配置下农村劳动力交易市场法律制度的完善

市场化配置劳动力资源是实现劳动力资源优化配置、提高资源配置效率的重要方式。近年来，我国从劳动力市场城乡一体化的目标出发，在农业转移人口市民化方面集中发力，出台了一系列相关政策，为统一劳动力市场的形成创造了公平的竞争条件，逐步使市场在劳动力要素配置中发挥主要作用。

伴随改革开放的推进，国家对劳动力市场的开放逐步深化，对农村劳动力市场化配置的态度经历了由谨慎到逐步推进的过程。当前全国范围内的统一劳动力市场逐步形成，劳动力市场化配置程度日益提高。然而，现阶段农村劳动力市场化配置依然存在两个较为突出的问题：一是城乡统一的劳动力市场尚不完善，劳动力市场实际上仍然存在城市和农村的区别，农村劳动者得不到实质上的公平对待；二是劳动力向城市单向流动现象较为严峻，严重制约了农业现代化发展及乡村振兴战略的有效实施。对此，应当主要从健全城乡统一劳动力市场和畅通劳动力双向流转渠道两个方面，对要素市场化配置下的农村劳动力交易市场法律制度加以完善。

1. 加强促进城乡统一劳动力市场的制度建设

当前相关政策措施的出台对统一劳动力市场的形成创造了较为公平的竞争条件，然而城乡统一的劳动力市场依然不够健全，农村劳动力仍不能得到实质上的平等对待。目前我国农村劳动力在非农就业市场上的竞争力较低，在行业进入、收入及待遇方面均受到不同程度的不公平对待。[2] 虽然我国不少地区已经取消了农业户口和非农业户口的划分，将进城落户农民统一登记为

---

[1] 参见刘颖：《农村产权流转交易市场体系建设与配套制度研究——以四川省为例》，载《湖北农业科学》2014 年第 17 期。

[2] 参见曾佳、程云行：《当前农村劳动力非农转移现状与回流意愿》，载《人力资源》2021 年第 12 期。

居民，对统一劳动力市场的形成创造了更为公平的竞争条件，但城乡统一的劳动力市场制度并不完善，统一的城乡劳动力市场仍不成熟，并未从根本上改变农村劳动力向城市流入面临的不公平对待现状，从而制约了劳动力要素市场化配置的效果。

中共中央、国务院《关于构建更加完善的要素市场化配置体制机制的意见》对引导劳动力要素合理、畅通、有序流动提出了要求，提出健全统一规范的人力资源市场体系，加快建立协调衔接的劳动力、人才流动政策体系和交流合作机制，保障城乡劳动者享有平等就业权利。[1] 中共中央、国务院《关于加快建设全国统一大市场的意见》再次提出健全统一规范的人力资源市场体系，促进劳动力、人才跨地区顺畅流动。[2] 应当在上述两个意见的指引下，将健全城乡统一的劳动力市场作为要素市场化配置下农村劳动力交易市场法律制度完善的主要方向。通过户籍制度改革，实现农村劳动力非农就业在医疗、就业创业、教育各方面的公平；完善统一的城乡劳动力平台促进机制，丰富信息提供渠道；完善城乡一体化的社会保障制度；加强就业援助、就业保障等公共服务机制建设。通过健全城乡统一劳动力市场的制度，为农村劳动力要素通过城乡统一、公平、畅通的市场进行配置创造良好的制度环境。

2. 加强畅通劳动力双向流动的制度建设

从农村劳动力资源配置情况来看，目前农村劳动力流动虽然较为普遍，但是劳动力向城市单向流动的现象日益严重。事实上，单纯的农业剩余劳动力转移并不会影响农业产出，反而会提高农业生产效率，促进农业生产要素重组和有效配置。但是，农村劳动力过度转移会使农业劳动力短缺、劳动力素质下降，阻碍农业劳动力生产率的提高，导致土地资源浪费，产生撂荒等现象，对现代农业发展造成负面影响。[3] 当前，农村劳动力不足已成为影响农村发展的重要因素，制约着农业现代化转型升级以及乡村振兴战略的有效实施。市场机制不健全，劳动力要素配置市场发展滞后，导致农村劳动力要素资源无法通过市场机制实现优化配置，劳动力要素资源配置处于无序状态，农村劳动力要

---

〔1〕 参见中共中央、国务院《关于构建更加完善的要素市场化配置体制机制的意见》。

〔2〕 参见中共中央、国务院《关于加快建设全国统一大市场的意见》。

〔3〕 参见陈中伟：《农村劳动力转移和农业现代化双重驱动的农地流转研究》，郑州大学出版社2017年版，第11页。

素流动呈现自发性、盲目性及混乱性。[1] 这在一定程度上加剧了劳动力的单向流动。如何合理有效配置农村劳动力资源，确保在农业生产中，劳动力要素资源得到有效配置和高效利用，是农村劳动力交易市场法律制度完善必须解决的另一个重要问题。

市场化配置要素资源不仅需要实现要素资源的充分配置，更需要达到资源配置效果的合理优化，应当通过完善农村劳动力产权交易机制体制的方式，加强劳动力流转引导，促进农村劳动力资源规范、有序、合理流动，着力解决劳动力向城市单向流动的问题。农村劳动力单向流动反映了当前农村劳动力交易市场在保障农村劳动力合理配置方面的不足，应当在农村劳动力交易市场制度完善中重点保证促进农村劳动力的优化配置，并将其作为完善劳动力交易市场法律制度的主要目标。首先，应当加强劳动力产权交易平台建设，通畅信息发布渠道，使更多的农村就业信息能够得到及时有效发布，确保农业劳动生产中劳动力要素供需对称，避免农村劳动力资源的大量流失。其次，通过交易规则的完善，确保农村劳动力交易有序、规范、高效进行。再次，加强中介服务机制建设，使中介服务机构更多地参与农村劳动力产权交易，确保中介服务机构作为交易的委托方参与交易过程，监督交易规范达成及交易执行状况，确保劳动力资源规范流转，在农村劳动力产权交易中保障农民利益。最后，加强公共服务机制建设，为投入农业生产的劳动者提供配套保障和充分的权益保护，构建完善的维权机制。通过畅通的劳动力双向流动机制，吸引更多劳动力参与农业生产，缓解单向流动给农村农业发展带来的问题。

(二)要素市场化配置下农村土地交易市场法律制度的完善

在土地流转现实需求与产权制度保障的前提下，农村土地交易较为活跃，各地纷纷建立了进行农村土地交易的产权交易市场。“三权分置”改革给市场配置农村土地资源产权交易市场创造了更大的空间和更好的条件，使农村土地流转更为活跃。然而，从当前市场化配置农村土地资源的状况来看，农村土地交易市场依然存在一些问题，制约着农村土地要素资源市场化配置的进一步深化。应当将这些问题的解决作为农村土地交易市场法律制度完善的主要

---

[1] 参见张日新、万俊毅编著：《要素配置与新农村建设研究》，中国经济出版社 2011 年版，第 89 页。

方向。

其一,农村土地产权交易分散化的问题。农地流转主要以农户为决策单位进行,受制于个体差异等因素的影响,农户流转农地行为较为分散化,进而影响农地流转的持续性和稳定性,难以形成规模化经营。[1] 对此,应当进一步完善中介服务机制,规范中介服务行为,构建包括代理、咨询、评估、仲裁等服务的中介服务配套制度;进一步完善与农村相关的信托、证券、抵押等方面的工作[2],以使中介机构能够发挥进一步扩大农地交易的范围、增加交易对象、增加交易机会的功能。通过中介机构参与农地流转的方式,打破农地流转分散化的困境,进一步提高农地资源配置效率。其二,农村土地交易中存在未妥善维护农民利益的情形,降低了农民进行土地流转的积极性。在农地流转过程中,有的乡镇政府为了引入资本经营农业经济作物,强制农民流转部分土地,但在外部资本经营农地收益不佳的情况下,又无法兑现对转出农户的经济承诺,从而进一步激化矛盾。[3] 在土地交易中保护农民的基本权益,不仅是市场化配置农村土地资源的基本要求,也是促进农村土地资源进一步市场化的重要前提。应当通过市场交易规则的完善,落实农地自愿流转的原则,确保流转过程自愿、合法进行,切实维护农民合法权益。另外,应通过政府参与引导的方式,积极培育农村土地市场交易服务主体,加强农村土地市场公共服务机制建设,建立涵盖登记、产权过户等服务的公共服务机制,确保农村土地交易自愿、规范达成。其三,当前农村土地流转在盘活农村闲置土地资源、实现土地资源优化配置的功能方面仍需要进一步加强。这一问题突出表现为农村土地利用率不高、土地撂荒严重。应当完善农村土地交易市场的平台建设促进机制,使农村土地交易平台充分发挥促进信息流通、增加交易机会、降低交易成本的作用。还应进一步优化平台服务,提升平台服务水平,因地制宜引导土地流转,使农地流转规模与土地条件相适应。同时,应当在总结农村集体产权制度改革、农村"三变"改革等经验的基础上,完善以土地为核心要素的农业风

---

〔1〕 参见陈中伟:《农村劳动力转移和农业现代化双重驱动的农地流转研究》,郑州大学出版社2017年版,第139页。

〔2〕 参见兰玲、李清、王金娟:《农村土地产权交易市场现状与对策——基于吉林省的研究》,经济管理出版社2018年版,第137页。

〔3〕 参见陈中伟:《农村劳动力转移和农业现代化双重驱动的农地流转研究》,郑州大学出版社2017年版,第58页。

光资源等相应的要素产权交易制度,进一步深化土地要素资源的市场化配置,使更多的土地要素资源进入市场、参与市场化配置,以最大化发挥土地要素对于农业、农村经济发展的效用。

(三)要素市场化配置下农村资本交易市场法律制度的完善

改革开放后,我国农村资本要素资源市场化改革,在要素资源资本化和担保化方面不断稳步推进。当前,资本交易市场已经较为完备,但是,农村资本交易市场仍存在资本流入不足的问题。农村资本交易市场法律制度完善的关键问题是增加农村经营者、农户获得资金的可能性和便利性。对此,应当主要从加强农村要素资本化、实现农村资金需求与资金市场有效对接两方面,对要素市场化配置下农村资本市场的法律制度加以完善,增加农村经营者、农户获得资金的可能性和便利性。

1. 农村要素资本化的制度完善

农村资本要素市场化配置要求有更多的要素资源进入资本市场,因而,要素市场化配置下的农村资本交易法律制度也应当为农村要素资本化提供制度保障,使更多的农村要素顺利进入资本市场。应当进一步完善促进农村要素资本化的制度,推动农村土地、劳动者的未来收入、数据等要素资源以产权化、证券化等形式转变为可以流通的资本,同时使农业集体经济组织掌握的资源等可以成为资本进行投资。此外,农村“三变”改革是推动农村资本化的有效实践,其通过“资源变资产”的方式,将农村公共建设用地等要素资源资本化。应当在总结此类实践经验的基础上,完善相关交易制度,为农村要素资本化提供充分的制度保障。

2. 农村资金需求与资金市场有效对接的制度完善

如何消除农村与一般资金市场之间的各种阻碍,实现农村资金需求与资金市场有效对接,通过市场为农村发展提供充分的资金支持,是要素市场化配置下发展农村资金市场的主要目标,也是相关制度完善的重点。

由于资本具有趋利性及规避风险的特性,农业经营者、农户获得资金较为困难。具言之,主要有以下几方面原因:第一,农业生产模式及农民的资信状况制约农户获得资本的可能性和便利性。首先,农业分散经营的模式,使农村资本流入不足。由于农业投资的长期性、波动性及分散性特征,加之自然灾害的随机性,农业资本在经营中面临着风险大、成本高、资金需求分散、回收慢等不利因素。[1] 且分散经营的模式导致农户贷款数额小、频率高，升高了交易成本，使交易程序较为复杂，降低了资本流入农村的积极性，制约了农户获得资本的便利性。其次，农民信贷状况影响农户获得资金的可能性。对于农民使用资金缺乏约束，有的农民获得资金后存在改变资金用途的情况，即将资金转向非农领域，而非投资于农业扩大再生产，致使投资者投资农村的意愿降低。第二，私人资金进入农村金融市场较为困难，使农村资本难以通过金融渠道进入。[2] 这些问题都制约着农村经营者资金的获得。对此，应当主要从提升农业经营者获得资金的可能性及便利性方面，对农村资本要素资源市场法律制度加以完善。

在增加农业经营者获得资金的可能性方面，可通过进一步拓宽投资渠道、完善资本交易规则、加强中介服务机制及配套服务机制的方式，消除投资顾虑，提高农业经营者的资信能力，提升农业经营者获得资金的可能性。其一，发挥集体经济组织、中介服务机构在提供担保等方面的作用，增强投资意愿；完善配套服务机制建设，运用保险等方式加强农业经营风险防控，为投资农业生产提供保障。其二，在交易规则方面，加强对于资金用途的严格限制，规范资金使用范围和方式，提高资本流入农村的可能性。其三，完善交易主体规则，进一步放开农村资本交易市场，将尽可能多的主体纳入资本交易市场中，使民间金融机构更多地参与农村资本交易，增加农村经营者、农户获得资金的可能性。其四，探索建立与产权制度相衔接的投资激励机制，吸引更多资金用于农村社会建设。通过产权交易规则的完善，拓展可利用的担保财产范围，让银行和其他担保机构接受农民或农业经营者以要素产权提供担保获得资金，促进农村要素资本化和担保化。在提高农业经营者获得资金的便利性方面，应当进一步简化交易程序，针对农业经营的贷款数额小、频率高的特点，探索规范化、便捷的交易程序，降低交易成本，并通过完善金融服务机制，为农村资本交易提供更为便捷的服务。

---

〔1〕 参见张日新、万俊毅编著：《要素配置与新农村建设研究》，中国经济出版社 2011 年版，第 70 页。

〔2〕 参见张日新、万俊毅编著：《要素配置与新农村建设研究》，中国经济出版社 2011 年版，第 104 页。

(四)要素市场化配置下农村技术交易市场法律制度的完善

农业技术作用的充分发挥,需建立在有效推广及运用的基础之上,而农村技术交易市场作为技术流转的重要渠道,对于农业技术的推广、运用发挥着重要作用,因而交易市场的良性发展至关重要。基于此,完善农村技术交易市场法律制度,通过制度的完善使农村技术交易市场进一步发展,是促进农业技术大力推广及运用、发展现代化农业的重要议题。

农业技术的特殊性对农业技术交易市场提出了特殊要求,因此,交易制度的完善除需要考虑当前农业技术交易的现状之外,也应充分考虑农业技术的特殊性,使农村技术要素市场更加符合农业发展之需。首先,从农业技术资源市场化配置现状来看,农业技术市场化配置落后于其他领域。当前农业技术产业化、商业化不足,制约了农业技术的进一步发展。以种业为例,商业化育种体系尚未完全建立是制约种业发展的重要因素之一。[1] 构建农业技术市场培育及发展机制,提高农业技术市场化配置的程度,使农业技术市场在推动农业技术研发和应用中充分发挥作用,是完善农业技术要素市场化配置制度的重要方面。其次,从农业技术资源的特殊性来看,农业技术资源的特殊性对农业技术要素市场化配置提出了更高的要求。其一,农业技术研发难度较大。农业技术的研发具有创新成本高、风险大、周期长的特点。较大的技术研发难度导致研发的积极性不足,如何调动研发积极性、激励农业技术研发,进而令更多的农业技术资源进入市场并得到充分的推广和运用,是农业技术交易市场发展面临的特殊难题。其二,与其他领域的技术不同,农业技术承载着促进农业发展、农村社会进步和农民生活质量的提升的特殊使命,因此农业技术必须得到大规模运用及推广,才能产生良好的效果。这也对农村技术市场提出了特殊要求。如何在交易中保护知识产权、平衡知识产权保护与农业技术大规模推广的关系,是完善农村技术交易市场法律制度需要考量的重要问题。

为进一步促进农业技术要素资源的市场化配置,更好地发挥科技在发展现代农业中的重要作用,应当从如下方面完善农业技术产权交易市场法律制度。第一,农业技术资源的市场化配置应结合农业发展的特殊性要求,针对其研发难度较大、研发成本高的问题,搭建更为完善的技术研发激励机制,通过

---

〔1〕 参见乔金亮、吉蕾蕾:《种业问题调查》,载《经济日报》2022 年 4 月 12 日,第 1 版。

专利制度、研发风险基金、科技奖励等制度建立有效的激励机制，增强农村组织、经营主体、农民从事科技研发的积极性。通过鼓励农业技术研发的方式，有效增加参与市场配置的农业技术要素总量。第二，农村技术资源市场化配置必须符合促进农业发展、农村社会进步和提升农民生活质量的要求，因此市场化配置农村技术要素资源需要农业技术得到大规模推广及运用。在农业技术资源的配置上应结合农业发展的特殊性要求，处理好技术推广与知识产权保护之间的关系，通过与政府力量相结合的方式实现农村技术资源的优化配置。此外，要加大政府投入，强化农村的科技研发和科技成果的推广及应用。例如，可以在对相关农业技术进行科学鉴定和推广效果评估的基础上，通过政府采购的方式，由政府取得技术产权后无偿提供给农民使用，以充分发挥科技在推动农村社会进步中的作用。第三，加快中介及配套服务机制的完善，完善知识产权评估等各项交易配套机制，积极培育发展技术转移机构和技术经理人，为实现农村技术要素资源的充分流转提供配套制度保障。第四，应当加强农村技术交易市场的统一性，实现技术资源的互联互通，充分发挥技术要素对于农业生产的巨大作用。中共中央、国务院《关于加快建设全国统一大市场的意见》重点强调了技术市场的统一性。农村技术交易市场法律制度的完善，应当在该意见的指导下着力建立健全促进全国性农村技术交易市场形成的机制，提高市场的统一性，并进一步完善科技资源共享服务体系，促进科技要素广泛流通，推动各地技术交易市场互联互通。[1]

（五）要素市场化配置下农村数据交易市场法律制度的完善

随着互联网、大数据技术的发展，数据作为生产要素，其经济价值逐渐受到重视。体现在农村领域，有关农业的各类信息数据对于提高农业生产经营效率、发展现代化农业具有重要意义。市场化配置农村数据要素资源，使数据资源为更多的主体运用，是实现数据要素价值最大化的有效方式。应当通过完善农村数据交易市场法律制度的方式，促进农村数据交易的充分进行，以充分实现数据要素对于发展现代农业的重要价值。

尽管中共中央、国务院《关于构建更加完善的要素市场化配置体制机制的意见》将数据作为五大生产要素之一，对其市场化配置提出了要求，但我国数

---

〔1〕 参见中共中央、国务院《关于加快建设全国统一大市场的意见》。

据要素市场仍处于起步阶段。当前关于数据要素市场化配置的制度供给不足,造成数据流通滞缓,难以充分发挥数据要素的价值。除《民法典》第127条规定数据可作为财产获得法律保护外,我国并没有建立完整的数据产权制度,适应市场化配置数据要素资源的数据基础产权制度仍未建立。首先,应当将基础性制度的完善作为完善农村数据产权交易制度的前提和基础。就数据交易角度而言,农村数据交易市场法律制度的完善应当遵循数据要素交易的一般规则,符合数据要素交易的一般规律。其次,应当完善培育农村数据交易市场的制度。从目前数据交易情况来看,除政府数据外,各类数字经济企业累积的大量互联网、物联网数据大多处于互相割裂、难以流动、无法打通的"数据孤岛"状态。[1] 数据资源共享和市场化流通不足,限制了数据资源价值的发挥。对于数据这一新兴要素资源的市场化配置,应当完善市场培育制度,培育符合数据要素规律的市场,使市场充分发挥其对于配置数据要素资源的作用,并加强市场的统一性,使数据要素资源得到充分高效流转。农村数据交易市场法律制度的完善应当将市场培育制度作为重要方面,大力培育农村数据交易市场,促进农业数据要素资源的流通,发挥其对于发展现代化农业的重要作用。此外,应当针对数据资源的特殊性,建立健全符合数据交易方式的交易规则。针对数据的非稀缺性、非均质性和非排他性等独特特征[2],结合农业农村数据资源的特点及不同类别,合理规定数据要素的交易主体、交易范围及交易方式,明确可以交易的数据产权范围,加强数据来源的规范化。规范农业数据资源的收集应当遵循的一般原则,包括"知情同意原则",数据的收集、使用及交易不能损害权利人利益、不得侵犯个人隐私等原则。通过交易程序规则,明确数据交易形式及交易程序,简化数据交易流程,规范数据交易过程。通过配套服务制度的完善,加强数据交易领域的中介服务和公共服务建设,增加数据交易机会,引导数据交易达成,规避数据交易风险,提升农村数据交易的规范化。另外,应当完善农业数据资源的分类管理制度,根据农业数据资源的不同类别分别规定不同的交易规则及共享规则。比如,针对与农业相关的气象信息、有关土壤和自然生态条件以及与之相关的即时监测信息、有关各种农业生产资

---

〔1〕 参见田杰棠、刘露瑶:《交易模式、权利界定与数据要素市场培育》,载《改革》2020年第7期。
〔2〕 参见田杰棠、刘露瑶:《交易模式、权利界定与数据要素市场培育》,载《改革》2020年第7期。

料(化肥、种子、农用设备)等方面的供给与需求信息等,分别制定符合各类数据资源特点的不同的交易规则,促进更加便捷、高效、合理的数据交易。为实现农业数据资源效用的最大化,对于涉及公共利益的农业数据可强调共享,甚至无偿进行共享,明确规定应当共享的数据资源种类及范围。同时,完善农村数据交易平台建设促进机制,探索建立符合数据要素资源交易规律的交易平台;根据数据的虚拟性、非排他性等特征,进一步加强农村网络设施建设,补齐农村数字基础设施与服务短板。[1] 充分发挥数据交易平台在提供交易信息、降低交易成本、增加交易机会方面的积极作用。最后,在完善农村数据交易市场法律制度时,应当加强数据交易的规范化管理,针对数据跨境流通性等带来的安全隐患及风险,在数据要素资源交易过程中,应加强政府监管,以维护国家安全和社会公共利益。

〔1〕 参见殷浩栋、霍鹏、汪三贵:《农业农村数字化转型:现实表征、影响机理与推进策略》,载《改革》2020 年第 12 期。

第九章　要素市场化配置下农村要素产权交易市场监管制度建设

第一节　要素市场化配置下农村要素产权交易市场监管的必要性

推进农村要素市场化配置，并不意味着完全放弃政府对农村产权交易的监管。相反，要素产权交易在实现要素资源市场化配置的同时也可能发生市场失灵的情形，需要政府出面进行干预。因此，要有效发挥要素市场化配置资源的作用，防止其可能产生的负面效应，必须加强对要素市场的监管。监管囊括了监督和管理的内容，但并非“监督”和“管理”两个词的内涵的简单叠加，监管有其特定的含义。[1] 一般来说，监管是“由监管者为实现监管目标而利用各种监管手段对被监管者所采取的一种有意识的和主动的干预和控制活动”[2]。监管是现代政府干预市场的一种基本手段，其内涵和外延比“干预”一词窄。干预不仅包含“限制”手段，更包含“激励”手段，而监管更侧重的是“限制”。当然，在不同的场合使用“监管”一词应当理解为不同的含义，不可死板。本节所讨论的监管，主要包含以下两层含义：其一，政府通过制定监管规则并执行，管理市场秩序，裁断市场纠纷，惩治违法行为。其二，监管有预先干预之义，以

---

〔1〕 参见吴弘、胡伟：《市场监管法论——市场监管法的基础理论与基本制度》，北京大学出版社2006年版，第1页。

〔2〕 赵锡军：《论证券监管》，中国人民大学出版社2000年版，第1~2页。

防患于未然为最高理念,有防范、管制之义。因此,这里对农村产权交易的监管主要是指政府出于一定的目的对农村产权交易进行约束和限制。微观来看,产权交易的集中必然会形成有形或无形的市场,故针对要素市场化配置下的农村产权交易的监管,主要是对农村劳动力市场、土地产权交易市场、资金要素产权交易市场、技术要素产权交易市场、数据要素产权交易市场的监管。实践已经证明,在"生产制造者国家"(the producer state) 退却的同时,监管国家的及时出现必不可少。[1] 监管已成为解决百姓温饱问题必不可少的"保护伞",日常经济生活已基本不存在与监管无关的空间。同样地,对于农村产权交易,无论从市场失灵角度,还是从社会利益来看,政府监管都是必要的。

一、矫正要素市场化配置下农村要素产权交易市场的一般失灵

要素市场化配置是要素资源在市场中按照市场机制进行配置,但是,市场机制自身存在缺陷,会面临因市场的不完全、不充分、垄断、信息不对称、外部性而产生的一般市场失灵问题。同样地,农村产权交易也会存在一般性市场失灵问题。对此,政府必须对市场失灵进行矫正,以维护农村要素产权交易市场秩序、优化农村要素资源配置、防范机会主义行为等。

(一)维护农村要素产权交易市场秩序

稳定的市场秩序是任何市场经济活动正常开展的基本前提。只有在有秩序的市场中,各主体的预期才能趋于稳定,进而降低市场调节资源配置的成本。所谓的市场秩序,可以理解为"在特定情景下设计的旨在激励和约束交易者行为的权利与义务的制度安排——既包括法定授权的组织规则,也包括约定俗成的行为标准"[2]。从内容划分上看,市场秩序包括市场主体秩序、市场竞争秩序和市场交易秩序等。通常认为,市场秩序的核心在于市场竞争秩序。[3] 在农村要素产权交易市场中,如果竞争秩序处于混乱状态,那么市场往往会出现无效率的资源配置结果并产生诸多负面效应。但是,在没有外力的

---

〔1〕 参见管斌:《混沌与秩序:市场化政府经济行为的中国式建构》,北京大学出版社 2010 年版,第 258 页。

〔2〕 王根蓓:《市场秩序论》,上海财经大学出版社 1997 年版,第 52 页。

〔3〕 参见徐士英:《市场秩序规制与竞争法基本理论初探》,载《上海社会科学院学术季刊》1999 年第 4 期。

约束下,出于市场主体的经济人特性、信息的不对称性多方面原因,市场竞争秩序不可能处于正常的状态。

目前,综观整个农村要素产权交易市场,商业贿赂、串通投标、侵犯商业秘密等损害市场正常竞争秩序的不规范交易行为时有发生。在微观层面,聚焦到某一农村要素交易市场也能对于破坏正常竞争秩序的行为窥探一二。例如,在土地要素交易市场中,虽然目前土地经营权市场处于零星、分散的常态,“囤积”土地经营权的行为较少,但随着土地经营权市场的发展,不排除“囤积”行为大量爆发的可能性,进而引起市场竞争严重混乱。再如,在农村数据交易市场中,与农业有关的大数据信息,特别是与农产品有关的数据信息被少数企业把控,处于初创期的企业要获取数据资源非常困难,甚至不得不向巨头企业开放本企业的数据接口。在此情形下,若不对巨头企业的行为作出一定的限制,就很容易造成市场竞争不足,市场秩序遭受损害。因此,政府作为市场建设的组织者,当发现市场秩序出现问题时,必须对其进行矫正。

(二)优化农村要素资源配置

所谓的要素市场配置,马克思在《资本论》(第3卷)中对此进行了具化:第一,资本有更大的活动性,也就是更容易从一个部门和一个地点转移到另一个部门和另一个地点;第二,劳动力能够更迅速地从一个部门和一个地点转移到另一个部门和另一个地点。但是,马克思也讲到了实现资本和劳动力自由流动以市场完全竞争和存在完备的信用制度等为重要前提。[1] 因此,农村要素虽然可以通过市场配置,在不同主体之间进行流转,从而将农村要素配置到最优主体和最能发挥要素利用价值的领域,进而使得农村要素资源能够得到更为充分和高效的利用,但是,农村要素市场发挥优化资源配置作用必须以市场竞争的充分性、信息的合理分布、不存在外部性和公共物品问题为前提。然而现实中的市场不可能完全满足上述条件,因而就会出现无效率配置的现象。例如,从土地经营权市场来看,由于流转范围的限制以及与交易双方流转土地相关的信息不充分,通过市场流转土地经营权就有可能使土地流入无法充分、高效利用土地的经营者手中,或流入不能产生高效益的农业经营项目,从而导致土地被荒置或不能被高效利用。从劳动力市场来看,由于市场本身能提供

---

〔1〕 参见马克思:《资本论》(第3卷),人民出版社2004年版,第214~218页。

的信息有限，供求双方存在一定程度的信息不对称，所以会造成“摩擦性失业”。因此，为克服这些问题，有必要通过政府建立充分开放的农村要素市场，完善市场交易规则，畅通市场信息。只有这样，才能充分发挥市场优化农村要素资源配置效果。

（三）防范机会主义行为

在要素市场化配置过程中，由于信息的不完全，市场会被扭曲进而造成失灵。市场信息不完全表现为：信息分布不均匀，交易双方信息不对称，利益关系阻碍信息披露。市场机制本身不能保证信息的“完全”披露，由此便会引发市场参与者诚信缺失、隐瞒信息等机会主义行为，从而降低市场配置资源的效果。在农村要素市场化配置过程中，也普遍存在信息量有限、透明度不足、真假不明等情形。[1]

最易产生的机会主义行为就是“逆向选择”和“道德风险”，二者分别体现为农村产权交易前隐瞒信息和交易后隐瞒信息。前者正如“柠檬原理”所指出的，当市场中的商品内在质量不一，而买方又因信息不对称而无法辨别时，买方会自然而然地选择劣质商品，因为劣质商品的供给者比优质商品的供给者要求的价格更低。于是，优质商品的供给者不愿低价成交而蒙受损失，劣质商品的供给者却通过成交获得了部分额外收益，因此优质商品被驱逐出了市场，市场最后剩下的是劣质商品。该原理也被称为“劣币驱逐良币”原理。这种情形目前尤其体现在农业类知识产权交易领域，例如，涉农类专利、商标、版权、植物新品种等交易市场中，由于知识产权的可复制性和易侵犯性，市场中不可避免地充斥着假冒伪劣、坑蒙拐骗。

“道德风险”，是信息不完全而引发的另一种机会主义行为。在信息不完全条件下，由于交易一方难以观测或监督另一方的行动，故出于对自身效用的最大化，交易后的经济行为主体很容易做出不利于他人利益或社会利益的行为。最典型的例子就是在农户将土地经营权进行流转后，特别是流转给外来工商资本后，出于对短期利益的追求，工商资本很可能会对土地进行“扼杀式”开垦，抑或改变土地用途，从事“非农化”经营，从而对农民、农民集体和国家公

---

〔1〕 参见中国人民大学“完善要素市场化配置实施路径和政策举措”课题组：《要素市场化配置的共性问题与改革总体思路》，载《改革》2020年第7期。

共利益造成损害。“逆向选择”和“道德风险”容易使农村要素产权交易市场失去效率，而市场自身又无力解决，因此，为克服信息不完全带来的市场失灵，就需要政府从外部进行干预。

二、实现农村要素市场化配置下重大公共利益保护的特殊目的

之所以对农村产权交易进行监管，不仅是因为农村要素产权交易市场与其他市场一样存在一般性市场失灵问题，更是因为农村产权交易还事关粮食安全、农村发展、农民保护、农业知识产权保护等特殊利益。与城市不同，农村主要的产业是农业。农村要素资源，特别是土地资源的利用效率如何，在很大程度上决定了我国的农业生产能力和农产品供给能力，这将直接影响我国的粮食安全，甚至整个国民经济运行的安全。除此以外，在农村劳动力要素市场中，应特别重视对劳动者权益的保护，避免劳动者的利益受到侵害。在科技成果产权交易市场中，需要特别重视农业知识产权的保护，通过建立有效制度以防范侵犯知识产权的行为。具体而言，体现在以下几个方面。

（一）保障农地安全和粮食安全

粮食安全意味着粮食需求与供给的平衡必须得到合理保障，要实现一个国家粮食供求的基本平衡，必须保证该国有与其人口数量相对应的粮食生产能力，而粮食的生产能力又必须以适度规模和质量的耕地为基本条件。因此，要实现粮食安全，必须保障有充分的土地用于粮食生产。[1] 当然，劳动力、资金、科技等要素资源的优化配置对于粮食生产也具有十分重要的价值意义，但土地无疑是最基本和最重要的生产要素。目前，全球粮食安全正面临一系列严峻挑战，农地资源的利用将直接影响我国农业生产和粮食安全。鉴于农业具有长周期性和高风险性，[2] 故而保障农地安全并合理配置农地资源，促进我国农业生产的持续、稳定发展，进而保障新形势下的粮食安全目标，是当前面临的重大问题。当前，基于人多地少的国情，我国粮食供求平衡问题仍然存

---

〔1〕 参见国务院办公厅《关于防止耕地“非粮化”稳定粮食生产的意见》（国办发〔2020〕44 号），载中国人民政府网，http://www. gov. cn/zhengce/content/2020 - 11/17/content_5562053. htm，2022 年 3 月 19 日访问。

〔2〕 一方面，农业生产过程需要经过较长的周期才能完成，农产品收成具有阶段性特征；另一方面，农业生产所依赖的自然环境具有不稳定性，洪涝、干旱、气温、虫害等因素都可能会减少农产品的收成。

在。其中,农地用途"非农化"现象和撂荒现象频发是威胁粮食充分供给的重要原因。对此,我国亟须建立一套完整制度以对此给予特殊监管。

(二)保护农村劳动者权益

劳动力市场具有交易主体双方不对等、市场交易的约束力弱、既有内部市场又有外部市场等特点,这决定了对劳动力市场的监管除要实现控制市场风险、保障市场安全以外,更重要的目的是需要保护市场交易的弱势方——劳动者。因此,对劳动力市场进行监管,其重点要解决的是公平问题,纠正和防范市场中的歧视行为及用工不规范现象。由于劳动力的人身属性和不可储存性等特征,劳动者会被资方压制导致工资水平偏低。而且,由于户籍差异的存在,农民工工资问题更为突出。改革开放以来,农民工群体对我国经济增长作出了巨大贡献,但其不仅没有充分享受相应的经济红利,而且在劳动力市场上还遭受不平等的工资歧视。同时,在劳动力市场中,企业对劳动力有过度使用的强烈动机,进而忽略劳动者在身体健康、休息休假、劳动条件和工作环境等方面的需求,令劳动者在较长时期内处于劳动时间和劳动强度超负荷状态。此外,劳动力市场中普遍存在较多其他不规范的现象,如劳动合同、集体合同签订不规范或拒签,拖欠职工工资,随意解雇职工,等等。这些都需要政府予以制度性的回应以对农村劳动者的权益进行特殊保护。

(三)保护农业知识产权

作为一个人口多、资源相对短缺的农业大国,我国多年的农业发展实践证明科技创新才是农业发展的根本之路。由于科技产品前期开发成本高、风险大,特别是农业技术产品还伴有地域性、公益性、低收益性等特征,对农业的创新激励本身就不强。同时,技术产品生产、复制成本低,盗版复制产品的利润空间巨大,这导致非法复制等侵权行为很容易发生。此时,若不能严格保护农业科技产品的知识产权,会大大降低技术创新或新产品开发的盈利预期,严重打击企业创新的积极性。可以说,技术中最核心的、最具有保护意义的就是知识产权。对于农村科技要素市场而言,加强对农业知识产权的保护是当务之急。目前,农业知识产权主要包括涉农专利、商标、版权,植物新品种,地理标志,农业商业秘密权等。对于这类知识产权,我国必须通过完善相关法律制度,有效防范、打击侵犯农业知识产权的行为,以保护创新企业的知识产权和相关的合法权益。

第二节　我国农村要素产权交易市场监管制度待完善的方面

目前,我国农村要素产权交易市场监管制度建设与农村要素产权交易市场经济的快速发展还不相适应。首先,在一般性监管方面,农村各要素的产权交易市场普遍存在的一般性准入和退出制度、市场秩序监管制度还有待进一步完善。其次,对与各要素相适应的特殊监管制度建设也有待加强。

一、农村要素产权交易市场一般性监管制度待完善的方面

(一)市场准入和退出制度问题

农村要素产权交易市场的准入制度,从广义上讲,包括市场客体准入制度和市场主体准入制度。其中,市场客体准入是指交易要素需要满足进入农村要素产权交易市场中被交易的条件,否则市场主体不得对其进行交易。囿于农村产权的特殊性,不是所有的农村要素产权都可以或都适合进行交易,因而对禁止交易的客体应当予以明确。市场主体准入是指交易主体需要具备一定的条件,否则将没有资格进入市场进行交易。为保证农村产权交易的有序进行,将不合格的交易主体排除在外,可以在一定程度上起到过滤作用。市场准入和退出制度可以降低交易成本,提高交易安全。可以根据监管需要灵活控制市场准入和退出规则的宽严程度。因而,许多市场都针对市场特征制定了对应的市场准入和退出制度。对于农村要素产权交易市场而言,其准入和退出制度均有待进一步完善。

1. 市场准入制度问题

按照要素市场化配置的要求,政府应当为农村要素产权交易市场营造宽松便捷的市场准入环境,并建立公平统一、开放透明的市场准入规则。市场准入的领域和范围越大,市场主体选择越自由,要素流动越自由。这意味着法律制度对农村要素产权交易市场客体准入的范围限制应当尽可能减少,因为可交易的要素产权所覆盖的资源范围越大,市场配置资源的作用也就越大。同时,这也意味着对农村要素产权交易市场主体的准入条件应尽可能放宽,因为

市场主体范围越广泛，要素产权可以进行配置的范围就越宽泛，要素资源就会随着产权的转移配置到更能发挥资源效用的主体。但应当注意的是，在农村产权交易的客体范围上，必须要服从国家安全、稳定和经济社会发展的大局，对于不应当在市场中进行交易的农村要素产权应予以明确，并在实践中严厉打击相应的违法交易行为。例如，针对农村土地要素，法律禁止所有权层面的交易，即农村土地要素所有权被明确排除在市场之外。同时，在要素产权交易的主体范围上，为了防止市场盲目性，也必须对市场主体的准入条件提出必要的要求。例如，对于农村承包地而言，市场配置的目的是提高利用该土地从事农业生产经营的效率，如果不对受让方在农业经营方面的条件作出限制，则可能会影响土地利用效率，甚至威胁农业生产安全。因此，现行《农村土地承包法》也要求受让方应当具备农业经营能力和资质。

在农村产权交易客体准入方面，主要涉及的是产权品种的范围问题。国务院办公厅《关于引导农村产权流转交易市场健康发展的意见》规定，“法律没有限制的品种均可以入市流转交易，流转交易的方式、期限和流转交易后的开发利用要遵循相关法律、法规和政策”。该意见还列举了现阶段的交易品种，包括农户承包土地经营权、林权、“四荒”使用权、农村集体经营性资产、农业生产设施设备、小型水利设施使用权、农业类知识产权等。[1] 因此，在农村要素产权客体准入监管工作中，最重要的是对法律禁止准入的农村产权进行明确。目前，我国正在推行全国统一的市场准入负面清单制度，以清单方式明确列出了在我国境内禁止和限制投资经营的行业、领域和业务等。但是，负面清单所列的禁止性规定和许可规定并非直接是法律禁止、限制农村要素产权交易品种的规定。因此，在农村产权交易客体准入方面，我国应当探索建立农村产权交易品种负面清单。同时，针对实践中违法进行禁止性、限制性农村产权交易的行为也应当完善相应的监管制度。

在农村产权交易主体准入方面，国务院办公厅《关于引导农村产权流转交易市场健康发展的意见》规定，“凡是法律、法规和政策没有限制的法人和自然人均可以进入市场参与流转交易，具体准入条件按照相关法律、法规和政策执

〔1〕 参见国务院办公厅《关于引导农村产权流转交易市场健康发展的意见》（国办发〔2014〕71号）。

行”。因此,农村各要素产权交易市场对主体的具体准入条件要求是由与各要素相关的法律、法规和政策规定的。目前,在准入条件的制度规定方面,存在规定不清晰、不明确、不灵活的问题。例如,从农村土地经营权市场准入制度中针对受让方设置的准入条件来看,现行《农村土地承包法》第38条和《农村土地经营权流转管理办法》第9条明确了土地经营权受让方的基本条件为具有“农业经营能力或者资质”,而对于这一条件的具体要求却未进一步明确。再如,从农村科技市场准入制度来看,市场主体的准入条件不够灵活。创办科技企业的基本条件应当是知识、技术及其专利之类的科技成果而非资金,因而在符合法律法规规定的前提下,应当探索灵活的准入条件。

2. 市场退出制度问题

市场退出在要素市场化配置中具有举足轻重的地位,是要素市场化配置的重要环节。完善的市场退出制度可以为困境中的市场主体提供出路,使之释放被自身占据的生产资源和要素,在价格规律的引导下,重新完成生产资源和要素的优化配置。[1] 农村要素产权交易市场与一般商品市场中的市场主体大致相同,因而在市场退出制度上面临的问题也具有很大的相似性。我国市场退出大致可分为“法庭内”退出与“法庭外”退出两种方式。“法庭内”退出是指市场主体在法院的主导下终结现存的法律关系、处理剩余财产,最终归于消灭的过程,其相对应的程序是《中华人民共和国企业破产法》所规定的破产清算、重整、和解程序。“法庭外”退出则是市场主体因章程、决议、司法判决、行政决定等退出,其相对应的程序则是普通注销、简易注销、强制注销、撤销登记等退出机制。[2] 当前,无论是何种退出方式,其在实践中的适用情况都不容乐观。一方面,大部分资不抵债企业在退出市场时并未启动破产程序,这导致破产制度并未发挥其应有的社会调整作用;另一方面,实践中大量企业虽已停止营业活动或被剥夺营业资格,却出于不同原因而没有实现市场退出,这导致市场中存在大量长期无任何生产经营活动但又未进行清算的“休眠企业”或“僵尸企业”。

---

〔1〕 参见中国政法大学破产法与企业重组中心课题组:《完善市场主体退出制度的路径选择与制度构建》,载《中国市场监管研究》2019年第6期。

〔2〕 参见李曙光:《论我国市场退出法律制度的市场化改革——写于〈企业破产法〉实施十周年之际》,载《中国政法大学学报》2017年第3期。

现有的市场退出制度在实践中适用的尴尬状态,导致清算程序和破产制度的功能难以发挥,大量债权人因企业的无序退出而遭受不利后果,这不仅侵犯了个人的权益,长期来看也必然会影响社会的投资热情,严重威胁社会的信用基础。因此,完善适用一般市场主体的退出制度迫在眉睫。

同时,根据农村要素产权交易市场的特点,集体经济组织是农村要素产权交易市场中十分重要的特殊市场主体。《民法典》第99条赋予了农村集体经济组织特别法人资格,但其过于概括性的条款无法为其终止事项提供制度指引。[1] 农村集体经济组织作为民事主体参与市场活动,也理应遵循相应的市场退出机制。实践中,我国已经客观存在农村集体经济组织终止的现象,最典型的就是城市化导致的整村征收改制,其导致农村集体经济组织因社区的消亡而消灭,在"合村并组"中数个农村集体经济组织合并,导致原集体经济组织终止。因此,在法律制度上对集体经济组织终止方面应当予以现实回应。但是,农村集体经济组织作为特别法人,其在终止方面具有一定的特殊性,无法完全适用法人制度的一般性规定,需对其终止事项进行特殊性的构建和完善。

此外,农户在农村要素产权交易市场中也具有较为特殊的地位。目前,我国在农户的市场退出方面比较棘手的问题是承包地的有偿自愿退出问题。随着我国工业化、城镇化进程的不断加快,农村面临着日益严峻的土地闲置、规模效益不足等问题。为了提高农村土地资源的利用效率,许多地区都在开展农户有偿退出土地承包经营权的工作。但是,由于配套制度和规则还不够完善,农村土地有偿退出机制在具体实践中面临诸多现实困境,这主要体现在如何合理地界定退出主体、如何设定土地退出方式、补偿资金的来源及如何分配、如何安排土地退出后的处置方式、如何处理土地退出造成的社会问题等。各地在退地方式的设计上缺乏统一性和规范性,例如,在退出条件、资金补偿等方面缺乏统一的标准,这导致退地过程中的公平性难以保证。对此,亟须对相关制度进行完善以实现农户的正常退出。

(二)市场秩序监管制度问题

与其他市场一样,农村要素产权交易市场只有在稳定的秩序下才能正常

---

〔1〕《民法典》第99条规定:"农村集体经济组织依法取得法人资格。法律、行政法规对农村集体经济组织有规定的,依照其规定。"

运行并充分发挥市场优化资源配置的效果。一般来说,对市场秩序进行监管,主要包括商品服务质量监管、竞争监管、价格监管、市场道德性监管等。在农村要素产权交易中,大部分交易标的不存在商品服务市场中的质量高低问题,因而对农村要素产权交易市场的质量监管并非重点,更重要的是对农村要素产权交易市场的竞争监管、价格监管和市场道德性监管。

第一,关于农村要素产权交易市场竞争监管制度问题。部分农村要素产权交易市场有不同于一般竞争性市场的特点,因而不能完全套用一般商品市场竞争规则对农村要素产权交易市场进行规制。在农村资本、科技和信息要素产权交易市场中,不正当竞争和垄断行为与一般商品市场存在较大的相似性,因而可以采取既有制度规则对相关违法行为进行规制。但是,在农村土地和劳动力要素产权交易市场中则有较大特殊性。《反不正当竞争法》中规定的混同、虚假宣传、商业贿赂、侵犯商业秘密、倾销、有奖销售等各种不正当竞争行为,以及《反垄断法》中规定的垄断行为在农村土地和劳动力要素产权市场中是否存在?若存在,是以怎样的行为形式存在?对此,从目前的竞争法律规则体系来看还无法直接定论。此外,对农村要素产权交易市场中竞争行为的监管还包括对政府行为的监管。尽管随着经济体制改革的不断深化,我国竞争性市场环境已逐步确立,但一些行政主体和决策部门的公平竞争意识仍比较淡薄,地方保护、区域封锁、违规补贴等现象在农村要素产权交易市场中也普遍存在,因而也需要对此进行严厉监管。

第二,关于农村要素产权交易市场价格监管制度问题。目前,我国农村要素产权交易市场价格普遍扭曲,价格市场化机制尚不成熟。首先,通过市场竞争形成价格,进而调节供求关系,优化资源配置,其前提是要信息充分、公开,但目前我国农村要素产权交易市场信息不畅通的问题仍然严重。由于信息在各市场主体间分布不均,市场主体间的议价地位处于不平衡的状态。例如,在土地经营权市场中,由于国情使然,大部分农民文化素质有限、信息获取闭塞,导致其在价格谈判中往往处于弱势地位,合法利益在土地流转过程中得不到保障。再如,在数据和知识产权交易市场中,与价格有关的信息大多偏向于卖方,导致买方议价能力有限,双方很难达到公允的定价协商状态。同时,由于数据、知识产权要素在实践中存在定价难的问题,实践中普遍以第三方估价的形式确定价格,但同样地,信息不对称也会导致第三方非法套利的情形产生。

其次，政府干预也是市场价格机制无法形成的重要因素。例如，从土地要素产权交易市场来看，虽然《土地管理法》的出台扫除了集体经营性建设用地入市的部分制度障碍，但国有土地和集体土地仍然存在价差，造成农村建设用地在供给和流转中“同地，不同权，不同价”。从劳动力要素市场来看，目前仍然存在城乡二元结构双轨运行的现象，导致农村劳动力因身份差异而在工资方面遭遇差异化待遇。从资金市场要素来看，存贷款基准利率由政府定价，其价格很难真实反映市场资金的供求关系。对此，需要政府把握干预之度，并适时进行价格调控，对交易价格进行“纠偏”。

第三，关于农村要素产权交易市场道德性监管制度问题。虽然目前我国关于农村要素产权交易市场的道德性监管制度已在逐步建设，但仍然存在一些缺陷，还需要进一步加强。其中，需要特别注意的是加强农村产权交易平台的建设，并完善平台的流转交易规则。因为市场主体对农村产权的交易主要是在平台上进行，只有交易各方严格按照科学的交易规则进行交易，才能形成稳定的市场秩序。但是，目前并非所有的农村产权交易平台均制定了详细的交易规则，有些平台只是机械地沿用了当地的交易管理办法来对交易秩序进行规范。此外，各地平台制定的交易规则有一定的差异，且有些规则更新不及时，使某些监管规则在具体适用过程中存在困难。特别是大部分平台还未在交易规则中建立惩戒机制和纠纷解决机制，这将大大减少规则的威慑性，因此在这方面还有待加强。

二、农村要素产权交易市场特殊监管制度存在的问题

（一）农地保护监管制度问题

农村土地资源是农村集体资产中的重要一类，农村土地尤其是用于农业生产的耕地，承载着满足十四亿多中国人基本生活需求的重要使命。农地是农业生产的基本条件，是决定农业生产能力的核心因素。农地面积的减少和质量的退化，将严重影响农业生产能力，威胁我国的粮食安全和人民的生活安全。农地保护的基本要求有二：一是农地规模的维护；二是农地质量的维持和提高。因此，绝不能因为土地经营权流转而使农地面积减少、荒废、地力下降或经营条件恶化。但是目前对农地的监管力度不足，改变农地用途和农地撂

荒现象仍然存在,农地安全受到威胁。特别是目前存在严重忽视质量管理的问题,这导致农地撂荒现象十分猖獗。对此,需要针对农地保护而设计特殊目的监管制度。当前,我国针对土地经营权市场的特殊目的监管制度主要偏向于事后惩治,采取在发现土地经营权人改变土地用途或撂荒后,按照法律规定对违法者施以严格法律责任的监管方式。但是,由于相关后果的严重性与土地资源的不可恢复性,事前预防和事中监管制度也不能忽视。同时,在方式方法上,目前的法律制度更注重限制性监管,而忽视激励性监管。因此,这种制度结构失衡的情形尚需进一步调整,具体的制度规则也有待进一步优化。

(二)农村劳动者保护监管制度问题

当前,我国在保护劳动者方面的政策法规体系基本形成。已初步建立起以劳动法为基础,涉及就业市场、劳动合同、集体合同、劳动标准、劳动保护、社会保障、劳动监察和劳动争议处理等领域的一整套劳动就业法律法规体系,包括《劳动法》《劳动合同法》《中华人民共和国就业促进法》《中华人民共和国劳动争议调解仲裁法》《工伤保险条例》等。同时,针对外出就业的农民工利益保护,国家也在诸多方面进行了改革推进。特别是近几年,国家大幅度调整农村人力资源进城就业政策,显著改善其务工环境,尊重和保护其劳动权利。可以看出,我国在增强劳动力市场监管体系建设方面作出了诸多努力,但也应当看到的是,劳动力市场中劳动者弱势地位明显,劳动者歧视、忽视劳动者职业健康等问题仍然存在。目前,在农村劳动力保护的监管制度方面主要有以下几个问题较为突出。首先,人力资源市场法律制度仍不完善,这是导致农村劳动者权益受到侵害的主要原因。具体而言,相关法律法规在统一性、适应性和可操作性等方面都还有待进一步完善。其次,在社会保障等制度不健全的情况下,集体协商制度,尤其是工资集体协商是工资形成的重要制度。然而,目前中国农村地区集体协商的制度仍未有效推行。最后,户籍制度改革进展缓慢,农民工未受到充分尊重的现象严重。问题主要在于,户籍制度改革仍停留在放开户籍层面,而未触及深层次的社会福利制度改革。[1]

---

[1] 参见袁青川:《劳动力市场与劳动关系中的政府规制研究》,载《中国劳动关系学院学报》2022年第1期。

(三)农业知识产权保护监管制度问题

我国对知识产权保护的工作起步较晚,对其中的农业知识产权进行保护的制度建设则起步更晚。不过,随着对知识产权保护的不断重视,我国在保护体系建设和实际保护层面均取得了重要进展。目前,我国已基本形成了以专利权、商标权、版权为三大支柱的知识产权保护法律框架。在专门针对农业知识产权保护的法律体系方面,关于植物新品种保护的法律体系最为完备。1997年国务院颁布实施了《中华人民共和国植物新品种保护条例》,对植物新品种权的归属、授予条件、保护期限、侵权责任等都作出了较为细致的规定。在此之后,《中华人民共和国植物新品种保护条例实施细则(农业部分)》《中华人民共和国植物新品种保护条例实施细则(林业部分)》《农业植物新品种权侵权案件处理规定》等部门规章也相继颁布实施。最高人民法院也分别于2001年和2007年发布了《关于审理植物新品种纠纷案件若干问题的解释》和《关于审理侵犯植物新品种权纠纷案件具体应用法律问题的若干规定》。至此,保护植物新品种的制度体系在我国初步形成。近年来,我国着力构建了越发成熟的植物新品种保护法律制度体系。除对上述法律法规进行进一步的修改以外,2020年颁布的《民法典》明确将植物新品种作为一类知识产权加以保护。此外通过2015年和2021年两次修改《中华人民共和国种子法》,强化了对植物新品种的保护,扩大了保护范围,建立了实质性派生品种制度,强化了侵权损害赔偿责任制度等。但与植物新品种的法律保护相比,其他农业知识产权保护法律制度建设则相对滞后,还需进一步加强。

从主观意识层面来看,我国农业知识产权保护的整体意识较差。无论是农民、专业的农业科研人员,还是农业行政管理人员,都没有强烈的知识产权保护意识。例如,对于农业科研人员来说,其习惯于“重论文、轻专利”的奖惩机制,因而往往通过论文表达其“新技术”或“新观点”,而很少在国内外申请专利。[1] 此种对技术秘密保护的淡漠意识,造成国内诸多先进技术被国外长期无偿使用的尴尬境况,因而在意识培养方面也应当有所强化。

---

〔1〕 参见乔娇娇:《新时期我国农业知识产权保护的现状与对策分析》,载《农业经济》2017年第5期。

三、农村要素产权交易市场监管工作机制存在的问题

一般情况下,“机制”一词主要是表达在事物存在多个部分的情况下,通过协调各个部分之间的关系以更好地发挥作用的具体运行方式。监管工作机制即是通过一系列制度设计,协调监督主体之间的关系,以更好地实现监管工作效能的一种安排。这样的安排,会涉及监管主体及其权利配置、统筹协调机制和监管评价这几个元素,但目前这几个元素均或多或少存在一些问题,进而导致我国农村要素产权交易市场监管工作机制存在整体性缺漏。

(一)监管主体和权力配置问题

一般来说,监管主体是在监管活动中行使监管职能并承担监管责任的组织者。对于农村要素产权交易市场而言,由于涉及的要素众多,且每个要素涉及多个环节和领域,农村要素产权交易市场监管体制体现为“分工共管”模式,即农村各要素产权交易市场并非由单一部门监管,而是呈现多部门监管格局。但是,多部门监管必然涉及职权划分问题。目前,我国农村要素产权交易市场普遍存在监管部门太多、职责分工不清的问题,进而造成监管重叠或监管漏洞。例如,在土地经营权市场中,根据《农村土地经营权流转管理办法》第五章的规定,相关监管主体主要是地方农业农村主管部门和农村土地承包管理部门。但《农村土地管理法》又赋予了地方自然资源主管部门对违反土地管理法律、法规的行为进行监督检查的权力。此外,现行法律还赋予了农村集体经济组织以部分监管权。[1] 此种情形下,若不进一步明确各监管主体的职权范围,则很容易造成监管重叠的问题。再如,针对农村资金产权交易市场,担保、合作基金会、小额贷款公司等农村(准)金融机构分别由经信委、农委、金融办批准成立,但这其中只有金融办是较专业的金融管理业务部门,因而这类(准)金融机构基本处于“有人管出生,无人管生长”的状态。[2] 此时就很容易产生监管漏洞问题。上述针对农村产权交易监管主体的列举并非完全,但无论是何

---

〔1〕《农村土地承包法》第14条规定:“发包方享有下列权利:(一)发包本集体所有的或者国家所有依法由本集体使用的农村土地;(二)监督承包方依照承包合同约定的用途合理利用和保护土地;(三)制止承包方损害承包地和农业资源的行为;(四)法律、行政法规规定的其他权利。”

〔2〕刘敏楼:《中国农村金融演进的理论与实践——新比较经济学的视角》,载《河南大学学报(社会科学版)》2017年第4期。

种农村要素,其产权交易市场监管主体及其权力配置均存在类似的问题。同时,在市场经济中,无论是市场调节还是政府监管都存在局限性,农村要素产权交易市场监管需要政府监管与社会监管相配合。社会监管主体主要包括行业自律组织、市场交易平台、新闻媒体、公民个人等。社会监管虽然没有政府监管的法定性、权威性和强制性,但其群体众多、分布广泛,能够及时和真实地反映现实问题,具有弥补政府失灵的优势。但从目前来看,我国的社会监督机制发展仍然较为滞后。因此,还需进一步培育和完善社会监管机制。

(二)监管主体之间的统筹协调机制问题

由于在对农村产权交易进行监管时会牵涉多个政府部门,若没有统筹协调组织来发挥协调功能,则很可能导致政府部门之间各自为政,从而降低监管效率。因此,统筹协调组织的确立十分重要。

从整个农村要素产权交易市场看,农村产权流转交易监督管理委员会是相关政策法律法规中确认的综合性协调组织。国务院办公厅《关于引导农村产权流转交易市场健康发展的意见》规定,“……农村产权流转交易监督管理委员会,承担组织协调、政策制定等方面职责,负责对市场运行进行指导和监管”,“农村产权流转交易监督管理委员会和市场主管部门要强化监督管理,加强定期检查和动态监测,促进交易公平,防范交易风险,确保市场规范运行”。实践中,各地也开始陆续成立农村产权交易监督管理委员会。但各地设立该机构的区域级别、组成部门人员和职能职责不尽相同。对于区域级别,有的设立在省级,有的设立在市级,也有的市、县、乡镇三级都有设立。对于组成人员,一般由自然资源、农业农村、林业、水利、发展改革、市场监管、财政、金融等部门的领导干部组成。由于组成人员中缺乏底层工作人员和专门人才,其对农村产权交易的监管难免缺乏针对性。

从微观的要素产权交易市场看,统筹协调组织则更加缺乏。农村要素产权交易市场涉及的要素众多,各要素产权交易对监管的专业性要求较高,因而仅仅存在宏观层面的统筹协调组织可能还不够,还需在各要素产权市场中分别建立。与宏观层面设有专门的农村产权流转交易监督管理委员会以充当统筹协调组织不同,在农村土地、劳动力、资金、科技和数据要素产权交易市场中并没有专门的统筹协调组织。因此,在微观层面还需建立或明确统筹协调组织。

除确立统筹协调组织外，政府部门之间的沟通协作方式也是统筹协调机制的重要组成部分，在这方面，也需要进一步进行制度完善。

（三）监管评价机制问题

监管评价机制是农村产权市场监管机制必不可少的一环，一个持久有效的监管评价机制既能促进农村产权交易监管的透明化，也能增加市场对农村产权交易监管机构的公信力。我国农村产权交易监管评价机制的缺漏主要集中在以下三个方面：

首先，农村产权市场监管评价主体单一。农村产权交易监管主体主要为各级行政主管部门，若想对农村产权市场监管机制运转的好坏进行评价，就要对各级行政主管部门在农村产权市场监管方面所取得的工作成效进行客观评价。当前，此类评价主要表现为上级行政主管部门对下级行政主管部门工作成效的各项考核，考核形式多表现为内部考核，考虑到上下级隶属的行政管理关系，加之缺少第三方机构的公开监督，监管评价结果的权威性不足。

其次，农村产权交易监管评价标准的非统一化。监管评价标准欠缺统一化的规定，这会导致各地行政主管部门各自遵循彼此迥异的监管评价标准，进而导致褒贬不一。监管评价标准的"百花齐放"势必给行政主管部门以及农村交易市场主体带来现实操作的障碍，同时会导致跨区域农村产权交易监管机制运行衔接上的不流畅。例如，某一行政主管部门实施的同一监管行为在不同区域可能会遭受好坏不一的评价，这不仅会导致各地行政主管部门之间互相进行不必要的比较，而且易产生类似"同案不同判"的负面效果，导致农村要素产权交易市场主体对监管机制产生误解，进而削减监管机制的公信力。

最后，农村产权交易监管评价方式单一。上级行政主管部门对于下级行政主管部门监管好坏的评价方式多停留在强调要不断加强监管、最低绩效考核的刚性要求上，欠缺正向激励的柔性评价方式。然而，追求"刚性"严格要求与"柔性"正向激励合二为一的双向评价机制，是促进监管主体对农村要素产权交易市场实行有效监管的重要途径。对农村要素产权交易市场监管部门的再监管不仅需要上级主管部门对下级部门的严格监督，更有赖于各级行政主管部门内在的主观能动性和积极性，这有助于监管手段的完善和创新。

第三节 要素市场化配置下我国农村要素产权交易市场监管制度的完善

一、完善农村要素产权交易市场一般监管制度

(一)完善市场准入和退出制度

1.完善市场准入制度

市场准入是规范市场秩序的第一道关口。加强农村产权市场监管,必须完善农村产权市场准入制度。为此,主要应着力做好以下工作:

首先,建立健全农村产权交易品种负面清单制度。目前,中央和各地方政府出台的关于农村产权流转交易的法律政策规定,都是对农村产权交易品种的正向列举,而没有形成禁止或限制流通的农村产权交易品种负面清单。对于禁止交易的农村产权品种,市场主体不得在市场上或私下进行交易。对于限制交易的农村产权品种,市场主体应满足严格的交易条件。负面清单外的交易品种,均可以入市流转交易。随着农村要素产权交易市场的不断发展,可交易的农村产权品种与禁止、限制交易的品种必定会随着市场发展或国家利益需要而发生变化,因此需要对负面清单进行及时更新。同时,应当建立违法交易禁止、限制性农村产权的案例归集和通报制度。对此,应定期对违背农村要素产权交易品种负面清单情况进行归集排查,并对典型案例情况进行通报,将有关情况纳入信用体系,利用互联网监管平台向社会公布。

其次,进一步完善市场主体准入条件规定。在农村要素产权交易市场中,对于某些特殊领域,出于对市场效率和特殊利益保护的需要,需要对市场主体的准入条件予以限制和明确。例如,目前法律将土地经营权市场主体的准入条件设置为"具有农业经营能力"。在地方的相关规范性文件中,虽然将"农业经营能力"细化为资质信用、资金实力、技术水平、经管能力等表述,但也始终未能对之作出全面的界定,更未能整理为评价农业经营能力的标准谱系。[1]鉴于各地社会经济发展水平各异,这些指标很难在全国范围内统一。因此,建议根据各地市场发展成熟度和经济水平等因素进行灵活调试。但是在资质信

〔1〕 参见向超、张新民:《土地经营权市场准入规制的制度检视与路径优化》,载《商业研究》2019年第11期。

用这一方面,可以作出相对明确且统一的要求,避免具有不良信用的市场主体进入市场,减少农户和农民集体利益在交易后受损的风险。再如,针对农村资金要素市场,除应当适当放宽准入条件、维护农村金融机构多样性之外,还应根据地区差异性设计灵活的准入条件,允许不同地区之间设置不同的准入门槛。这主要是因为,农村各地区经济发展存在巨大差异,各区域市场对资金的需求、金融市场发展成熟度各不相同。

2. 完善市场退出制度

市场主体退出市场不仅关涉其自身的利益,也可能对其他市场主体的利益产生重大影响。因此,必须完善市场退出制度,规范市场主体的退出行为。当前,完善市场主体退出制度,应着力做好以下工作:

首先,应完善一般市场退出制度,这主要包括以下三个方面。第一,完善简易注销登记制度。从 2017 年起,简易注销登记改革在全国范围内推行,对未开业、无债权债务的市场主体赋予了更大的自治权利,是市场主体退出制度改革的有力举措。与普通注销登记相比较,简易注销登记简化了企业注销的程序和提交的材料等方面内容,降低了市场主体退出成本,并提高了注销登记效率。为进一步完善简易注销制度,应适当拓宽简易注销适用范围,并在此基础上设立适用门槛;健全法院与政府之间的沟通协作机制,完善法院强制清算与破产程序和简易注销程序的衔接;完善撤销简易注销登记的配套机制,保障利益相关者的合法权益。第二,建立健全强制注销登记制度。法庭内市场退出的破产制度,法庭外市场退出的吊销制度及简易注销制度的改革,均难以为“休眠企业”“僵尸企业”的有效退出提供具有约束性、长效性和制度化的法律供给。[1] 基于此,强制注销制度便具有了十分重要的理论和实践意义。我国强制注销制度的完善,需确立强制注销制度的适用条件、适用程序以及救济与恢复制度,应当特别注意的是,针对农业经营者而设置的适用条件以及救济与恢复机制应当具有差异性。第三,构建自然人破产制度。市场经济的主体不仅有企业,更包括亿万自然人。自然人也有各种各样的债权债务关系,在自身的债务超过一定限度的情况下,需要一定的制度措施来解决负债过高的问题。通过建立健全自然人破产制度,能够给予债务人重新开始的机会,清理市场信

〔1〕 参见张钦昱:《僵尸企业出清新解:强制注销的制度安排》,载《法学杂志》2019 年第 12 期。

用垃圾,促进资源的合理配置和有效利用。随着经济社会发展,在企业破产制度、个人征信体系和执行制度发展等因素的推动下,应当逐步建立并完善自然人破产制度。对此,应当着力构建自然人法庭外债务清理制度,促进债务人和债权人达成和解,制订债务清偿计划,避免债务人破产。同时,还应从程序、实体和特殊性规定三方面构建法庭内债务清理制度。[1]

其次,应完善针对农村集体经济组织的退出制度。对此,主要需要解决两个方面的问题。第一,农村集体经济组织在何种条件下才能终止。对于农村集体经济组织终止的条件,在未来法律制度中应当予以明确。可以确定的是,解散可以作为农村集体经济组织的终止事由,解散情形可以适用《民法典》第69条中规定的章程约定、民主决议、合并或分立、被依法吊销营业执照或者被撤销等。农村集体经济组织是否可以因被宣告破产而终止,还有待在相关法律中进一步明确。在逻辑上,农村集体经济组织可以适用破产制度,只是需要在具体的制度规则上赋予特殊性。第二,农村集体经济组织如何终止。对此,应当完善相应的终止程序。参考一般法人的终止程序,我国在针对农村集体经济组织的终止程序规则中,也应对终止时的清算人和清算义务人,以及清算之后的注销程序、终止之后的权利义务承接主体等内容予以明确。[2]

最后,应进一步完善农户对承包地的自愿退出制度。对此,至少应当厘清以下三个方面的问题。第一,承包地有偿退出有哪种方式?是只交还承包的集体土地、不退出村社集体成员资格,还是完全退出村社集体成员资格?第二,补偿土地承包权的必要资金由谁来承担补偿、承担多少?第三,承包地退出之后,承包地和农户何去何从?农户与城镇中的社会保障机制之间如何有效衔接?在对承包地自愿有偿退出的制度设计中,必须对上面这些问题作出回应。对于第一个问题,目前农户退出土地承包经营权主要有两种方式:一是完全退出土地承包经营权;二是"退权不退社"。这两种方式各有利弊,因此,需要综合这两种方式,在退出制度中明确退出的限制条件、程序等,加强对退出农户的资格筛查,只允许有稳定收入和住所的农民完全退出土地承包经营

---

〔1〕 参见刘冰:《论我国个人破产制度的构建》,载《中国法学》2019年第4期。

〔2〕 参见吴昭军:《农村集体经济组织终止问题研究》,载《暨南学报(哲学社会科学版)》2021年第10期。

权。对于第二个问题,在承包地有偿自愿退出制度中应完善资金补偿机制,探索中央政府和地方政府、村集体与企业合作支付补偿金的方式,这样可以通过资金分担减轻政府财政压力。对于第三个问题,在承包地有偿自愿退出制度中还应明确土地退出后的用途以及农户退出后的社会保障机制。退出的土地必须归还村集体,由集体统一支配,再按照因地制宜的原则将退出的土地用于恢复耕地或生态改造。[1] 对于退出后的农户,应当在住房、社保、就业、教育、卫生等方面也提供相应的退地保障予以衔接。

(二)完善市场秩序监管制度

完善市场秩序监管制度,至少应做到以下三个方面:一是保证要素产权交易价格尽量体现市场供需状况,完善价格监管制度。二是维护市场主体之间的自由而公平的竞争秩序,规范竞争行为,防止市场垄断和不正当竞争行为,完善竞争监管制度。三是维护市场主体之间的公平交易秩序,规范交易行为,落实契约正义,完善道德性监管制度。

1. 完善农村要素产权交易市场的竞争监管制度

竞争是市场优化资源配置的基本条件,农村要素产权交易市场只有具备充分的竞争性和正常的竞争秩序,才能有效发挥优化资源配置的功能。为维护农村要素产权交易市场的竞争性和竞争秩序,必须完善竞争监管制度,规范市场竞争行为。对此,应主要做好以下工作:

首先,应当完善农村要素产权交易市场竞争法律制度体系建设。一是加快修订完善以《反垄断法》《反不正当竞争法》《中华人民共和国电子商务法》《中华人民共和国消费者权益保护法》等为核心的市场竞争监管法律规则体系。二是将与土地、劳动力、数据算法等相关的市场界定、垄断行为判定标准及监管举措纳入法律框架之下。例如,在农地承包经营权交易过程中,农户相互之间为谋求更高的流转价格而相互达成协议,一致对付受让方,或者农地受让方经营者之间为了压低农地流转价格而达成的一致针对出让方的协议是否能够构成垄断协议?排除、限制竞争的经营者集中是否会发生?此外,劳动力市场中买方垄断问题如何进一步解决?这些问题都需要在未来的法律规定中

---

[1] 参见孙德超、周媛媛:《农村土地"三权"分置面临的现实困境、政策供给体系及其保障措施》,载《经济问题》2020年第1期。

有所回应。

其次，应全面落实公平竞争审查制度。对此，应当主要做到以下几点：(1)完善竞争政策框架，建立健全竞争政策实施机制，强化竞争政策基础地位；(2)强化公平竞争审查的刚性约束，修订完善公平竞争审查实施细则，针对农村要素产权交易市场建立公平竞争审查抽查、考核、公示制度，建立健全第三方审查和评估机制；(3)逐步清理废除妨碍农村产权交易统一市场和公平竞争的政策，为农村产权交易创造良好的政策环境。

2. 完善农村要素产权交易市场的价格监管制度

价格信号是反映市场供求关系变化最灵敏的机制，但由于信息不对称、垄断等因素的存在，市场价格可能产生扭曲。为使市场价格正常反映市场供求关系，防止人为操纵市场价格等行为，必须完善价格监管制度，加强对农村要素产权市场的价格监管。对此，应着重做好以下工作：

首先，应完善价格信息平台建设。就目前而言，农村产权交易的定价模式以协商定价为主。基于此，如何确保信息充分、对称，令交易双方均能够对目标要素产权价格作出合理、准确的估价十分重要。因此，欲保证农村要素产权交易市场价格公平公正，需要首先解决的是信息问题，即保证协商定价双方的信息较为对等。对此，应当完善交易平台对于价格信息平台的建设，准确、及时地公布并更新要素价格信息，并提供多种获取渠道，以保证交易双方都能够便捷获取。

其次，应健全价格评估制度。对于农村各要素产权交易市场而言，部分要素产权的价格很难直接由市场交易主体根据市场信息作出判断，特别是土地、科技和数据产权。因此，针对这些要素产权，应当健全价格评估制度，保证价格评估客观公平。为此，可以由独立第三方以市场供求状况为基准，并结合农村要素资源本身的价值特点，独立地对部分农村产权展开价格评估，以供交易双方参考。应当注意的是，目前部分要素产权交易市场已经形成了由第三方平台定价的交易模式，在这种模式下，应当要求第三方对与定价相关的信息作出披露，防止信息不对称导致的第三方非法套利。

最后，应健全价格调控制度和配套制度。政府对市场价格的调控，必须要把握好干预的度。要实现要素市场化配置下的农村产权交易，必须主要是由市场决定价格，因此必须最大限度地减少政府对价格形成的不当干预。对此，针对土地产权交易市场,应允许农村集体经营性建设用地出让、租赁、入股,实行与国有土地同等入市、同价同权,消除行政力量对土地转让、租赁和抵押的干预,使各类市场主体依法依规、按市场规则开展土地产权的交易。[1] 针对劳动力市场,应当进一步深化户籍制度改革,不断推进城乡基本公共服务均等化,减少城乡间、区域间的基本公共服务差距。针对资本市场,应当加快利率市场化进程,提升金融机构自主定价能力。当然,对于一些特殊领域,也需要通过必要的手段对价格进行调控,使得交易价格在更加合理的范围内。例如,目前一些地区针对长期流转土地经营权的农户实行承包地流转补贴,或对一定规模、长期流转农地的受让方农地经营者实行种地补贴。这一方面增加了农户的收益,减轻了受让方经营者的负担,另一方面也提高了双方流转农地的积极性,有力地促进了土地经营权流转。

3. 完善农村要素产权交易市场的道德性监管制度

作为理性人的市场主体,往往以自身利益最大化为行为的准则,为追求更高的利润,不惜践踏道德红线。为优化市场环境,打击各种违反道德的坑蒙拐骗行为,必须完善农村要素市场道德性监管制度。

首先,为有效抑制因信息不完全而产生的机会主义行为,信息披露制度必不可少。通过信息披露,可以有效配合对农村产权交易的监管,维护农村产权交易的有序、正常进行,保证农村要素产权市场正常运转。欲通过监管信息平台建立有效的信息披露机制,必须保证信息的广泛性、真实性、完整性和及时性等。为此,至少应当做到以下几点:第一,应明确信息披露主体,确认转让方、受让方、产权机构、交易平台、行业协会等多方均有义务和责任将其掌握的与农村产权交易密切相关的信息进行披露,并通过产权交易平台向社会实时公布。第二,应对披露主体披露信息的内容、形式、范围、标准作出明确规定。由于产权交易平台掌握了大量与产权交易有关的信息,产权交易平台的信息披露应当成为重点。这包括交易前的信息、交易进行中的信息和交易后的信息等。第三,应当对被披露的信息进行跟踪核实,制定相应的奖励和惩罚制度。为鼓励资源共享,确保信息有效,对信息披露详细完整、更新及时的企业、机构等,可以适当给予优先成交、政策扶持等奖励,对披露不实信息的企业、机构,

---

〔1〕 参见刘志成:《要素市场化配置的主要障碍与改革对策》,载《经济纵横》2019 年第 3 期。

应施以相应力度的惩罚。

其次,完善农村产权交易平台的交易规则。农村产权交易平台作为农村产权交易的主要市场,是制定和执行一般交易规则的载体。只有交易规则得到完善并被遵守,市场交易秩序才能得以形成。为此,应尽量在省一级层面建立统一的平台交易规则,并对交易规则进行及时更新,将已不适应产权交易发展的规则剔除在外。

最后,应特别注意对平台交易规则中惩戒措施和纠纷解决方面的规定。市场监管的重要方面就是依法惩治市场中的违法和不规范行为,政府针对违法行为制定的处罚措施固然重要,但是交易平台也应当设置适当的惩戒规则,如降低会员等级或取消交易平台会员等。此外,还应完善纠纷解决机制,使市场主体在农村产权交易之初便约定好科学的纠纷解决方式,避免引起进一步的纠纷。

二、完善农村要素市场化配置下的特殊利益保护制度

(一)完善农地保护监管制度

农地是农村最重要的生产要素,关系粮食安全和社会稳定,因此必须特别保护。目前我国已经建立了较完善的农地严格保护制度,但随着经济社会发展,还需要进一步优化。当前,尤其要重视以下制度的完善。

第一,完善土地流转风险保障金制度。《农村土地经营权流转管理办法》第30条第3款肯定了风险保障金制度,[1]但仅将其限于经营风险较高的场景,且该制度如何进一步展开也还有待细化。因此,建议设立基于农地安全保护目的的风险保障金制度,以防范土地流转中产生的农地损害风险。首先,在保障金的来源上,可以考虑由两方面组成:一是风险保证金,要求参与流转、签订合同的市场主体缴纳合理资金,为土地流转中可能发生的农地安全风险提供保证。二是风险补助金,由地方政府、农村集体经济组织给予适当补助。同时,还可以探索与农业保险、担保相结合的方法。其次,还应当及时完善风险保障金的收取标准、使用范围、管理与退还程序等一系列制度规则。

---

[1] 《农村土地经营权流转管理办法》第30条第3款规定:"对整村(组)土地经营权流转面积较大、涉及农户较多、经营风险较高的项目,流转双方可以协商设立风险保障金。"

第二,建立农地保护全方位监测机制。在土地经营权发生交易后,应当对农地的使用用途、质量指标等进行全程监控。对此,首先需要改善监测手段。目前我国大部分地区的监测手段主要还是监管部门根据自身职责采取的日常巡查、突击检查、年度土地变更调查等方式。此种传统手段虽然在一定程度上减少了不法行为的发生,但由于是各监管主体分别在职权范围内进行监管,很难实现对农地情况的综合性监管。同时,由于监管主体各自获取的信息有限,且难以整合,监测效率和效果很难得到提升。因此,信息化网络监测应当成为全方位监测的首选方式。可喜的是,我国已经开始了信息化监测系统的建设,在国家层面建立并运行了耕地占补平衡动态监管系统、设施农业用地监管系统等,为掌握农地情况、严守耕地红线、遏制农地非农化作出了积极贡献。但是,各地人民政府还应在此基础上作出进一步细化和完善,以实现对农地数量、质量等方面的多维监管。通过已有的土地行政审批系统、土地执法检查系统、生态环境监测系统等多系统整合,实现全方位动态巡查和监管。此外,应鼓励利用卫星遥感技术,以航摄遥感取代人工巡查,为全方位动态监测提供技术支撑。

第三,强化事后约束补救机制。目前,我国针对土地经营权交易中非法改变土地用途、破坏耕地等行为虽已规定了民事合同责任、行政责任和刑事责任等,但还需要进一步完善责任形式和责任分配、补偿分配制度等。首先,在社会工商资本实施违法行为时,若仅施以财产类责任恐难以起到有效的惩罚和威慑作用,因而可以考虑构建声誉惩罚机制。良好的声誉对于达成市场交易具有促进作用,反之则相反。针对不遵守合同约定、改变土地用途、撂荒的经营权人,可以按照后果严重程度建立"黑名单"分级制度,并实行跨部门联合惩戒,加大对违法主体的惩治力度。其次,鼓励其进行事后补救,建立"黑名单"修复机制,允许违法主体重塑经营形象。再次,针对土壤质量降低等后果,在经营权多次流转的情形下可能存在多人共同致损的情况,因而可以建立责任溯源和分担机制,通过对土地数据进行评估,对经营权人进行责任溯源并进行责任分配。最后,可以建立促进耕地质量恢复的财政激励机制,鼓励其他经营者对受损土地进行改良。

(二)完善农村劳动者保护监管制度

农村劳动力市场监管制度的完善应着力围绕劳动力市场中普遍存在的两

个基本的问题来展开：一是农村来源的劳动者平等保护问题；二是农业职业劳动者的平等保护问题。为此，一方面，要通过各种手段，建立健全劳动力市场监管制度，使来源于农村、在城市就业的劳动者（农民工）获得与城市市民平等的保护；另一方面，顺应发展现代农业的要求，不断完善对在农村从事农业职业劳动的劳动者利益的保护制度，使农业劳动者能够获得与城市职业劳动者同等的保护。

1. 完善相关法律法规

统一劳动力要素市场建设是全国统一大市场建设的重要方面，为改变我国劳动力市场城乡二元结构状况，加强对农村劳动者的平等保护，必须完善与此相关的法律法规。

首先，应进一步保证劳动力市场法律法规的统一性。目前，劳动力市场立法有全国性立法、地方性立法和部门规章。由于涉及的法律法规较为冗杂，应当特别注意内容上的统一协调问题，保证法律法规体系内部的统一性和协调性。其次，应当抓紧制定必要的劳动力市场监管法律法规，并完善不适应当前劳动力市场的法律规定。劳动力市场中具有较多的不稳定因素，市场变化迅速，这与有关法律法规的滞后性形成鲜明对比。因此，应当加快相关法律法规建设，以适应劳动力市场瞬息万变的需要。特别是工资报酬、就业歧视、劳动安全、非正规就业等方面的法律法规亟须建立健全。针对农村劳动力市场的特点，尤其应加强非正规就业法律制度的建设。按照目前的法律规定，非正规就业中的劳动关系大多处于政府部门的监管范围之外，进而导致非正规就业群体普遍面临缺乏劳动合同保障和享受社会保障不足的问题。应当说，非正式就业用工形式更加灵活，其有存在的合理性和必要性，但其本身也具有自发性、盲目性和随意性，如果不能及时加以制度化管理，此种非正规就业就很难健康发展。[1] 对此，法律规定需要明确非正规就业的用工制度、劳动合同制度、劳动用工的合法形式、劳动者的福利待遇、劳动者的工资保障等。

2. 健全农业经营者用工行为监督制度

应严格规范农业经营者用工行为，指导企业完善内部劳动规章制度。针

---

〔1〕 参见杨怀印、鞠志红：《我国社会灵活就业制度的设计原则与操作策略问题研究》，载《中国行政管理》2008 年第 10 期。

对职工工资报酬的取得问题，可以建立工资支付日常监管制度，保证职工应有的工资得到正常支付。针对职工人身权益保障的问题，应当严格执行国家关于职工休息休假规定，加强对职工职业安全卫生状况的监督力度。同时，应当为职工提供有效的纠纷援助渠道，确保受工伤事故和职业危害的农业劳动者能够得到医治和赔偿。针对职工社会保障的问题，可以建立企业劳动保障诚信评价制度，促使企业为劳动者提供更多的社会保障服务。最后，针对职工户籍歧视问题，应监督企业加强内部劳动力市场建设，破除企业内部劳动力市场户籍歧视的固化制度安排。

3. 完善农村职业劳动关系中集体协商制度

在社会保障等制度不健全的情况下，集体协商制度，尤其是工资集体协商是工资形成的重要制度。然而，目前中国集体协商的制度安排还有待完善。随着现代农业的发展，农村劳动力市场中，从事农业劳动的职业劳动者规模也会越来越大，这些从事农业劳动的职业劳动者与城市企业使用的劳动者并无本质差异。为保护农业职业劳动者的利益，集体协商制度也应当适用于农村职业劳动者的利益保护。完善集体协商制度需要从以下两点着手：第一，应明确农村职业劳动中集体协商的主体。集体协商制度有效运作的前提是劳动关系双方彼此独立，协商和谈判主体具有独立性和代表性。[1] 因此，需要对集体协商的主体予以明确，保证主体的独立性，特别是经济独立性，同时加强各主体之间的沟通联系。第二，开展地区性农业产业层面上的集体协商。目前，无论宏观层面还是微观层面，我国集体协商主体的力量很弱，因此在既定的框架下，只有以地区为单元开展农业产业层面的集体协商，才能使各方主体取得相对平衡的谈判力量。

4. 在户籍制度改革基础上健全农村来源劳动者平等保护制度

快速推动改革现有户籍制度，采用“开放式”管理方式，进而阶段性地消除附加在户籍上的社会福利差异。实际上，解决户籍问题的关键就在于如何合理分配依附于户籍上的医疗、教育、住房、就业等方面的权益。故而，改革户籍制度的目的就在于逐步取消城乡户口、等级户口，实行同一类型户口，进而将

---

〔1〕 参见沈琴琴：《基于制度变迁视角的工资集体协商：构架与策略》，载《中国人民大学学报》2011年第5期。

与户籍挂钩的相关利益进行公平化分配，而这种公平化分配得以实现的重要配套措施之一就是亟须建立起一体化的劳动力市场和公共服务体系。[1] 改革户籍制度的重点除统一户籍形式外，更深层次的是将依附于户籍制度的福利制度、就业制度与其彻底剥离，并重新对教育、医疗、就业等各种社会保障制度进行统一化规定。

（三）完善农业知识产权保护监管制度

加强知识产权保护是发展农业科学技术，推动现代农业发展的必然要求。农业科技发展有其自身的特点，为促进农业科技研发和科技成果的推广应用，必须完善农业知识产权保护监管制度。

首先，应健全农业知识产权保护的法律制度体系。应继续完善以《专利法》《中华人民共和国商标法》《中华人民共和国著作权法》《反不正当竞争法》为代表的一般性知识产权保护体系。在此基础上，完善以《中华人民共和国种子法》《中华人民共和国植物新品种保护条例》为代表的农业知识产权保护体系。针对当下法律制度更偏向于工业产权保护的问题，应当设立农业知识产权个性化保护。我国地域广阔，农业生产区域差异明显，反映农业知识产权保护体系的制度供给要与之相适应。由于农业与工业的属性差异，农业科研过程与自然因素密切相关，而工业知识产权客体不存在这个问题，因此农业知识产权保护制度需要实现“产、学、研、推、训”全方位的保护。[2] 当然，“徒法不足以自行”，执法部门要从严执法，严肃查处惩办农业知识产权侵权行为，树立法治权威，净化农业知识产权保护的法律氛围，从而为农业知识产权保护的法律体系建设提供重要辅助作用。

其次，培养农业知识产权保护意识。欲实现对农业知识产权的有效保护，必须从意识层面进行制度建设，充分发挥主观保护能动性，形成社会各阶层了解、尊重、保护农业知识产权的社会氛围。对此，应当加强对农业知识产权保护的宣传工作，充分利用广播电视、网络、报纸杂志等公共媒体进行农业知识产权保护的宣传，使社会大众，特别是农业科研单位和涉农企业，充分认识到

---

〔1〕 参见蔡昉：《中国就业制度改革的回顾与思考》，载《理论前沿》2008 年第 11 期。

〔2〕 参见卿利军：《农业知识产权保护制度创新中的法律依赖与突破——兼评〈农业知识产权保护与制度创新〉》，载《灌溉排水学报》2021 年第 3 期。

知识产权保护的重要性,提高知识产权申请和保护意识,减少无形资产的流失。同时,还应加强农业知识产权培训,以《专利法》《中华人民共和国商标法》《反不正当竞争法》《中华人民共和国种子法》《中华人民共和国植物新品种保护条例》等一系列知识产权法律法规为主要内容,并结合农业科研单位、涉农企业、普通民众、农业知识产权管理人员等不同群体的个性需求,进行差异化的农业知识产权保护教育培训。其中,应特别注意对农业知识产权管理层的培训,在强化管理层农业知识产权保护意识的同时,提升管理和运用知识产权的能力和水平。这是因为,管理层必须在了解自身所在领域的知识产权保护现状和趋势,并掌握基本的农业知识产权战略运作技能的基础上,才能进一步深化知识产权保护工作。

三、建立完备的监管工作机制

(一)厘清监管职责,构建多元监管格局

鉴于我国目前针对土地经营权市场的监管主体呈现的复杂局面,可以考虑对其进行类型化处理,以更好地明确其角色定位。

首先,应当科学界定哪些是应然的政府类监管主体。对于市场监督管理部门、农业农村部门、自然资源部门、金融监督管理部门、劳动行政部门等各行业主管部门尚无争议,而对于农村集体经济组织是否是政府一类监管主体,是否有强制性的监管义务,是值得商榷的。目前,法律强行赋予了农村集体经济组织保护耕地和农业资源、资产等方面的权利。但是,作为特别法人的农村集体经济组织是代表集体行使所有权的组织体,并非公法中的政府或政府的组成部门。因此,从严格意义上讲,农村集体经济组织并不应当被强行赋予监管权利和责任。但农村集体经济组织确实具有强大的信息和执行等优势,因而可以通过授权的方式赋予其权利和义务,并在这一事权下放的同时将财权也与之对应,由此形成合法、合理的授权类政府监管主体。在明确政府类监管主体后,应当统一梳理各监管主体的职权范围,制作权力清单,划清职责界限,避免监管空白、重复或不及时等问题。

其次,与政府类监管主体相对应的是社会类监管主体。就农村产权交易平台而言,其兼有事业单位与企业法人性质。随着农村要素产权交易市场的

不断发展，农村产权交易平台将越发成熟。基于农村产权交易平台掌握的大量交易信息和数据，实现其对农村产权交易监管具有十分重要的意义。对此，应当完善产权交易平台的监管职责，主要包括以下几点：(1)明确农村产权交易平台的监管义务。农村产权交易平台应当依照法律规定建立相关制度，包括交易规则、信息披露与审核、知识产权保护、隐私保护、纠纷解决制度等。在此基础上，应当严格保证这些监管制度的执行。(2)确认平台的监管权力。在法律层面应当确认产权交易平台依法制定并公布的各项管理制度和规则，对通过平台从事农村产权交易的当事人有约束力，产权交易平台可以按照平台的制度和规则采取相应的监管措施，以提高平台约束的权威性。(3)明确产权交易平台的配合义务。当农村产权交易平台发现平台内交易者有违反相关法律规定的行为时，应当向有关政府部门报告。同时，当政府监管部门发现平台内有违反法律规定的行为，依法要求平台采取相应措施时，产权交易平台应当予以配合。

行业自律组织作为社会类监管主体之一，其自律监管相比于政府监管有其特有的优势。因此，应当进一步完善各要素产权交易市场的行业自律组织建设，并赋予行业自律组织一定的义务，以促进和加强行业自律组织在农村产权交易监管方面的作用。行业自律与政府监管具有较强的互补性，二者必须相互配合才能发挥最大的功能效益，因此应着重建立行业自律与政府监管的联动机制，加强政府部门与行业自律组织的沟通协调、信息共享制度。

(二)健全监管主体之间的统筹协调机制

协同监管能够减少监管主体相互之间的摩擦和推诿，有效降低监管成本，提高监管效率。因此，必须健全监管主体统筹协同机制，规范监管行为，形成监管合力。为此，需要做好以下工作：

首先，在统筹协调组织建设方面，实践中已普遍成立了农村产权交易监督管理委员会，但其在人员组成和职责承担方面还可以进一步优化。在组成人员方面，目前农村产权交易监督管理委员会的组成人员主要为各政府主管部门的领导干部。其应当吸收能执行微观监管之事的专业性基层工作人员。同时，还可以考虑吸收专家、学者、农户等，提高农村要素产权交易市场监管的专业性和有效性。在职责承担方面，目前其职责主要在于组织协调、政策制定、市场指导和宏观监管等。对此，应当明确将组织协调工作确立为重点工作之一,并进一步明确具体的工作流程。在微观要素产权交易市场中,可以考虑另设组织,如农村土地产权交易监督管理委员会、农村知识产权交易监督管理委员会等;也可以在农村产权交易监督管理委员会下成立小组,专事对各要素产权交易的监督与管理,实现工作专门化、聚焦化;还可以指定既有的政府部门充当统筹协调组织。总之,需要分别在农村各要素产权交易市场中确立统筹协调组织,以形成“一中心多方面配合”的合力监管,减少监管成本,提高监管效率。

其次,在统筹协调措施方面,可以着重完善各要素产权交易监管部门在以下几个方面的协调制度:一是建立定期或不定期的行政沟通、协调和联合执法制度;二是建立和完善统一的监管平台,促进政府部门间实现信息共享,并通过平台进行协作监管;三是完善查处移交制度,当某一部门在对农村产权交易进行监督管理时发现应当由其他政府部门查处的违法行为的,应当依法移交或提请相关部门查处。

(三)完善监管评价机制

农村产权交易监管评价机制是农村交易监管机制必不可少的一环,一个持久有效的监管评价机制既能提高农村产权交易监管的公信力,同时能激发农村产权交易监管部门的内在活力。因此,建立一个客观公正、标准统一、富有激励的监管评价机制迫在眉睫。

首先,可以引入第三方监管评价主体。在针对农村产权交易监管效果的评价中,评价主体除上级行政主管部门外,还应当允许第三方主体参与,以提高评价程序的透明度、确保评价结果的客观公正。当然,应当为第三方主体制定适宜的资质标准,设立一定的准入门槛,以满足评价过程的专业化需求。同时,每次监管评估都应当由财政主管部门统一向第三方主体支付相应的费用,而非监管行政主管部门支付,这样既能够保障第三方主体的持续运营,同时能避免由于付费权属问题带来的变相裹挟。

其次,制定统一的监管评价标准。全国统一的农村产权交易监管评价标准,应当由相关主管部门牵头,邀请各专业机构、专业人士(特别是从事基层农村产权交易的管理人员)、企业代表等协商制定,核心在于如何有效监督监管机制的高效运行和避免权利滥用。监管评价标准可先在全国挑选试点进行,定时间、定区域执行,到期对实施效果进行评估。同时,全国统一的农村产权交易监管评价标准为最低标准,鼓励地方在一定范围内根据各地经济发展水平规定更高的要求。

最后,丰富监管评价激励方式。对于各级主管部门而言,监管农村产权交易既是其应承担的任务,也是其必须履行的职能,这意味着各级主管部门在履行职能之余还要应对来自上级部门的监管压力。因此,要想确保各级主管部门在压力之下还能激发出监管的高效与创新,就离不开确立有效的激励方式。省、市、县各级主管部门针对辖区内的下级部门,除严格监督考核以外,还可遵循“精神奖励为主、物质奖励为辅”的激励原则,每年评选优秀监管部门、监管个人,将荣誉与个人绩效挂钩,同时可给予适当的物质奖励。此外,每年还可定期举行农村产权交易监管优秀经验交流会,邀请优秀部门、优秀个人传授监管经验,促进各主管部门取长补短,完善各地监管评价机制。

第十章　结论:面向要素市场化配置的现代农村产权制度

乡村振兴是我国目前实施的重大战略。要素市场化配置是优化农村要素资源配置、提高农村要素资源利用效率的基本手段,是充分、高效利用农村资源,实现乡村振兴的必由之路。完善适应要素资源市场化配置的农村产权制度对发展现代农业,充分、高效利用农村资源,推动农村持续、高效发展,理顺农村分配关系,实现农村共同富裕,均具有重要意义。建设和完善面向要素市场化配置的现代农村产权制度,必须认真对待并做好以下工作。

一、从具体国情和农业、农村发展要求出发,明确市场配置要素产权范围

要素资源市场化配置,主要是通过要素产权市场交易的形式实现的,因此,要实现要素资源的市场化配置,就必须对要素产权制度进行合理安排。

要素资源产权是要素资源市场化配置的必要前提;要素产权制度安排也是直接影响要素资源市场化配置效果的决定性因素,法律可能禁止某类资源上的某种权利进行主体的变更,那么这类资源产权就不能合法地进行交易。对于如何确定作为市场配置要素手段的要素产权,应从我国国情出发,充分考虑市场化配置农村资源对农业、农村发展的影响,根据不同要素的属性和特点,作出合理的制度安排。

要素资源主要包括劳动力、土地、资金、技术、数据等资源形式;资源类型

不同，存于其上的产权类型和特性也不相同。

劳动力资源一个最显著的特点是其与劳动者密不可分，劳动者是自己劳动力所有者，劳动者拥有的劳动力可以为自己的目的而使用，也可以为他人的目的而使用，劳动力资源市场化配置，必须首先使劳动者成为劳动力真正的唯一的主人。在劳动力交易中，作为劳动力交易客体的只能是劳动力使用权，而不是劳动力所有权，否则便会导致社会的倒退。

土地要素的市场化配置在产权类型上可能有多重选择，既可以在所有权层面上进行要素的市场化配置，也可以在利用权层面上进行市场化配置。历史的经验证明，土地私有化在提高土地利用效率、实现所有权的分配功能和加强要素的保护方面并没有比土地公有制更明显的优势，反而会引发一系列的社会问题。因此，在现阶段，我国不能且没有必要通过土地私有化来实现土地要素资源的市场化配置。土地用益权层面的市场化配置完全可以达到所有权层面市场配置的效果。因此，土地产权市场的建设必须坚持农村土地集体所有制的基本底线。

资本要素包括实物资本和货币资本等不同形式。实物资本要素产权通常表现为该实物资本的所有权或使用权。这种财产权交易一般表现为所有权的转让或租赁、出资入股等不同形式。在通常情况下，既可以在所有权层面，也可以在使用权层面进行市场化配置。资本要素中的货币资本，由于其性质上属于种类物，不具有特定物所具有的特定性，市场化配置只能通过货币资金所有权转移的方式实现，其基本的交易形式是投资和借贷。特别是资金要素，在现代市场经济社会中具有极为重要的地位。现代经济活动的过程基本上是从货币资金的投入开始并以货币资金的获得为目的的过程。投入问题一直是制约我国农业发展的“瓶颈”。解决农业投入问题的根本出路应当是：打通农业与资金市场的通道，使农业对资金的需求能够主要通过资金市场而得到满足。要打通农业与资金市场通道，必须让农业经营者能够拥有更多的可以用于融资的担保财产。由于一般资本品和资金不涉及国家重大利益，所以其可交易的产权类型应不受限制。

技术具有无形性、可重复使用性、使用上的非排他性、快速传播性等基本特点，一种有效的技术方案可以不受时间限制地为众多人使用，故其可能带来整个社会生产效率的迅速提升。专利权、专利申请权、技术秘密权、专利实施权和技术秘密实施权,均是市场化配置技术资源的基本产权形式。在互联网、大数据、人工智能时代,数据,特别是以数据形式出现的各种信息的利用价值逐渐为人们所认识,与其他要素资源市场化配置一样,数据资源的市场化配置也只能通过相关数据产权以交易形式进行转移。

数据资源在无形性、可重复利用性、利用非排他性和快速扩散性等方面与技术并没有差别,但体现数据来源方面的权利具有明显的身份烙印,不宜作为市场化配置数据资源的手段。因此,数据利用权或使用权应当成为市场化配置数据资源的主要产权形式。

二、根据市场配置资源的要求,完善农村基本产权制度

按照市场配置资源的要求,完善农村产权制度,是在对现行制度进行系统考察、分析、评估的基础上进行的。为此,要完善相关产权制度,必须按照一定的标准,找出现行制度中哪些是与市场配置资源无关的,哪些是相关的,哪些是符合要求的,哪些是不符合要求的。只有形成科学、合理的评估标准体系,才能有效识别出现行制度中可能不利于农村要素资源市场化配置的制度,对其影响市场配置资源的大小、程度和后果,以及维持该制度丧失的利益与改变该制度的预期利益进行评估,根据可能的社会总成本—效益比对制度的取舍作出判断。对新制度的建立来说,也应如此。因此,确立产权制度评价标准既是检视现行制度问题的基本依据,也是进行制度创新的基本依据。

我们认为,根据市场配置资源的要求,在农村要素资源基础产权制度方面,其基本要求是实现要素产权的明晰化、流动化和担保化。

要素产权明晰化的基本要求是:(1)产权主体明确,即某一资源上的某种产权的权利人应当明确。(2)产权客体明确,即要素产权所覆盖的要素资源范围应当明确。(3)权利内容明确,即某类要素资源的某种产权权利人到底享有哪些权利,权利享有的同时负有哪些义务和负担应当明确。(4)权利与权利的界限明确,即在同一资源上存在多个不同产权时,各产权之间应有明确的界限。对要素资源产权进行明确的界定是实现农村要素资源市场化配置的基本要求,适应要素资源市场配置要求的农村要素产权制度,必须对产权主体、产权客体、产权内容、不同产权之间的界限作出明确的界定,只有这样,通过产权转移的要素资源市场化配置才能正常、高效地实现。

要素产权的流动化的基本要求是：(1)可流动产权覆盖要素范围的广泛性，即在不影响重大公共利益的情况下，使可流动的产权覆盖尽可能多的资源范围。在资源产权单一的情形下，尽可能地使该产权具有合法的流动性，在多产权并存的情况下，应尽可能使各种产权或更多的产权均可流动。可流动产权所覆盖的资源范围越大，市场配置资源的作用也就越大。(2)产权流动的主体范围的广泛性。完善农村要素产权制度，也应在重大公共利益不受影响的情况下，尽可能地扩大可流动产权流动主体的范围。(3)畅通的产权流动。市场配置资源能够充分发挥作用，很大程度上取决于产权流动的成本，要充分发挥市场配置要素资源的作用，有关产权制度的安排必须尽最大可能降低产权交易的成本。流动成本最小化是畅通产权流动的基本条件，产权制度必须合理进行制度安排，有效降低发现交易机会的成本、信息获取成本、资源交易谈判成本和完成交易手续的成本，实现产权流动成本最低化。

要素产权的可担保化的基本要求是：(1)资源的全面流动化，即在不影响重大公共利益的前提下，将具有交换价值的资源尽可能多地纳入可设定担保权的财产范围。(2)担保方式的多样化。担保权的本质是价值控制权，只要不违背公共利益、不侵犯他人的合法权益，通过赋予债权人对他人资源的价值控制权，可以设定担保。就农村要素资源来说，要根据不同要素资源的特点规定与其相适应的担保形式。(3)利用影响最小化，即担保权设置对作为担保财产权客体的资源利用影响最小化。担保制度设计应有利于对利用担保财产影响较小的担保形式的普遍推行，限制对利用担保财产影响较大的担保形式的采用，同时对担保权人影响担保物利用的行为，特别是担保权实现的行为进行限制。(4)担保交易成本最低化。因担保权设置、公示，以及当事人满足法律制度的要求而发生的成本应通过制度安排尽可能降低。

三、根据市场配置资源要求，完善农村要素产权市场交易和市场规制制度

(一)根据市场配置资源要求，健全要素产权市场交易制度

要素市场化配置是通过要素产权的市场交易实现的。由于要素的特殊性，无论是土地，还是劳动力、科技、资金及数据，要达成交易都可能发生很高

的交易成本。这些成本的存在,使要素产权交易发生的可能性大大降低,市场配置资源的效果也会受严重的影响。因此,必须加强各类要素产权市场体系建设。由此,必须健全要素产权市场体系,完善市场交易规则,加强开放、便利的交易平台建设。

健全要素产权交易制度,必须根据各种要素的不同特点,分类培育建设各种要素流通的市场。通过要素市场建设,为农村土地、劳动力、科技、数据等要素资源产权交易提供合适的交易平台和场所。健全的要素产权市场应当具有高度开放性,要素产权市场应当尽可能地对要素产权出让人和要素产权受让人全面开放。

健全要素产权市场体系,必须完善要素产权交易规则。应建立健全交易必须遵循的邀约和承诺或招标投标、合同签订、批准生效、要素产权过户等程序规则,形成与之相适应的约束机制。交易规则是要素产权市场规范化、有序化运行的制度基础,当每个交易当事人都能遵守交易规则进行交易时,要素产权交易市场才能正常、有序地运行。

健全要素产权市场体系,必须加强产权交易的平台建设。通过第三方建立开放的要素交易平台,尤其是电子交易平台,促进要素产权交易信息共享、交易撮合与交易服务,从而有效降低当事人发现交易机会的成本。同时,加强平台信息加工、发布及共享机制的建设,通过合理的制度安排,在保障交易安全的前提下,简化交易程序和交易手续,强化交易信息的共享和交易资料的电子化和重复利用,减少交易的环节。

健全要素产权市场体系,必须加强市场服务机制建设。通过专业培训,提高市场服务的专业化水平;加强各类市场中介服务机制建设,为要素产权市场培养媒介交易、居间撮合、专业经纪、产权估价、法律服务等中介服务机制;通过"放管服"改革,减少审批环节,简化办事程序,提高有关产权交易审批许可、财产登记、产权过户登记等公共服务水平。

(二)完善要素产权市场制度,必须高度重视市场监管制度建设

1. 健全一般市场规制制度,维护产权市场交易秩序

首先,要健全要素产权市场主体、客体准入制度。根据各类要素市场的特点,通过法律明确各类可进入市场进行交易的产权范围,将法律规定不允许交易的要素产权排除在市场交易的范围之外;要通过法律明确进入市场进行产

权交易的当事人（出让产权方与受让产权方）条件，将不符合条件的交易当事人排除在市场范围之外，防止非法主体进入市场，损害国家、集体和社会公共利益；要通过法律明确中间服务组织进入产权市场交易的市场条件，包括建立第三方交易平台，提供产权交易居间、经纪、估价、鉴证、法律服务等中间服务组织的许可和资质条件，保障产权交易市场服务的专业化和高水平。

其次，基于市场道德性要求健全市场秩序规制制度。强化产权要素市场监管，打击产权交易市场坑蒙拐骗、虚假宣传、串通投标、强迫交易等市场违法违规行为，取缔违法产权交易，维护要素产权交易市场秩序。

再次，基于产权交易市场状况，健全相关市场的宏观调控机制。对重要要素市场，如土地市场、劳动力市场、资金市场，建立有效市场监测机制，及时掌握市场波动情况，根据市场需要实施不同手段的宏观调控。

最后，健全监管执法机制。根据各类要素市场需要，健全监管执法机制，及时查处危害市场交易秩序的行为，有效打击产权市场领域的犯罪行为。同时，规范执法行为，防止权力滥用。

2. 健全特殊目的的市场规制制度，维护国家、社会重大公共利益

根据各类产权交易市场的具体情况，对涉及国家安全和重大公共利益的产权交易实现特别规制。包括根据国家安全需要，对涉及国家安全的要素产权交易（如涉及国家安全的重要农业技术、外国物种的引进等）实施特别审查制度；对涉及需要特别保护的重大公共利益的产权交易（如涉及耕地侵占、严重损害劳动者权益等）实施严格监控，及时取缔违法交易行为，维护国家和社会的重大利益。